CHINA'S SOFT STRENGTH

中国软力量

发展中国家管理科学问题

MANAGEMENT SCIENCE FOR THE DEVELOPING WORLD

李树林 著

中国出版集团
研究出版社

图书在版编目（CIP）数据

中国软力量：发展中国家管理科学问题／李树林著.
—北京：研究出版社，2023.9
ISBN 978-7-5199-1583-4

Ⅰ. ①中… Ⅱ. ①李… Ⅲ. ①国家行政机关−行政管
理−研究−中国　Ⅳ. ①D630.1

中国国家版本馆 CIP 数据核字（2023）第 181467 号

出 品 人：赵卜慧
出版统筹：丁　波
责任编辑：张　璐

中国软力量：发展中国家管理科学问题

ZHONGGUO RUANLILIANG：FAZHANZHONG GUOJIA GUANLI KEXUE WENTI

李树林　著

研究出版社　出版发行

（1000006　北京市东城区灯市口大街 100 号华腾商务楼）

北京昌联印刷有限公司　新华书店经销

2024 年 3 月第 1 版　2024 年 3 月第 1 次印刷

开本：710×1000 毫米　1/16　印张：23

字数：250 千字

ISBN 978-7-5199-1583-4　定价：98.00 元

电话（010）64217619　64217652（发行部）

前　言

2023 年 8 月 22 日，国家主席习近平在南非约翰内斯堡举行的金砖国家工商论坛上指出：作为发展中国家、"全球南方"的一员，中国始终同其他发展中国家同呼吸、共命运，坚定维护发展中国家共同利益，推动增加新兴市场国家和发展中国家在全球事务中的代表性和发言权。习近平主席全球南方思想为中国和其他发展中国家管理科学研究和案例库组建指明了方向。

完善中国特色社会主义的管理，实施我国发展管理的战略仍是当前的重要议题，国家发展管理学在这方面已做出了积极的探索。20 世纪 80 年代，西方管理学曾被当成放之四海而皆准的管理圣经，照抄照搬带来严重的水土不服问题，这便是我国从西方管理学向东方管理学转变的开始，通过 40 年反复实践和案例实验得出了中国理论。所谓国家发展管理学有两层内涵：从狭义上讲"中国式、本土化和国际化"是其核心要义，从广义上讲是指发展中国家共同遵循规律的管理科学。发展中国家要完善本国管理，必须遵循国家发展管理之道，不可能从西方经济管理学中找到什么答案。

把国家发展管理学成果同制度优势和现代化建设相结合，是摆在我们面前的一项根本性战略任务。国家发展管理学赋能中国式现代化软力量，推动中国式现代化无疑需要更多硬实力，但不可缺少软力量，随着中国式现代化不断加快，软力量作用越来越大，必将成为发展的重要因素。国家发展管理学是完善中国特色社会主义管理的重要内容，我国经过长足发展，现在遇到的困难日益突出，解决发展管理问题已经成为当务之急，过去管理学被局限于微观研究领域，没有办法解决。国家发展管理学视角长期被忽视，对国家发展根本性以及实现国家发展目标的整体性问题缺少系统研究，发展管理的核心就是解决好实现预定目标的效果和效率问题，国家发展管理学是解决发展问题的理论体系，通过实施"中国式、本土化和国际化"促进发展结构优化活动的过程，把发展难题转化为相对应的战略和对策，促进国家软力量的提高和强大。

软力量是有效政策、软知本、软资产和软价值相互作用而形成的一种能力。软力量决定硬实力发展方向。力量强大固然不错，但如果缺少对力量的控制，再强大的力量也难以彰显强大。力量虽然弱小，但是能够控制，弱小的力量就会寻求与自己的力量相一致的目标，从而避免失败。我国发展管理前景在于"中国式、本土化和国际化"扎实推进，积极实施四大战略，即管理智库发展战略、企业本土化管理战略、高等教育质量管理战略和管理国际化战略，将战略化为行动。

当前的一项重要工作是，政研企紧密合作，在经济、科技和教育等领域共建管理实验区和实验室，通过案例库建设，推动管理科学成果的应用和转化，发挥国家发展学在建设现代化强国过程中的作用。

21 世纪中国软力量方兴未艾、无限生机，魅力无穷！

目　录

前　言 ／1

序　言　向发展中国家打开一扇重新看世界的窗 ／1

上　篇

中国理论：国家发展管理学形成与发展

第一章　作为发展中国家的科学 ／1

一、发展中国家国际地位 ／1

1. 重新定义和衡量发展中国家 ／1

2. 发展中国家：本土化与国际化 ／6

二、管理中国化与管理科学 ／7

1. 管理中国化涵义的实质 ／8

2. 管理国际化根本目标 ／8

3. 管理智库的重要机制 ／9

三、中国式现代化与管理科学 / 10

　　1. 管理科学和政策 / 11

　　2. 中国式现代化和管理科学 / 12

　　3. 管理科学新方法 / 13

四、国家发展管理学新愿景 / 13

　　1. 实验出理论 / 13

　　2. 新使命 / 16

第二章　国家软力量理论 / 18

一、政策与软力量建设 / 18

二、管理中国化与国际化 / 32

三、现代企业软知本 / 36

四、案例实验理论 / 47

五、大科学研究工程 / 51

六、"政策—经济—管理"模型 / 59

第三章　知识价值论 / 61

一、科研效率评价体系 / 61

二、科学产品转让额问题 / 74

三、知识价值与效用定律 / 85

第四章　中国科技进步管理案例实验 / 97

一、大庆科技进步调研 / 97

二、中国十大企业科技进步案例研究 / 109

三、科技进步管理理论 / 114

四、科技进步综合纲要方法 / 122

第五章　中国管理本土化案例实验 / 127

一、管理科学振兴企业发展计划 / 127

二、高校本土化案例实验室建设 / 130

三、中国管理科学研究院法治化改革案例 / 143

下　篇

中国发展管理的战略与对策

第六章　管理智库发展战略 / 149

一、管理智库 / 149

二、高校智库 / 156

三、学术期刊智库 / 162

第七章　中国企业本土化管理战略 / 177

一、企业成功的哲学 / 177

二、审时度势掌握政策 / 182

三、诚信赢得客户 / 189

四、质量决定市场韧性 / 197

五、人才是企业兴旺的重要资源 / 210

六、趁势扩张盘活资本 / 224

七、科技驱动创新发展 / 236

八、多谋善断有效管理 / 247

九、战略出奇才能制胜 / 269

第八章　高等院校质量管理战略 / 285

一、高教内涵式发展模式 / 285

二、高职院校发展战略 / 293

第九章　全球南南合作与中国战略 / 307

一、和平发展与中国南南合作观 / 307

二、全球南南合作中国模式 / 315

三、中国南南合作战略与政策建议 / 324

四、联合国机构与中国南南合作 / 336

后　记

附　录

中国和其他发展中国家管理科学案例库组建工程研究简介 / 341

1. 项目说明

2. 综合研究成果

3. 中国向其他发展口国家推荐中国企业和高校目录

　　3.1　中国企业案例成果及完成单位

　　3.2　中国高校本土化案例实验建设与共享单位

4.《中国和其他发展中国家管理科学案例库组建工程研究》项目

　　办公室通联方式

序　言

向发展中国家打开一扇重新看世界的窗

周一平

（联合国秘书长原特使、南南合作办公室原主任）

自 1911 年美国学者泰罗的著作《科学管理原理》问世以来，西方管理学就一直处于主导地位，而发展中国家政府和管理机构则一直依赖西方管理理论进行决策。随着发展中国家转型进程的加快，其所遭遇的大量社会难题无法在西方管理学中找到答案，照抄照搬西方管理学只会带来水土不服的结果。为此，建立一门属于发展中国家的发展管理学是管理全球化迫切需要解决的问题。

发展中国家应当从国情实际出发，坚持管理本土化方向，"以我为主"去消化、吸收和创新形成自己的发展管理学，从而更有效地推动自身与发达国家在管理理论方面开展交流与合作。同时，发展中国家在推进管理国际化过程中，也要充分利用联合国多边平台，加强与其他发展中国家和南南国家在政策、经济、管理和社会等领域的合作与交流。

李树林所著的《中国软力量：发展中国家管理科学问题》一书，基于中国 40 多年的管理实验，提出让国家发展管理学成为世界管理科学丛林的一个"新成员"，填补了发展中国家管理科学方面的研究空白，对于推动发展中国家管理实验、探索管理规律和参与全球治理都具有时代意义和价值。

这本书是展示中国式现代化的思想库。本书基于实验科学提出"能力建设、科技进步、高校内涵发展、有效治理和国际化"五方面良策，是中国管理科学研究院作为管理智库展示中国式现代化的重要成果。

这本书是发展中国家进行理论探索的先导。近百年来，发展中国家没有自己的管理科学，不能依据自身理论对涉及的重大政治、经济、社会和文化等问题进行指导和有效管理，造成发展资源的巨大浪费。把全球南方国家发展管理学作为一门科学，不但丰富了其管理内涵，而且还将推动发展中国家管理的现代化。

这本书的中国经验可以为发展中国家提供借鉴。中国多年奋斗积累形成的发展经验，对正处在起步阶段的发展中国家而言尤为宝贵，将进一步加快中国与发展中国家在经济、技术、管理、文化等领域的全面交流与合作。

这本书提出国家发展管理学、管理软力量、管理本土化与国际化等新理念，均来自中国的科学实践。中国本土理论寓于普遍共性之中，不仅对发展中国家有用，对发达国家来说也颇有启发。因此，中国本土理论不但是中国的，同时也属于全世界。

我在联合国工作了30年，从20世纪90年代伊始担任联合国南南合作办公室前身——联合国开发计划署（UNDP）发展中国家技术合作特设局副局长，到2013年担任升格后的联合国南南合作办公室主任和联合国秘书长南南合作特使，见证了全球化进程的飞跃。我深深感到，联合国改革不仅需要来自发达国家的主流理论，更需要来自像中国这样的发展中大国的理论和方法作为参考。我衷心希望，其他发展中国家能从中国的发展经验和道路中获益。

上　篇

中国理论：国家发展管理学形成与发展

第一章　作为发展中国家的科学

一、发展中国家国际地位

近半个多世纪以来，发展中国家问题再次引起全球热议。这再一次表明，当今已进入了一个发展中国家社会，发展中国家已经成为当代社会发展的重要力量，形成全球一大趋势：一个欠发达发展中国家正在向发展中国家社会转变；一个国际化和经济全球化悖论正在向双向趋同发展转变；一个变革的发展中国家正在向成熟发展中国家转变。全球变革催生了管理科学新浪潮出现，发展中国家管理科学发展成为当代新的热点。

1. 重新定义和衡量发展中国家

发展中国家在世界上是一个强大阵营。全球有 233 个国家和地区，发展中国家占有 130 个，土地面积约占世界陆地面积的 60%，人口约占世界人口的 73%，总产值占世界的 22%。第二次世界大战催生了"发展"话语体系，特别是"马歇尔计划"在欧洲援助的成功，促进了发展中国家的发展，而进入 20 世纪 60 年代，西方提出了发展中国家概念，当时发展中国家概念主要局限于经济外援，是由西方来制定标准对发展中国家进行的管理控制，发展中国家本位的需求其真正内涵并没有得到挖掘。实质上，第二次世界大战后围绕什么是发展中国家问题始终存在不同的看法，主要归根于发展中国家对国际化看法，西方对经济全球化的主张。

发展中国家首先对区域互助经济合作提出要求。为了对抗"马歇尔计划"在欧洲的影响，1949 年 1 月 25 日，保加利亚、捷克、匈牙利等 6 个国家联合发表《关于成立经济互助委员会的公报》，公告提出，在平等基础上，相互交流经济经验，给予技术援助，在原料、粮食、机器、装备等方面提供协助，以实现发展中国家广泛交流与经济合作。这标志着区域性经济发展中国家的形成，是发展中国家对国际化的基本看法。

发展中国家对促进亚非国家政治、经济和文化合作要求更加迫切。1955 年 4 月 18 日至 24 日，中国等 29 个亚非国家和地区在印度尼西亚万隆召开会议，这是在没有殖民国家参加的情况下讨论亚非政治、经济和文化合作交流问题的会议，讨论了保卫和平、争取民族独立和发展民族经济等各国共同关心的问题，会议通过《亚非会议最后公报》涵盖经济合作、交流合作、人权和自决、附属地人民问题、促进世界和平与合作等多项共识。不仅在经济方面，而且突出争取民族独立政治诉求，充分反映亚非发展中国家发展原则和根本利益。

为发展中国家提供政治发展理论。1974 年 2 月 22 日，中国领袖毛泽东在会见赞比亚总统卡翁达时首次提出了将世界划分为三个世界的观点，他认为第三世界人口很多。亚洲除日本外，都是第三世界，整个非洲和拉丁美洲都是第三世界。毛泽东提出第三世界理论，是根据中国 20 年外援和自力更生独立自主发展经验提出来的，第三世界国家是指主张不结盟国家，反对军事同盟和干涉他国内政的政治主张是合情合理的，西方把第三世界理论与发展中国家概念对立起来，这是不符合历史逻辑的。第三世界理论是站在发展中国家一边的政治诉求，贫困的发展中国家只有站在政治正确方向和立场才能解决好经济发展问题。第三世界理论实质上也是对中国20年外援的一个理论提升，新中国成立初期还很穷，中国从国际责任的高度向第三世界国家——朝鲜、越南提供援助，1956年中国开始向亚非拉国家提供援助，1971年中国搭建了坦赞铁路等一大批重大基础设施项目，向发展中国家派遣医疗队，正是这些外援实践，为第三世界划分理论提供了重要来源。发展中国家概念是来自西方经济全球化的一种理念，其目的是西方通过对发展中国家经济援助实行对其管控。毛泽东第三世界划分进一步提醒第三世界发展中国家不是孤立存在的，而是在第一、第二世界夹缝中间生存的，政治决定发展中国家的命脉和未来发展的根本方向。

1978年，中国实行改革开放，进行市场化改革。1979年4月，中国政府与联合国进行合作，中国进入经济全球化阶段，中国政府提出"有给有取"的方针，一方面继续向其他发展中国家提供援助，同时也接受国际社会援助。据商务部统计，自1979年我国开始接受国际多双边无偿援助以来，截至2004年，共接受援助56亿美元，实施了1000多个项目。涉及农业、工业、能源、交通、通信、教育、卫生、金融、财税、环境等诸多领域。通过项目的实施，为我国培训了数以万计的科技管理人员，购买各类先进科研仪器和设备，使中国在经济全球化过程中得到发展。

2001年，中国开始参与经济全球化合作。2001年12月11日，中国正式加入世界贸易组织，成为其第143个成员。中国以发展中国家身份履行义务、承担责任。中国加入世界贸易组织，标志着发展中国家经济进入经济全球化合作新时期，加入世贸组织以来，中国积极践行自由贸易理念，全面履行承诺，大幅开放市场、实现更广泛互利共赢，对外开放中承诺发展中国家的担当。

为使全球化更好地推进中国国际化，2003 年我国提出并加快中国管理本土化步伐，面对经济全球化挑战，中国从实际出发，坚持"以我为主、博采众长、融合提炼、自成一家"的原则，通过"学习、消化、吸收、创新"，坚持走管理本土化中国道路，中国在管理软力量能力建设方面又跨入一个新的阶段。

2012 年，中国特色社会主义进入新时代，2013 年 9 月和 10 月，习近平主席向全球提出"一带一路"倡议；2015 年 9 月，国家主席习近平在联合国总部出席第七十届联合国大会一般性辩论时，提出了"人类命运共同体"理念，进一步提高了我国发展中国家的水平，从此使中国进入一个更高水平发展中国家。

西方对发展中国家经济管控狭义理论，不能以偏概全代替发展中国家广义世界观。现在看来西方对发展中国家理论已经过时和陈旧了，以 20 世纪 40 年代"马歇尔计划"成功所形成的西方理念，没能解决近 70 年来发展中国家所面临的发展各种难题，特别是近期西方对中国不是发展中国家的说法，更加证明了理论滞后现实，也暴露出西方理论偏见弱点，怎么能用世贸经济单一标准，来衡量发展中国家整体呢？

现在发展中国家已经成为世界上最庞大的社会形态，相对应于发达国家，不是依附西方生存的附属品，而是一个独立管理对象和系统，衡量发展中国家应当使用系统观点，以政治、经济、科技、社会和文化多指标作为标准，只有使用综合指标才能促进全面进步，是提高发展中国家水平质量和效益的关键因素。西方对发展中国家单一经济控制指标是积累 60 年压在发展中国家的老问题，现在到了恢复发展中国家本来面目的时候了，发展中国家人民应当掌握自己的发展权，它的理论应由本国人民来定义，不能由 29 个国家决定 130 个国家的命运。所以，使用单一经济指标会导致发展中国家畸形发展，对整个国际社会是有害的。

发展中国家社会是一个全新的时代，其内涵极为丰富，显示出推动发展的强大助力。研究发展中国家根本目的是找到发展中国家的客观规律，确立管理目标和原则，解决发展中国家面临发展的一系列难题，推动发展中国家发展才是真正目的。把"欠发达、落后"字眼扣在发展中国家身上是不公平的，发展中国家至今概念仍然十分模糊，经过 60 年演变进化，其内涵更加确切化了。什么是发展中国家呢？发展中国家是指拥有"经济、科技、人才、资源"巨大潜能但待开发的国家。这个定义有如下着重点：一是坚持以我为主"本土化与国际化"互动发展的方向；二是欠发达社会存在要素恰恰是尚待开发未来的经济增长点，有效地推动综合要素系统发展；三是突出能力建设，把硬资源和软力量结合起来；四是加强发展中国家之间在经济、技术和管理方面的全面合作与交流，真正成为发展共同体。

中国在发展中国家经过 70 年漫长历程，现在已经进入成熟发展中国家阶段，发展中国家不是短暂的社会形态和历史阶段，而是一个很长的阶段。发展中国家的漫长历程只有走完才能进入成熟发展中国家；成熟发展中国家是实现中国特色社会主义的重要阶段，只有在成熟发展中国家创造出足够的经济、科技、社会和文化先决条件，才能为中国特色社会主义提供必要的基础；把成熟发展中国家的任务与中国特色社会主义先进制度有机结合起来，坚持改革不断完善成为发展中国家体制、机制和方法，加快中国在发展中国家的进程。

中国成功的根本原因：一是有一个正确方向和发展战略。建立中国政府与联合国共同拥有的"和平发展"价值观，把改革开放、南南合作、"一带一路"和中国式现代化作为优先发展战略；二是针对"建设、改革和发展"问题，制定具有不同时期特点的规划、政策和措施；三是加快科技和管理进步，重视管理智库建设、摸索规律提高企业管理水平、促进高校内涵式发展；四是以国际化和全球化为目标，推动中国与发展中国家全面合作与交流；五是重视能力建设，坚持科学实验、开发壮大管理软力量、重视国家发展管理学的研究与推广。

2. 发展中国家：本土化与国际化

中国坚持走国际化和全球化趋同发展道路。国际化是发展中国家走向全球化的基础，全球化是对发展中国家国际化的进一步提升，两者趋同发展优势互补、趋利避害，推动发展中国家高水平发展，向成熟发展中国家迈进。

中国在国际化方面积累了丰富经验，中国有 20 世纪 50 年代支援亚非拉的经验，中国有 15 年与苏联经济技术合作项目，成功引进 156 个项目，取得了技术管理经验。改革开放后，从 1978 年开始与联合国签署合作条约，利用多边舞台，开展多项南北合作和南南合作，中国拥有与第三世界和西方大国合作的经验。

中国为推动经济全球化进行三次改革转型，第一次转型：1979 年—1990 年以"硬件"为主，从农业国家转型工业国家；第二次转型：1990 年—2000 年以"软硬结合"为主，从工业国家向现代化国家转型；第三次转型：2000 年至现在，从现代化国家向新兴国家转型。自 20 世纪 80 年代以来，我国利用联合国多边合作的优势，实施了 30 个涉及多方面改革的项目，为我国政府的"管理机构改革、经济体制和经济方法、财政制度、计划管理体制、海关管理、资本市场运作、建立保税区及社会保障制度"等重大改革课题开展共同研究，开展广泛的国际交流学习并借鉴国外经验，促进我国改革开放，推动改革转型。为实施经济全球化奠定了可靠的基础。

20 世纪 70 年代，我国开始全面引进西方现代化管理，大量培训各级管理干部。1979 年，美国商务部与中国国家科委签署我国第一个在管理方面的合作项目——中国工业科技管理大连培训中心。中国从国际出发，面对全面引进所带来的教材水土不服、教学方式不适应问题，从中国实际出发，坚持管理本土化方向，通过 40 多年管理实践，走出了一条发展管理科学道路，发现建立了国家发展管理学，使国家管理软力量不断壮大，有力推动了中国式现代化发展。

发展国际化与经济全球化是一对悖论：发展中国家国际化要从西方控制管理权中解放出来，转化为发展自主权，对发展中国家全面衡量标准就形成了，经济指标对发展中国家评价是经济全球化的一种应用，它不能代替其综合指标，更不能以偏概全。

发展中国家的国际化与西方经济全球化在运行过程中，本质上是一个内在的充满矛盾的过程，最初的国际化特别强调综合管理，最初的经济全球化特别强调经济管理。这两个概念通过多年进化实现了"交叉"，各取其优而合避其劣，把优秀东西集聚起来，合二为一形成新优势，通过趋同方法，把发展中国家国际化和西方经济全球化都转向"成熟的发展中国家"，发展中国家形成理论应当得到国际社会的尊重。

二、管理中国化与管理科学

习近平总书记在经济社会领域专家座谈会上强调，要不断发展中国特色社会主义政治经济学、社会学。这极大鼓舞了管理科学研究战线全体科研工作者，我国管理科学研究在社会主义现代化建设中的作用日益突出，建设社会主义现代化国家迫切需要大力发展中国特色社会主义管理科学。

中国特色社会主义管理科学源于管理软力量研究，"中国软力量研究"从 20 世纪 80 年代开始，与美国软力量研究时间差不多。西方软力量代表人物是美国哈佛大学肯尼迪政府学院前院长约瑟夫·奈教授，他从世界政坛成功事例中提炼出"软力量"一词。我国的"中国软力量"是从 100 家成功企业案例研究中提炼出来的。所谓管理软力量，是指转型期中国管理科学推动经济社会发展整体能力的一种理论表述。

我国管理软力量研究是一项大科学研究工程，由我国一批管理研究工作者发起并组织，从 1982—2019 年历时 37 年跨度，全国调动了 50 个政府机构、14 个行业协会、100 家企业、170 所高校科研单位联合攻关，全国有近 100 名政府领导者，上千名教授专家、上万名企业管理工作者参加。时间之长、规模之大、人数之多是建国以来少见的大科学研究工程，软力量研究形成一批管理中国化理论研究成果，出版一批管理科学研究报告，为党中央、国务院和各级政府提出若干份政策建议，受到国内外学术界高度重视。

1. 管理中国化涵义的实质

管理中国化是从中国社会转型国情出发，在国家不同时期政策指导下，对外来的管理进行"学习、消化、吸收"的本土化过程，坚持"以我为主、博采众长、融合提炼、自成一家"的原则，依靠政研企相结合体制优势，探索出一条高质量、高水平、高效益发展之路，走出一条依靠管理科学强大国家的发展道路。"用活政策、诚信至上、市场先导、人才为本、资本魔方、科技为先、权威领导、战略制胜"是我国成功企业的共同品质。软知本是我国现代创新组织核心理论，其竞争力取决于软知识、软资产和软价值。软知本理论是根本中国化理论体系的核心。

2. 管理国际化根本目标

推动管理中国化是中国管理走向国际化的根本原因，中国近

40 多年扮演一个学习型大国角色，中国管理与世界各国发展有着紧密的衔接关系，管理具有普遍性，中国管理发展过程正是许多发展中国家正在走过和即将走的道路。管理中国化的经验表明：发展中国家在发展管理科学方面应当采取"一主两外"模式，接收转化理论、掌握管理关键三条主要原则。"一主两外"模式是指发展中国家发展管理科学从国情实际出发，对外来的管理按需取舍，走自己的路。接收转化理论是指将外来的管理转化为本国的管理，应坚持"以我为主的学习、博采众长的消化、融合提炼的吸收、自成一家的创新"四条标准。掌握管理关键是指掌握案例"三个车间"理论，能比较好地满足不同层次对管理的需求。中国这些理论对发展中国家走学习发展的道路有重要的借鉴作用。

3. 管理智库的重要机制

中国软实力研究始终伴随着我国智囊团、思想库的历史。比如：1986 年提出现代科技进步理论和方法；1992 年向中央领导首提"软着陆"一词；1999 年提出管理本土化与国际化理论等等。以前智囊团经验对我国新型智库建设很有益处。管理智库的有效性在于政策对路、理论创新、成果转化、领导采纳、社会影响五条准则。管理智库的精准率在于命中周期一般朝前 3—5 年。管理智库的体制创新证明：美国公司体制智库不适合中国，"政研企"相结合模式具有中国特点和优势。以上管理智库特质是区别其它智库不同的竞争力。

中国管理科学与自然科学和社会科学相比发展缓慢，至今没有管理科学发展国家规划，没有统一的政策，从战略上缺少布局；自然科学、社会科学和管理科学横向联系不够；现有管理科学机构改革滞后，综合能力不足；管理资源冷热不匀。一方面，

9

决策和改革急需管理科学；另一方面大量成果被忽视被积压，导致结构失调。我国重硬轻软的现象相当普遍，制约着我国管理科学事业的发展。改变管理落后局面，提高全民族管理科学整体素质，制定加快管理科学进步的政策和措施，发挥管理科学在国民经济重点领域的作用，是我国建设社会主义现代化国家一项重要的战略任务。

三、中国式现代化与管理科学

党的二十大作出的科教兴国战略、人才强国战略和创新驱动发展战略等一系列重要国策，既是我国管理科学战略要认真学习贯彻的重要指示，又是摆在我国管理科学界一项重大的理论任务。

中国管理科学问题是马克思科学社会主义的视野，是建设社会主义现代化国家软力量，提高全社会活动的效率、质量和价值的决定性因素之一。我国改革开放以来，有眼光的政治家、战略家都把目光射向了中国，各国视为争夺未来至关重要时期，中国举什么旗走什么路？以习近平同志为核心的党中央高瞻远瞩、运筹帷幄，提出了全面建设社会主义现代化国家宏伟战略目标，是马克思主义中国化时代化的新飞跃。

社会主义现代化国家为我国管理科学发展提供了广阔天地，中国管理科学诞生于改革开放初期，我国管理科学是在中国特色社会主义自强自立精神基础上发展起来的，没有照抄照搬西方现成的管理学，从中国国情出发，坚持管理本土化道路，以"以我为主、博采众长、融合提炼、自成一家"原则，形成具有中国特色的管理科学理论和方法，在中国特色社会主义发展建设中发挥了越来越重要的作用。我国管理科学研究针对不同发展时期为中央决策提出若干份研究报告和政策建议，发挥了管理智库先导作用，把实验科学引入管理科学，建立管理兴企兴教强国实验区，推动理论和智库成果转化，探索以中国特色社会主义为特点的运行体系，把政研企体制与社会主义制度优势相结合，为发展现代管理科学提供了体制保证，"中国本土化企业与高校管理案例库组织工程"得以落成。新时代治理现代化推动中国管理科学事业发展，使中国管理科学焕发了青春，在建设社会主义现代化国家中发挥了越来越重要的作用。

1. 管理科学和政策

科教兴国战略与建设社会主义现代化国家相结合具有重要的战略意义。在我党历史上，曾有两次提出科教兴国战略的历史，1995 年，党中央、国务院提出的实施科教兴国战略，当时主要是落实"科学技术是第一生产力思想"，确定科技和教育重要位置，保证"科学技术第一生产力的落实"，党的二十大提出科教兴国战略具有新时代特有的内涵。全面推进科教兴国战略是在习近平新时代中国特色社会主义思想指导下，与建设社会主义现代化国家联系起来的，这个内涵比过去内涵扩大了，不但确定科教兴国是建设社会主义国家的主导因素，而且把"科技、人才、教育和创新"四个方面捆绑为一个整体力量，建立一个互动"因果链"。这些新的理论必然带来国家现代化新的突破，科教兴国战略内涵不仅仅包括自然科学、技术科学、工程技术，还应当包括管理科学、交叉科学和软科学在内。管理科学囊括在内，进一步丰富了科教兴国战略内涵。世界范围内，各国重视管理科学的发展已经成为一个国家的国际地位和国际竞争中成败的重要因素。管理科学成为科学的重要组成，同时反过来又组配作用于"科技、人才、教育"，产生系统效能，也就是说，参与科教兴国战略中各要素都与现代管理科学息息相关，具有很强的关联性。科技因素只有通过管理才能从潜在生产力变为现实的生产力；教育因素只有通过管理才能使教育高质量发展；人才因素只有通过管理才能使人与组织一体化成为有效率的组织，没有管理组配情况下，一切自然形态物质都不能自然产生效果。

高质量发展的基础必须依靠科技进步和现代管理科学，科技进步管理是"科技、人才、教育和管理"等要素通过系统化组装形成综合能力实现终极目标，科技进步管理是提高质量、效率和价值的重要途径和方法。

应当看到：随着建设社会主义现代化国家的升级，需要管理科学，科教兴国战略与管理科学成果相结合相统一，管理科学必然成为全面建设社会主义现代化国家的理论基础。

2. 中国式现代化和管理科学

管理科学交叉性和横断性优势区别于其他专业学科，从这个优势出发，管理科学与中国式现代化有着直接联系，无论是生产力还是生产关系的现代化，管理科学都能发挥应有的作用。管理科学与中国式现代化各要素结合，通过政策、系统化和有效配置，加强了中国式现代化的能力建设，不断提高中国式现代化水平。管理科学与人口规模巨大现代化，可以通过提高人的素质和人的社会价值，把数量转化为质量而实现。管理科学与共同富裕现代化，可以通过先进制度，有效的政策和不断完善经济社会管理来实现现代化。管理科学与物质协同和人与自然和谐共生，管理科学差别效率理论将有助于问题的解决。管理科学与和平发展现代化，以人为本思想是实现和平发展现代化的重要思想。

推动中国式现代化离不开管理科学，管理科学全程服务是提高中国式现代化的关键，管理科学能力建设是建设社会主义现代化强国的重要途径和方法。

12

3. 管理科学新方法

党的二十大报告强调：牢牢把握新时代中国特色社会主义思想的世界观和方法论，并强调方法论在执行中央政策方面的重要性。管理科学不仅为实现目标对资源进行有效控制，从本质上讲，管理科学也是一门方法论科学，对事物进行系统分析做出正确决策，是研究"船和桥"的科学方法。党的二十大提出十五个重点，如何结合国情、省情和实际情况制定行之有效的指导政策，使政策落地见效，仅靠一般性号召、一般调查方法、笼统大数据方法不能辩证反映事物本质，必须坚持到实践中去，到现场中去开展科学实验，一切通过实验来解决问题。党的二十大提出一系列社会经济问题，迫切需要有效的政策去引导，这个政策来自科学实验方法。长期以来，实验方法被自然科学和工程科学所垄断，这是欠公允的，随着社会复杂问题的出现，制定社会经济一系列政策同样需要开展科学实验。

我国管理科学通过多年管理实验，现已形成的"软着陆目标、案例分析、政研企体制"综合纲要方法，在省（区、市）建立管理实验区、管理实验室、管理基地，有助于各地各行业和企事业政策转化工作。

四、国家发展管理学新愿景

国家发展管理学是顺应全球近 70 年发展需要应运而生的，更重要的是来自内在科学逻辑。国家发展管理学是实验的科学，是管理科学丛林中一位新成员，国家发展管理学是全球治理不可缺少的。

1. 实验出理论

采取实验方法观察社会，早在 400 年前 F·培根《新工具》

和 R·笛卡儿 1637 年出版的《方法论》有较早的探索，在技术革命时代，实验是属于理工科专用名词和特有的工具，把科学实验应用到管理科学领域是中国的首创，科学实验不仅是推动自然科学和工程科学的工具，也是推动社会进步的新方法论。任何管理实验都不是一次完成的，它是朝着既定目标连续不断实践、总结、批判和提升的动态过程，这个过程就是发现客观真理的过程。任何一个新理论都必须接受科学实验的检验，特别是接受成功所带来问题的反思，通过修正再回到实践中检验更为重要，历史上任何一种理论突破都面临危机，不能转危为机就不能有真正意义上的创新。国家发展管理学历经长达 40 多年科学实验被中国发现，这个新理论在 40 多年前即 20 世纪 80 年代，还是"改革""转型期"一些单元概念存在；到了 21 世纪初，单元概念才被进化为"案例库""管理本土化"新概念，当时"管理本土化"受到"经济全球化"冲击和批判，批判促使"管理本土化"上升到"管理中国化"理论，使本土化与国际化并列成为两个独立概念。2003 年以后，通过对单元概念进化和系统化从而促使国家发展管理学诞生。

实验产生国家发展管理学。中国是发展中国家转型比较早的国家，所遇到的问题比其他国家要多，中国从社会转型国情出发，在国家不同时期政策指导下，对外来的管理进行"学习、消化、吸收"本土化的过程中，坚持"以我为主、博采众长、融合提炼、自成一家"的原则，从 1982 年开始进行大规模管理实验，1982 年—1992 年开展了 10 年科技进步管理实验；1992 年—2012 年开展了 20 年管理本土化实验；2012 年—2022 年开展了 10 年事业组织治理建设实验。从中国 40 年实验，发现了国家发展管理学。

自 1911 年美国 F·W·泰罗著的《科学管理原理》问世，近百年来，西方管理学一直处于主导地位，发展中国家大多数政府和管理机构依赖西方管理理论做决策。随着40多年来发展中国家转型速度的加快，所遇到的大量社会难题不是西方管理学所能全部解决的，照抄照搬西方管理学带来的水土不服问题日益严重，为此，建立国家发展管理学是一件十分迫切的事。

国家发展管理学是以发展中国家为对象，研究管理科学在国家发挥作用以及运行规律的科学。发展中国家依据国情确定管理方向和任务；把以我为主本土化原则放在首位，实行管理本土化与国际化趋同发展；以硬项目为主转向软硬结合推进，重视管理软力量能力建设；牢固树立以人为本理念，把开发智力推动人的现代化有机结合起来。

国家发展管理学是管理国际化不可缺少的重要组成部分，管理本土化与国际化是国家发展管理学的核心，发展中国家应当从国情实际出发，坚持管理本土化方向，以我为主去消化、吸收和创新形成本土化的管理理论和方法，更有效地推动发展中国家的管理现代化。发展中国家在管理能力建设比较薄弱情况下，要利用好本国政策引导，发挥"政研企"相结合的体制优势，加强管理科学与管理教育联盟，建立健全管理科学国家队，壮大国家管理软力量，推动发展中国家的经济和社会全面发展。现代企业是推动发展中国家的主体，重视企业软知识品牌建设，充分发挥软知本在提高企业高质量、高水平和高效益方面的作用，在推进管理国际化过程中，要充分利用联合国多边平台，加强与发展中国家和南南国家在政策、经济、管理及社会各方面的合作与交流。

发展中国家在推进管理本土化和国际化过程中，还会遇到来自体制、机制和政策的障碍，战胜难关必须坚持科学精神，勇于开拓进取，就没有解决不了的难题，21世纪国家发展管理学将会迎来无限生机。

2. 新使命

国家发展管理学新使命。进入 21 世纪以来，世界上出现的战争、瘟疫、饥饿挑战全球治理，提高全球治理效能，根本在于解决发展中国家的理论问题、在于补上发展中国家这个短板，上百年来，从国际联盟到联合国，都在坚持和平发展推动全球治理，向援建国家输出的方案计划大多是由西方政府和专家制定的，如第一次世界大战后，1918 年由德国人设计的《魏玛共和国宪法》，第二次世界大战后 1947 年制定的《马歇尔计划》都是作为外援产品。全球再好的理论方案，没有发展中国家理论的配合都发挥不出应有的效能，提高发展中国家发展理论水平成为关键。发展中国家发展理论只有靠实践，不可能将西方管理学现成理论照搬过来。

国家发展管理学来自中国改革历史，决定发展中国家的未来。国家发展管理学是中国改革重要的理论之一，中国改革的本质是一场管理革命，从内容上是坚持制度、体制和机制的创新，改变了管理方式和方法，进而实现高质量、高水平和高效益，这个过程是管理本土化走向管理国际化的过程，中国改革价值不是物质硬件建设，而是全面的能力提升，关键在于形成和壮大国家管理软力量。

发展中国家理论创新，能力建设和文化融合形成的软力量越来越成为发展中国家的主要特征；国家管理软力量是全球治理的重要因素。全球治理仅靠已有行政系统是不够的，需要改变全球治理模式，重视软力量的作用，发展中国家应不断学习吸收西方发达国家推进本土化所形成的软力量，它是全球治理一种新生力量，全球治理过去在能力建设上考虑得不够。由西方发达国家和主流理论主导全球治理，这将会出现全球治理失衡，导致更多发展中国家缺乏主动性和自觉性，缺乏发言权和自主权，缺乏发展中国家的理论，缺少发展中国家参与全球治理是不公平的。国家发展管理学不但大大提高发展中国家管理能力和水平，也会弥补全球治理的不足，形成良性互动，使全球治理更为有效，全球治理缺少不了国家发展管理学，缺少不了为全球治理贡献中国智慧和中国方案，推动构建人类命运共同体。

第二章 国家软力量理论

一、政策与软力量建设

管理软力量是相对于生搬硬套、刚性不变、墨守成规和不讲实效等硬性运作模式和方式而言的，是指一个国家政策导向、社会创新能力、柔性组织效能等影响国家发展的本土化、国际化和现代化的综合因素。

40 年来，我国管理软力量不断壮大，对政策、社会和经济发展作用日益显现，已经成为形成发展管理学的重要来源和基础。中国管理软力量是在社会转型期发展起来的，首先来自西方学习的力量，40 年来，向市场经济转型过程中，中国一直打造学习型大国角色和形象，通过学习增加了管理软实力。中国管理软力量也来自中国人民的自强自信，只有坚持中国特色，中国才能吸收并获得本土化受益。中国管理软力量来自于发展中国家交流的力量，中国很重视与发展中国家的关系，重视和加强南南合作，中国只有在共享中才能得到发展。总之，国家管理软力量是推动管理本土化、国际化的一种力量，也是推动中国式现代化的一种能力建设。

管理软力量的核心是软知本，它是反映一个国家和地区软知识、软资产、软价值的总体力量，也是反映软知本社会能力的重要指标，是推动政治、经济、社会全面进步的重要力量。管理软力量不同软实力，软实力是显现出来的一种知识能力，软力量其中很大一部分是正在转化的潜在力量。国家管理软力量很适合发展中国家形态。管理软力量不完全等同管理科学，管理科学是建立学科基础的一个知识体系，管理软力量是管理科学应用和转化产生的效能。

"管理软力量"是中国近40年出现的一种重要的"管理科学"现象。中国管理软力量研究从20世纪80年代开始，与美国软力量研究时间差不多。西方软力量代表人物是美国哈佛大学肯尼迪政府学院前院长约瑟夫·奈教授，主要是从世界政坛成功事例中提炼"软力量"一词。中国"管理软力量"是从100家成功企业案例中提炼出来的。所谓管理软力量，是指转型期管理科学推动经济社会发展整体能力的一种理论表述。

我国管理软力量研究是一项大科学研究工程，20世纪80年代由我国一批管理研究工作者发起并组织，从1982年—2022年历时40年跨度，全国动员了50个政府机构、14个行业协会、100家企业、170所高校科研单位联合攻关，全国有近100名政府机关领导，上千名教授专家、上万名企业管理工作者参加。时间之长、规模之大、人数之多，是新中国成立以来少见的大科学研究工程。

管理软力量与软知本有直接联系，软知本是管理软力量的核心。作为一个现代企业，最重要的标志在于拥有多少知识财富，企业软知识品牌建设通过"为管理起名、为发展找魂、为战略引路"，使企业潜在的隐性知识显现化，企业软知识品牌将成为企业发展的重要因素。企业软资产得到丰富扩容，案例项目成为现代企业软资产的重要内容和成员。软价值改变平均分配形式，价值已成为分配和劳动报酬的主要依据。管理软力量与管理本土化和国际化密切相关。管理本土化是壮大管理软力量的重要支撑，管理本土化发展水平决定管理软力量的大小；反过来，管理软力量作为一种软知本，又是推动管理本土化的重要手段。中国南南合作经验为壮大管理软力量起到重要推动作用。

管理软力量离不开能力建设。一个组织一个人自我运行很难产生管理软力量，越是形成知识联盟和案例共享组织，管理软力量越容易增强；新的运行模式和方式是产生管理软力量不可忽视的来源，案例系统研究方法通过交叉组织的互动、增值和共享来扩大管理软力量。

管理软力量与政策和经济的关系。管理软力量与国家发展政策息息相关，政策导向是形成管理软力量的前提，中国管理软力量如此强大，与改革初期的开放政策、中期的经济顺势发展政策以及近期治理现代化的政策密切相关。中国管理软力量的兴起与相应的经济改革环境息息相关。没有良好的经济环境不可能出现管理本土化。中国经济改革不是照搬苏联式的社会主义模式、西方资本主义模式以及印度等国家的模式，也不同于俄罗斯市场改革的模式。俄罗斯的市场改革是由国际经济组织设计出来的，而中国改革是政府主导型。中国政治经济发展的转型复杂性决定着管理本土化的特殊性。即"管理思想—经济体制—管理形态"构成了转型期管理软力量与经济关系。

1982 年—1992 年转型初期企业实验阶段。党的十一届三中全会以来，我国工作重点已转到经济建设上来，强调现代化建设必须重视管理理论的研究，特别是"学会用经济方法管理经济"，按客观规律办事；重视异军突起的中国乡镇企业发展和经济人才在企业发展中的作用。

在经济体制改革方面。我国正处于高度集中的计划经济向"计划经济为主，市场调节为辅"，向"国家调节市场、市场引导企业"的过渡阶段。从我国宏观政策和经济运行来看，主要突出以搞活企业为中心的管理思想；在政策和措施上提出："扩权、改制、两权分离""简政放权、承包责任制、企业升级"等项内容。20 世纪 80 年代，我国经济增长方式是消费主导型。1983 年—1988 年，中国经济经历了将近 6 年的持续繁荣，这主要是由消

20

费需求拉动的。这一需求引导投资集中到消费品工业上，使得中小型企业在"轻型化"和"短而快"的项目上发展迅速，进而成为经济主力军。

中国转型期管理是从引进西方案例开始的。邓小平同志在1979年访问美国时，与美国卡特总统达成签署了培训中国企业管理人才，引入美国哈佛案例教学法的中美合作议定书，确定的合作项目名称为："中国工业科技管理大连培训中心"。由于20世纪80年代初我国市场经济还没有真正形成，所以，当时所讲的西方市场经济条件下的案例内容很难使我国受训者受益。我国虽然确定了向美国发达国家学管理的方向，但却不知道从中国的国情需要出发学习什么样的管理，所以导致我国企业管理理论与实践出现两张皮。企业案例研究是为了解决全盘引进西方案例所带来的问题。20世纪80年代，中国还没有建立起自己的管理模式，不少人把发达国家管理经验当作是放之四海而皆准的至上科学，把西方案例当作"圣经"来看待。当时不解决这些问题，中国自己的管理就无从谈起。我们解决这些问题的唯一办法就是实验，是按照"实验出理论"的主导思想和实践方法去分析研究和解决中国的问题，这也正是管理本土化最初的思想。为了寻求解决中国问题的方法，我国管理科学研究者深入大庆油田进行了8年的科技进步调研，接着又用2年时间完成了"潞安"案例研究。大庆油田和潞安矿务局案例研究确定了实证案例研究是解决中国转型期问题的基本方法。企业案例研究为20世纪90年代我国如何搞好大型企业提供了理论方法，也为研究后来转型期遇到的企业问题起到了指导作用。

1992年—2002年转型中期管理本土化实验阶段。党的十四大以来，高度重视管理工作，加强科学管理是企业由本治标大计，把"管理科学兴国之道"作为管理国家的纲领。

在经济体制改革方面。要求企业建立"产权清晰、权责明确、政企分开、管理科学"的现代企业制度，并明确规定股份制是现代企业的一种资本组织形式。20 世纪 90 年代，经济增长的特点：中国经济增长方式是投资主导型。80 年代末期，推动前一轮繁荣的消费需求已经耗尽，1990 年—1991 年中国经济增长放缓。当时以吸引港、台商为主的投资政策，又刺激了内地经济持续增长，1991 年—1992 年两年对外直接投资额是 1985 年—1990 年 6 年的总和，而 1993 年—1994 两年的外商直接投资额又是 1991 年—1992 年两年投资的数倍。1993 年与 1990 年相比，在工业的 23 个部门中，乡镇企业靠原料便利或劳动力廉价，在有可能竞争的金属非金属采矿业、食品制造、纺织业、竹木加工及家具制造、造纸、普通化工、有机化学制品、电器制造业、仪表制造业九个部门的市场份额分别增加了 10—15 个百分点。

我国管理教育大量使用洋案例带来严重的水土不服。20 世纪 90 年代以来，由于经济的飞速发展，我国管理教育出现了一个突飞猛进发展的局面。到 21 世纪初，全国高等院校本专科管理类的学生已达数百万。我国 MBA 从 1991 年设立以来，现已发展到近百所高校，受教育人数达到 6 万人之多，加上社会其他办学机构举办的各类 MBA 项目培训班，实质上受教育者接近 10 万人。我们的案例库建设虽然已经有了北大、清华案例中心，但仍然存在一些致命的弱点。首先，前 10 年开展的企业案例培训留下的问题，导致我国工商管理教育和教学先天不足；其次，现在高校流行的收购案例不是来自第一手事实，而是来自间接资料的信息编辑加工。所以高校案例库的建设从本质上还没有摆脱照抄照搬现象，给中国管理教育带来水土不服的局面。

管理兴企计划的实施为解决转型期管理教育遇到的问题提供了良策。想解决这些问题，就要跳出教育研究教育，到企业案例研究中寻求答案。管理兴企计划的实施，不但为总结企业经验找到了出路，而且为管理教育大发展提供了丰富的案例资源，特别是管理兴企计划取得的成果，为管理本土化三个车间理论的形成提供了实证。

2002 年—2010 年转型期理论实验阶段。党的十六大以后，我国把深化国有企业改革，探索国有制的多种有效实现形式，推进技术和管理创新；树立科学发展观，建设创新型国家和和谐社会作为新时期管理思想。

在经济体制改革方面。把提高质量和效益作为经济增长的重点；进一步完善现代企业制度，强化行业重组；将经济发展和生态环境与社会发展有机结合起来。21 世纪初，我国经济增长的特点：国企改革主导型。国家始终坚持国有企业的改革，不断提高国有企业活力，确保国有资产保值增值；特别是金融行业和大型垄断行业国有企业占主导地位，这是中国国有企业改革与其他转型中社会主义国家最大的区别。例如，东欧和俄罗斯、北欧等国家经济增长并不比中国慢，但是由于没有国有企业经济支撑，所以整体上经济衰退十分严重，这正是中国式的市场经济与古典市场经济的不同，也是中国特色的一部分。推进管理本土化已成为我国一个新的政策。2003 年科技部批准"中国本土化企业与高校管理案例库组建工程研究"列入国家软科学研究重点计划项目，并出版《中国管理本土化——中国 100 家成功企业案例研究》成果，我国管理本土化进入一个新的阶段，这也是从实践过程中不断提升理论认识的一个过程。

2012 年—2022 年治理现代化阶段。党的十八大以来提出了创新驱动发展战略，提出了"一带一路"和南南合作发展战略；党的十九大以来，更加强调全面推进国家治理体系和治理能力现代化作为全面深化改革总目标；党的二十大提出科教兴国战略和人才强国战略。在这个背景下，中国管理科学研究院加强与联合国全球南南合作办公室合作，推动中国与发展中国家在经济、技术和管理方面合作，把治理现代化思想引进事业单位改革，开展中国管理科学研究院法人治理结构建设，实行中国管理科学研究院法人理事会制度改革，从乱到治，经过 10 年实验探索出一条"体制结构化、机制效能化、性质共有制"法治化新型中管院管理之路。

从中国经济发展模型可以看出：20 世纪 90 年代中后期，中国经济总量在世界的排名不断跃升。到 2000 年，中国的 GDP 是 1980 年的 6.3 倍，超额 50% 实现了 20 世纪 80 年代初提出的翻两番目标，成为全球经济增长速度最快的国家。到 2003 年按汇率计算，中国的 GDP 在 2002 年突破 1 万亿美元的基础上又有新的增长，GDP 总量列全球第六位，外贸总额超过 8000 亿美元，跻身全球贸易大国行列，外汇储备 4000 多亿美元，仅次于日本，列全球第二位。2005 年，我国外汇储备 8000 多亿美元，2006 年 2 月底，外汇储备总体规模首次超过日本，列全球第一位。

中国经济模式与管理密切相关。没有强大的国家管理软力量，中国崛起是不可能的。中国经济发展应把提高经济质量作为重中之重，提高质量主要是靠技术创新和管理创新。当前技术创新已经得到了高度重视，而对软科学方面重视不够，重硬轻软还相当普遍。中国经济发展需要管理中国化理论。因为管理中国化理论是解决中国管理问题的需要，也是发展具有中国特色的管理科学的一种必然。可以说，管理中国化理论是发展我国管理问题的一种现实的选择，也是总结我国经验教训的历史抉择和根本出路。

管理软力量促进发展重点。管理软力量为我国推动管理科学事业制定新政策提供了依据。没有管理软力量综合能力推动提出发展管理学是不可能的，管理软力量推动了管理科学现代化、管理科学国家队建设、新型管理智库建设、推动了管理产业等优势的发挥。

加快国家管理科学现代化建设。管理科学现代化是国家对社会管理资源进行科学规划，作用于社会经济发展的一种能力。其根本目标是不断提高知识在国民经济贡献率中的比重。尊重知识、尊重人才、尊重创造。认同知识价值，保护知识财富，弘扬知本文化，造就一支靠知识创造财富的企业经营大师、新学派理论家、知本家的宏大队伍，都是我国急需解决的根本问题。

管理科学现代化具有特色化、本土化和全球化的时代鲜明特点。"你有我长"是特色化的根本。纵观中国改革开放45年来，中国管理科学走的是一条"你有我长"的道路。坚持了"以我为主、博采众长、融合提炼、自成一家"的方针。中国管理70年是一个学习的70年，使中国成为一个"学习型"大国，新中国成立初期引进苏联时期156个项目，使中国学到技术管理经验。从1979年起40年里，我们从西方发达国家又学到了现代管理理论和方法。中国现已摆脱国外模式的束缚，开始了全面自主创新。中国管理科学现代化与发展中国家拥有共同发展规律，中国过去发生的管理，正是广大发展中国家当前遇到的需解决的问题。从这一点来讲，这是西方发达国家所不具备的，正是"你有我长"特色之处。

"你有我会"是现代化的灵魂。从泰罗科学管理原理到世界管理科学丛林，西方各种管理流派在中国改革开放40多年里被大量引进使用，中国基本做到了"你有我会"。中国引进西方管理没有完全照抄照搬，而是从中国经济发展不同阶段出发，坚持走"学习、消化、吸收和创新"道路。应当承认我国管理本土化水平还不够高，水土不服现象比较普遍，所有这些都影响国家管理科学现代化的发展。

"你需我供"是全球化必由之路。中国管理科学走向国际化，绝不是向发展中国家推广中国圣经，而是为发展中国家供给他们需要的"实用"成果。70年来，我国形成了一套具有中国特色的理论和方法，主要有"一主两外"模式、管理"转化"理论和企业案例研究法，这些正是广大发展中国家迫切需要中国供给的管理科学。

总之，推动国家管理科学现代化，就是不断壮大管理力量，把管理强国愿望逐渐走向现实。

加快管理科学国家队建设。建立管理科学国家队是发展管理软力量的组织保证。发展管理中国化软力量仅靠学科队伍是不行的，需要按照国家规划建立起来的管理科学"集团军"。所谓管理科学国家队应当包括：为推进国家管理进步而从事研究、教学和实际工作在内的一支宏大队伍。他应当反映一个国家管理科学研究现代水平和综合能力。

长期以来，在我国"教学、研究、实践"之间，三张皮存在不可跨越的鸿沟，各干各的事，各吹各的号，各行其是，想改变现状，需要从政策、制度、机制方面进行全面改革。建立管理科学国家队需要制定国家管理科学研究发展规划，建立国家队统计指标和体系，解决科研经费保障机制，建设公用平台。只有这些系统配套的东西全了，我国管理科学和软科学才能真正硬起来。

建立管理科学国家队首先是把新型中管院建设好。中国管理科学研究院是我国最早实行法人治理理事会制度，改革试点单位，将推出一系列体制、机制深化改革创新举措，建立中国管理科学研究发展基金会；举办中国管理科学研究院研究生院，要办中国管理科学大学；筹办全球发展中国家管理科学大会。中管院是自主型国家事业单位，与中科院和社会科学院相比，中管院具

26

有品牌、独立法人、体制机制的优势和无限创新的生机，特别对解决管理创新存在的种种瓶颈问题具有特殊意义。总之，我国在体制、机制和方法方面很难实现和推进的问题，都可以在中管院开办试验田，进行实验、探索、研究寻求解决之道。

管理教育是我国人数最多、力量最大、能力最强的一支国家队的骨干力量。由于当前高等教育正处在一个追求迅速过渡期，管理教育潜能一时还发挥不出来。解决管理教育发展，根本在于解决管理学院自主权，在"人、钱、物"上说了算，成为一个独立实体。解决这些问题目前很困难，但可以在国家队框架内有效解决这些问题，这就需要充分利用中管院独立法人、独立账号、自主创新体制的优势与高校进行全面合作，解决学院体制无法办到的困难，这样才能不断解放管理教育的生产力、创造力和影响力。

管理实践队伍是指企业实际管理工作者，案例企业就是国家管理科学国家队基层力量。案例企业在总结经验基础上，切实解决依靠管理、科技、人才发展问题。企业应当建立有利于管理、科技、人才发展的创新组织，最大限度地利用社会科研力量为企业所用，建立密切合作关系，把案例和软知识开发作为企业重要内容，抓实抓出成效来。

总之，管理科学国家队不是等出来的，只有在实践创新中不断壮大，只有在改革中才能获得生机力量。

加强新型管理智库建设。管理智库是推动中国式现代化的重要机制。我国智库建设要立足国情建设一支专业化队伍。现在我国智库多在原来研究单位和学校的基础上搭建起来的，数量多、专业水平低，我们认为：中国特色新型智库应当分为"政治、经济、外交、管理"，无论是从过去和未来来看，还是从功能和手段上来讲，建立新型管理智库都是不可或缺的，发展管理智库是建设特色新型智库一项大的战略。

管理智库迫切需要改变重硬轻软的现状。40 年来，中国管理科学与自然科学和社会科学相比发展缓慢，至今没有管理科学发展国家规划，没有统一的政策，从战略上缺少布局；自然科学、社会科学和管理科学横向联系不够，现有管理科学机构改革滞后，综合能力不足；管理资源冷热不匀。一方面决策和改革急需管理科学，另一方面大量成果被忽视或积压，导致结构失调。我国重硬轻软的现象相当普遍，制约着我国管理科学事业的发展。改变管理落后局面，提高全民族管理科学整体素质，制定加快管理科学进步的政策和措施，发挥管理科学在国民经济重点领域的作用，是我国建设社会主义现代化国家一项重要的战略任务，同时也是我国管理智库需要研究解决的。

管理软实力研究始终伴随着我国智囊团、思想库的历史。比如：1986 年提出现代科技进步理论和方法；1992 年向中央领导首提"软着陆"一词；1999 年提出管理本土化与国际化理论等等。应当讲以前智囊团经验对我国新型智库建设很有益处。管理智库的有效性在于政策对路、理论创新、成果转化、领导采纳、社会影响五条准则。管理智库的精准率在于命中周期一般朝前 35 年。管理智库的体制创新证明：美国智库公司体制不适合中国；"政研企"相结合模式具有中国优势。以上管理智库特质也是区别其他智库不同的竞争力。

大力推动管理产业发展与管理产业新理念。目前，对产业的分类，按各种物质生产部门第一产业、第二产业、第三产业进行划分；是否还有"第四产业"？它包含什么内容？尚在争论之中。按特点分类认为："产业"是指诸企业依据特定的基准结合在一起的集团单位（《经济学大辞典》日本东洋经济新报社，1979 年版）。由此看出：管理产业不属于传统的产业范畴，而是属于新兴产业范畴。管理产业是由社会发展的新特点和新趋势所决定的。所以，管理产业更适合于按特点划分性质。

管理产业进入新世纪被提出来，具有以下新的意义：未来的10年中国的改革将由开放发展模式走向一个更有效率、更有秩序、更有生机的新时期。这一转变迫切需要管理产业为之服务。管理产业新门类的提出，有利于改善中国管理科学等软科学的社会地位；有利于提升管理科学研究的品质；有利于创立我国管理科学的知识品牌。当前，我国不但需要一流的管理科学研究成果，更需要与之相配套的提高成果转化率的管理技术，需要把一流的研究成果与推广网络化市场有机地结合起来。只有这样，中国的管理科学才能改善地位。管理产业是对管理科学广义化的继续。关于管理科学的含义，在国外学术界有一种狭义解释，认为：管理科学是对科学管理运用的继续，只是加上更加复杂的方法，如计算机技术和现代决策方法等等。管理产业从学科角度来看，包括自然科学、社会科学、交叉科学等综合学科群体；从生产方式来看，不仅涉及生产关系和上层建筑，也包括生产力的组织和利用；从功能上看，包括管理科学研究、管理教育转化和管理咨询使用等多方面功能。所以说，管理产业是推动社会进步、经济发展的一支重要新生力量。

振兴中国的管理科学，不但需要管理科学的相关理论和实践，更需要创立中国的管理产业。管理产业是使管理科学转变为效益的一门系统科学。所谓的管理产业是以实现管理生产力为目标，由管理科学产品、管理教育产品、管理咨询产品和管理实验产品的统一知识品牌，生产知识的知识企业，职业化企业家队伍和销售知识的网络化市场共同组成一个新知识的生产门类。

现代管理科学的发展趋势和社会潮流是形成管理产业的关键。当前社会需要解决的问题日益繁多，"大科学""智力集团"

"系统设计"已经成为解决社会问题的重要手段。现代管理科学要求把分割、局部、专业的概念系统地组装起来，作为管理科学整体能力的重要部分；工商管理教育越来越需要把传授管理与管理实践及管理效果有机地统一起来；企业是管理产业的主要承担者和完成者；企业是国民经济的细胞；管理产业属于国民经济中一个新生的门类。

市场机制是形成管理产业的重要前提。管理产业的基础是知识产品，有了知识产品才能进行产业化。科研部门内部只能形成研究成果，一个真正的知识产品的品牌是在研究所之外形成的，是由市场来决定的。所以，没有市场就没有知识产品的品牌。知识销售是管理产业微观实现的形式，知识销售的核心首先在于建立一支"销售知识"的专家队伍；其次在于按着知识特点和规律确定服务的对象，制定具体的销售知识的方法。

专家集团是管理产业形成的可靠保证。管理产业要求传统的经营者向企业家职业化方向转移，专家要向企业知本家方向跨越。管理科学与社会发展需求交叉点上形成管理产业，管理科学走向社会转化为财富，就产生了管理产业。

管理产业是知识企业主营业务形式。管理产业是从事管理知识的生产，知识服务与转化的一种新的知识门类和行业。实现管理产业化要采取以下三种形式：

本土品牌化。本土品牌是中国案例本土化与国外洋案例或一般案例竞争者的产品产生的区别。案例的本土化既包括适合中国本土的案例，也包括西方已有适用于中国管理需要的案例。本土品牌化是指将转型期中国化的管理的案例资源，按照使用者的需求，加工成各类案例增值的产品。要大力推进案例三个车间理论。

软知本硬化。软知本不能长期停留在知识本身上面，软知本硬化前期任务是通过学习、培训和借助各种形式，带动新成果普及和转化。软知本真正的出路在于为经营使用者带来直接和潜在的效益。这种效益要跳出案例服务的范围，把软知本与需求者的资本有机结合起来，把软知本做硬，从拓宽工作、保健和知识服务方面，提高软知本硬化效果。

案例国际化。中国是发展中国家，与发达国家案例深层交流有许多歧视和困难，中国国际化初级目标应该锁定在发展中国家，中国在向这些国家输出管理的同时，一方面提高了中国转型期管理在国际的地位，另一方面提高了中国企业家在国际合作领域的威望和加大合作的成活率。我国在与这些国家合作的过程中，也能提高我国在国际上的竞争能力，为推进中国管理在发达国家的国际化建立了基础。

管理产业在转化过程中发挥管理产业顾问作用是一个鲜明的特点，中国企业的发展光靠从西方引进的管理咨询方法不够了，需要一种知识系统化服务的方法。为此，在推动管理本土化的过程中，我们感到建立管理产业顾问系统的必要性。管理产业是从事管理知识的生产，知识服务与转化的一种新的知识门类和行业。管理产业顾问是为提供知识系统化服务的专业组织。

管理产业的服务对象主要是企事业单位。在计划经济条件下，企业是知识生产的对象，企业只能站在知识生产之外。进入市场经济的企业，知识成了企业发展的重要资源，生产知识不仅是研究部门的专利，也同样是企业的主体。目前，管理产业已成为我国先进企业接受、生产和传递知识的一种新的管理方式。当今时代的生产知识化和知识生产化正在走向融合；知识企业的诞生将会加速管理产业的步伐。管理产业概念为知识企业诞生提供指导。例如，北京软知本管理产业机构是一家典型的知识企业。是把管理科学软知识做成产品，通过生产知识、知识管理和经营实现其社会价值和经济效益。

管理产业顾问是帮助现代企业咨询的医生。当前，我国企业所面临的管理困难，不是麦肯锡咨询所能够解决的，也正是我国一部分企业过于相信麦肯锡的管理咨询，使企业的主动性进一步丧失，一些企业在管理咨询的过程中，出现新的困难。这些管理咨询解决不好和解决不了的问题，正是中国所提出的管理产业顾问有用武之地的地方。管理产业顾问与管理咨询最大区别，是管理咨询通过使用管理工具解决具体管理细节问题。管理产业顾问是开发企业管理知识，设计和创立知识型企业，解决管理财富的问题。管理产业顾问的理论和方法，为我们解决企业管理的难题找到了新的途径。管理产业顾问对知识联盟发展具有同等指导意义，可以从过去重视信息资源的开发，转向重视开发头脑资源，更好地运用本土的知识和文化，让知识联盟切实解决好管理本土化成果转化效益问题。为此，我们要使用培训、会议、推介等软营销的方式，通过传播思想来推动管理中国化进程，实现案例成果的高转化、高效益。让知识联盟建立一个有效的管道，大力推广知识联盟的多层次研究成果和知识产品，让它早日成为社会所需要的财富。

二、管理中国化与国际化

管理中国化是一个总称，它包括管理本土化和管理国际化不同阶段。目前，我们正处于管理本土化阶段。40 年来，我们在管理科学振兴企业和推动管理教育方面取得了许多新业绩，结出了丰硕成果，但是我们取得最宝贵的不是有形财富而是思想。管理中国化思想来源于实践，来源于企业的创造。一句话，管理中国化源于历史，但它又决定和推动中国管理未来的历史进程。

管理中国化不是中国经验的翻版，它是全球化和国际化的管理新思维。所谓的管理中国化，是在特色理论体系指导下，在转型期将从西方学到的有效管理并结合国情，坚持"以我为主、博采众长、融合提炼、自成一家"的原则，发挥政研企相结合体制的优势，创造并促进中国经济社会科学发展具有中国特色的管理科学。这一理论是从中国100家成功企业的实践中，总结和提炼出来的。这也是中国自己的理论、解决中国管理问题所走的一条中国道路。管理中国化不但有鲜明的中国特色，而且能推动中国管理软力量不断增长。管理中国化促进了国家软力量、经济软力量、企业软力量、教育软力量不断增强。中国管理本土并不是管理的西方化。中国转型40年的经验再次证明：把发达国家管理不加消化地吸收，照搬照套转型国家，在企业管理方面会导致理论与实践两张皮，使管理教育和MBA教育出现水土不服的现象。

管理本土化不等于本地化和经验化。某一地区某一企业和企业家的成功经验是一种实践创新。但更多的表现为管理艺术，而并非管理科学，这种管理更多地固化在企业领导人和经营者个体上，很难被广大企业和全体员工掌握和运用。

管理中国化是21世纪中国发展的历史使命。进入转型期以来，中国管理科学面临的问题十分复杂。在中国还没有建立起自己管理的时候，不少人把发达国家管理成功经验当作放之四海而皆准的至上科学，把西方案例当作"圣经"来看待。解决这些问题的唯一方法就是实验，是按照"实验出理论"的主导思想和实践方法去分析研究和解决中国的问题。为此，中管院深入大庆油田用8年时间进行科技进步调研；接着又用2年时间完成了潞安案例研究。我国转型期管理变革是推进管理中国化的动力。在转型期坚持管理变革是极其困难的，道路也是不平坦的。1990年—1992年，我们前10年取得的案例成功经验，却在转型期推进过程中遇到阻力和困难，用硬科学方法去管理软科学研究；用行政命令方式代替科学规律的管理；有人把发挥专家作用与发挥企业主体作用对立起来。为了克服管理中国化前进道路上阻力，1992年在新型体制下继续推进中国管理科学事业前进。

管理本土化是发展管理学重要内容之一。中国之所以有新的管理方式出现，主要是因为处于转型期这个伟大的变革时代。中国转型期的管理问题，是美国等发达国家和其他发展中国家都没有遇到的问题。中国转型期管理比他们要复杂得多，最近美国某著名大学来中国给海尔和联想写案例，中国企业家感到没写出真情来，这再一次证明，用发达国家的方法去套用转型期国家的管理会出现水土不服的现象。所以，中国人的案例只有了解中国的人来写，才能更充分地反映转型期复杂性的背景。我国现在十分需要把管理从书本和误堂上解放出来，把中国成功的经验上升到一种新管理——管理本土化理论。因为中国管理本土化首先是来自中国的实践，所以它是本土的；因为它是来自中国企业的成功实践，所以它是科学的，只有来自中国实践的科学才是国际化和全球化。

管理国际化是管理中国化的外延。没有中国管理本土化，就没有中国企业在国际上的竞争力。20世纪80年代末，我国提出对国外引进的技术和装备要实行国产化；当时这一政策有力地促进了我国对国外装备的消化、吸收及创新。跨世纪的今天，我国又提出管理要本土化的要求，这必将加快管理转化效益的速度。我国企业经过40多年的实践创新之后，现在比任何时候都更需要管理本土化理论，需要把企业组织起来，整体走出去参与全球竞争，向转型国家输出中国管理，带动与转型国家的多边合作。

中国应向国际展示三种软力量：世界各国和发展中国家更多是通过我国悠久文化、经济体制改革两个方面来了解中国软力量。中国在世界多国已建设孔子学院近百家，成为世界各国了解

34

中国文化的一个重要基地；全世界有近 100 个发展中国家领导人到中国学习经济改革的经验。应当说，中国在文化和经济体制改革两个方面已经取得了很好的成绩，但中国向国际上展示软力量不能没有管理内容。中国的管理本土化从 20 世纪 80 年代就开始了，中国改革说到底，实质上就是一场管理的革命。中国经济转型全过程，无论是经营责任制的放开，用经济方法管理企业的理念，还是现代企业制度的提出，优势资源整合运作都离不开管理的作用。当今，管理已经成为中国经济的关键因素。

管理科学是发展中国家多边合作的重要课题。对于发展中国家双边和多边国家合作来讲，仅仅限制在经济技术方面，常常会停留在项目本身上，在缺少管理的前提下，许多成果只能成为展品、礼品，转化率很低。所以，如何把一项经济技术成果转化为现实生产力，做到少投入、多产出，没有管理是不行的；只有注重管理与经济和技术相互促进，才能使经济技术有效果，才能将管理国际化落到实处。

发展中国家注重管理，还会促使管理在经济技术合作中起到规划作用，在不同国家、不同水平人群、不同经济类型地区，引进和推广什么样管理科学成果最有效，将起到科学咨询的指导作用。对于发展中国家，与中国国情相同的周边国家，中国的管理本土化成果，对增强本国企业竞争力，提高管理水平，带动社会进步，将起到直接的促进作用。

中国管理变革需要国际化去推动。为中国企业家在国际论坛上发表研究成果提供有利条件。一般说来，企业经营者外语水平不高，交流能力比学者要差一些。为了最大限度反映企业家的声音，我们争取在国际论坛上开设华语中国论坛。东亚管理学者联盟要从面向东亚七国扩大到亚洲各国，使之真正成为亚洲管理联盟的权威论坛。参加国际论坛的关键是把案例企业家和高校领导人带出去，加强中国代表与世界各国代表之间的交流与合作。只要在管理中国化思想引导下，走管理国际化道路，我们就一定能在管理领域从胜利走向胜利。

管理国际化是中国案例本土化追求的远景。中国案例如何进入国际化？我们应该把总结自己、学习别人、开辟新路作为总结自己并向国际化学习的过程。改革开放以来，我国许多企业成功的原因，也包括了国外成功企业先进管理思想的融合和吸收。所以，从某种意义上讲，中国本土化案例，也包含了国际化的新内涵。中国案例进入国际化，不能单纯地学习先进国家，跟在后面走爬行的道路，我们应采取走出去管理服务型的模式。中国案例首先要为周边国家和发展中国家提供服务，进行案例全方位服务与合作，在服务合作中提高我国案例的国际化水平和能力。我们要加强与发达国家案例方面的学习和交流，主要吸收它们的营养，弥补我们的不足，提升我们案例本土化核心竞争力。只有搞好、搞强我国案例的本土化，我们才能有水平、有实力、有资格进入案例国际化新的历史阶段。

三、现代企业软知本

我国提出"软知本"概念是 1999 年，主要标志是我国首家"软知本机构"的成立，中国有了用"软知本"命名的企业。这是中国进行 17 年企业案例研究从中抽象出现新思维，它是国家管理软力量理论提出的先声，比管理软力量理论提出早了 10 年，也就是说，没有软知本概念的提出，就不会有国家软力量理论出现。

现代企业软知本涵义。威廉·哈尔勒曾经说过：知识是一种独特的资源，因为知识是无限的。如果得到分享和传播，知识就能增加、资产也能增加。何谓知本？简单地说，所谓知本是指知识参与企业生产与经营活动，并为企业创造价值的资本形态。与有形的硬资本不同，软知本是一种无形资本。目前，广泛流行的知识资本是指自然科学之外所有科学的知识。

什么是软知本呢？软知本不是从西方管理学照抄照搬来的外来语，而是通过 100 家成功企业案例分析后得出的结论。从我国成功企业分析中可以看出，成功企业更多的不是靠资金、土地、厂房和设备等硬资产，支撑企业快速发展的成功要素更多的靠正确的决策、观念创新、人力资源、技能和能力、文化、诚信和专业经验等软资产。简言之，软知本是软知识、软资产和软价值的总称，是由可以用来创造财富的企业软知识品牌建设、知识运行的方式、有效的体制共同组成软知识总和。

现代企业软知识品牌建设是软知本依据。纵观世界成功企业的发展史，知识已经成为企业发展的软知本重要因素。据国际数码公司统计，不良的知识管理使《财富》500 强企业每年浪费120 亿美金。好的知识管理，可以使公司提高绩效和盈利能力，更好地利用流动资产，为未来增加知识储备。总之，成功的企业在于比其他企业了解更多的知识，拥有更多的企业软知本。西方发达国家已经进入知识社会，欧美大企业能提出许多知识发展企业的模式和方法。中国企业与欧美大企业相差很远，他们之间的发展处于不同层次和不同的发展阶段。就其比较而言：欧美大企业更多的是通过高新技术的进步带动企业知识的形成，中国转型期企业更多的是通过管理观念的创新，新的概念的建立和新方法的运用，开发出企业自己的知识。我国企业软知识品牌建设的形成和创立，就是管理中国化理论对企业创新实践作出解释的一种新知识。软知本是国家软力量理论的核心和主干，软知本核心是发现企业软知识，开发隐性知识并转化为显性知识，成为可掌握使用的知识。软知识主要是通过案例研究提炼出企业软知识品牌。知识是一种有组织的经验、价值观、相关信息及洞察力的动态组合。这种知识不仅存在于文件和档案中，还存在组织结构、程序、过程、实践之中，可分为事实知识、原理知识、技能知识、隐性知识四种类型。前两种为显性知识，后两种为隐性知识。案例研究所形成的软知识，不是企业现有的专业知识，是一种新开发出来的隐性知识，它将隐性知识转化为显性知识。这种知识的鲜明特点是原创性，它是企业本来没有发现的知识，是企业新生出来的软知识。因为这种知识在企业现有材料中是找不到的，是通过案例调研的形式，专家教授与企业管理层及员工共同交流，进行理论与实践的碰撞、融合，使管理的认识从零星的、分散的、局部的变为整体的认识；从模糊的、混沌的认识变为清晰的认识；专家教授与企业管理层的互动，把企业家及管理团队中隐藏在头脑中的知识挖掘和激发出来，通过"管理个性化"，最终形成企业软知识品牌建设。作为现代企业只有获得原创的知识，才能打造出企业新型的核心竞争力，从而设计出企业发展方向、方法和战略，形成全新的企业发展观。

知资产是生产知识的一种能力建设，中国在进行国家管理软力量建设过程中，是由知识联盟即知识生产体、知识经营体、知识消费体和知识共享体共同拥有的软资产的结果，这些软资产实质上是一种开发显性知识的能力，一种软知识的发现和开发，是靠这些拥有软资产能力的联盟体生产出来的，软资产实质上是一种资格和能力体现和衡量标准。这种软资产不局限于联盟体制内，更大部分却是一种社会价值的转化。在知识生产过程中，所参加教育组织和专家系统，以及他们共享使用软知识成果所培养的高素质员工，以及联盟体所产生的社会声誉和影响，都应当是软资产重要组成部分。软资产结构有四个方面：

案例库资产。"中国本土化企业与高校管理案例库"是案例产品资产主要所有者和承担者。案例产品资产包括与市场相关的无形资产潜力，已应用和已研制的各类品牌。案例产品资产之所以重要，它是开发市场、创造新顾客的主要源泉。案例产品资产得到充分利用，将使其硬资产进一步增值。

管理传媒资产。创新型杂志是管理传媒资产主要所有者和承担者。传媒资产包括杂志品牌和层次、传播与发行渠道、广告和宣传效应等。管理传媒资产之所以重要，是因为它是传播管理产业思想、宣传本土化理论的重要理论阵地；传媒平台将极大开发广大读者群并动员他们参加管理产业崭新的事业，管理媒介具有广阔的市场空间，无论是高校师生，还是企业经理人及政府的管理者，都孕育着潜在的需求，这将为进一步提高媒体软资产提供有利的条件。

案例企业高校资产。我们用 40 年所研究的近 100 家案例企业和 150 所高校是案例软资产主要所有者和承担者。像海尔集团等这类企业都是有实力、有影响、有作为的著名成功企业和成长型企业，他们对中国管理产业的认可参与和支持，对实现中国管理产业具有极其重要的作用。

基础结构资产。软知本机构是基础结构资产主要所有者和承担者。基础结构资产是使管理产业得以运行的技术、工作方式和程序。公司正常、有序、高效运行的装备及企业文化，拥有的案例库、信息库和数据库为主的软资产。

软价值是在软知识转化过程中发挥效能，必须通过互动、增值和共享来完成。知识产品只是知识本身，而且生产知识是有投入的，静态的知识体是一个负债。知识和客户关系的交叉和互动，才是产生价值的关键。知识产品不同于物质产品，物质产品使用一次就完成了使用价值，知识产品却相反，知识产品每加工一次都会增值一次，加工越多价值越大，在知识体内两个以上因素的结合，也会产生增值价值。在一个共同网络和联盟内，只有实现共同利益才能出现新的效益，共享是效益产生之源。软价值是使软知识转化更大效益信息价值、文化价值和服务价值。在管理软力量建设过程中，软价值主要通过网络管理、系统管理和创新管理集中体现出来。

多年来，我国技术成活率不到 20%，软科学转化率就更低了。我国理论界一直停留在科研院所开放、搞活的改革上，只是从组织之外研究解决这些问题收效甚微。其根本原因是没有从知识结构上进行创新，知识生产的主体没有确立起知识财富新的观念，没有创立一套知识转化财富的方式和方法。一句话，没有建立一套与知识企业相适应的体制和机制。所以创建我国知识企业是解决我国成活率低、知识不值钱的根本途径。

知识生产不同于一般的生产，知识生产注重的是质量，知识的价值不取决于社会平均劳动时间，而取决于社会绝对劳动时间，这些决定了生产知识与生产产品的根本不同。知识企业到底是怎样把知识原料变为知识产品的呢？生产知识增值的高低主要取决于软知本方法，软知本方法的高低决定软知识企业品牌的价值。最近软知本方法在"中国企业管理教学案例教程 1000 改制工程"中获得成功，它是一个有说服力的案例：中国企业管理教学案例 1000 改制工程，总共有 50 多个课题组、近 300 名教授参加研究。按照过去常规的课题研究要 1—2 年才能完成，并需要投入上百万元才能运行，项目的收益是负增长，整个项目的运行在管理上是十分困难的。我们这次改制工程按照管理产业的理论应用了软知本方法，使项目周期缩短了 10 倍，产出价值大大提高了。

软知本方法由软知本理念、软知本组织、软知本管理三个要素组成。知识资源由过去的纵向成果确认向横向的价值增值转移。过去，从判别我国软知识资源作用和效果来看被政府采纳与否，仅仅把"软科学定位于为政府决策服务的科学"狭窄圈内。我国软知识研究往往走入申报、立项、研究、鉴定、获奖、存档恶性循环之中，只是作为教学科研人员评职称的主要依据。长期以来，软知识资源的配置效率低，知识资本被闲置。这次改制工程是将知识资源进行了横向移动，一方面，实现了品牌向管理教育知识产品转化，通过横向流动使软知识得到了增值；另一方面，实现了知识资本的深加工及再利用。知识资源在纵向确认时，价值量常常是贬值的，而在横向转化过程中价值量是增值的。

建立互联网组织结构把矩阵组织结构的优点和软知识生产的特征结合起来进行创新，形成了软知本组织模式——虚拟网络式组织。矩阵式组织具有很大弹性和适应性，它可以根据工作的需要集中各种专门的人才和技能，短期内迅速完成重要任务，知识工作者在进行软知识生产时可分散开展工作，这样可节约成本，时间灵活性强，能正确处理本职工作与软知识资本开发的关系。

提高软知本价值增值率。虚拟网络或组织网络的中心是软知本生产管理机构，从该管理机构放射性延伸的各个终点（课题组），是为了完成某项软知识生产任务而组成的项目子系统。项目子系统没有固定的工作人员。管理中心与放射状的项目子系统的联系，主要依靠案例库品牌效应、多边条约、课题任务合同等进行连接，辅助必要的行政命令进行对接。各项目子系统的负责人是目标责任者，管理中心的监督控制是采用相应的表格、快报、半成品的再确认等手段，在资料、信息（原料）的传递上，利用因特网、电话、传真等方式进行。从某种意义说，这种虚拟网络式组织结构是现代科技的一种产物。没有管理产业思想和信息技术相融合，我们不可能实现这种新型的组织结构形式，也不会有更高的软知本价值增值率。

企业软知识品牌建设。国家项目研究的意义，是把提升企业软知识品牌建设案例研究，放在国家大环境、大背景和大发展条件下，去研究现代企业发展的核心动力问题；提升企业软知识品牌建设，首先是以发现企业知识为核心，通过企业知识带动并完善知识转化，知识增值，知识共享企业新机制，形成企业全新的科学发展理论和方法。

知识品牌是现代企业发展的关键因素。通过我们对 100 家成功企业案例研究的结论再次证明，这些企业成功主要是靠软知本，而更多的不是靠有形资产。软实力的核心是一个简单的发现，即组织中的有形资产、资金、土地、厂房、装备等以及其他资产负债表上的项目价值，都要低于报表中没有反映出来的无形资产价值。在无形资产中，有"硬"的无形资产，包括专利、版权以及像数据库和软件等信息时代的资产，在所有的资产中最重要的是"软"资产。支撑这 100 家成功企业快速发展和成功的是人力资源、观念创新、技能和能力、文化、诚信和专业经验等软知本无形资产。

作为现代企业，只有获得原创的知识，才能打造出企业新型的核心竞争力，从而设计出一系列的企业发展方向、方法和战略，形成全新的企业发展观。

从知识外在形成来看，具有一般知识品牌共性特征。企业案例知识品牌外在表现形式是，由案例国家项目、个性化管理名称和案例库统一标识组戍。中国本土化案例产品与洋案例有根本的区别。企业案例知识品牌的牌名是"中国企业管理科学案例库"；其标牌是不同的企业"个性化管理"的案例名称；其标识是带有"软知本"字样的统一标识。提升企业软知识品牌建设是国家项目领先水平的重要标志。首先，提升企业软知识品牌建设不同于过去的总结经验，不是课题研究，不是管理咨询，不是 EMBA 培训。它是用知识帮助和解决企业发展的管理兴企工程，知识发展企业的理论和方法是传统经济学和管理学所没有涉及和解决的问题；其次，长期以来，传统的管理理论注重研究企业经验的总结、文化的形成、战略的制定等问题，没有从知识管理的高度和角度去研究和解决企业发展的问题；再次，企业软知识品牌建设是现代企业无形资产巨大潜在价值的体现，是企业拥有知识含量的显示，是国家软科学项目领先水平的主要标志，在国内具有权威性。

现代企业案例研究的主要内容。怎样开发企业的软知识呢？一是通过案例研究，帮助企业制订一个知识远景的计划；二是把管理知识转变为财富；三是提供一个成果增效平台。

第一项是案例研究。案例研究的方式是派 5 人小组到企业进行一个半月的现场调研，形成 10 万字左右具有企业软知识品牌建设意义的案例专著。为了提高案例专著价值，邀请领导人和行业协会负责人为本案例作序。案例研究是在研究互动的过程中，使企业成为研究的主体，成为自觉意义上的知识主人。到企业进行案例研究是发现企业新的管理事实；寻找企业闪光点，从而形成"个性化管理"；是把"个性化管理"转化为案例专著知识体。提升企业软知识品牌建设，紧紧地贯穿于企业案例研究的全过程。提升企业软知识品牌建设内涵说到底，就是为企业管理起好名、为企业找魂、为企业发展引好路。

第二项是建立企业管理兴企实验基地。案例研究不是完成案例专著就结束了，而是研究完成后，把案例研究形成的知识的转移作为重点进行跟踪服务，帮助企业把案例做深做透，把企业管理创新进行到底。企业实验基础有两种形式：在统一指导下做好知识转化工作，主要内容有：分期分批下派企业知识经理，举办各层面企业案例讲习培训班等，实施多项推广项目；依托知识联盟的成果和人才优势，建立新知识联盟，通过知识共享促进企业发展的目的。

第三项是设立案例新成果增效平台。每届企业案例研究成果完成后，都要在专门设立的中国企业管理大会上发布成果，颁发管理本土化成果奖，表彰为管理本土化做出贡献的单位和个人。为了做好知识品牌推介和扩散工作，项目还通过本期访研团形式，对案例企业领导人进行管理访研，塑造知识型领导人新形象。其主要目的是倡导新管理理念、提高管理的社会地位、为社会创造出一种尊重管理、尊重管理人才的社会氛围，提高全社会对管理创新企业的认识，为更多的案例企业创造良好的政策、经济、社会发展条件，推动中国企业管理进步。

知识转化为生产力和财富的途径与作用。企业案例研究的目的是形成知识，如何把现有知识转化为生产力和财富？需要四个方面的转化，使企业从中获得好处。

提升企业软知识品牌建设就是通过案例研究，把隐喻的知识转变成显现可见的有形的知识，企业知识的转化与转移是提升企业软知识品牌建设的中心内容之一。对于现代管理来讲，管理不仅仅是知识本身，而是把管理变成财富的一种社会活动。知识不能永远地沉睡在案例库里，也不能永远地隐含在商品价值的背后。用一句话来说，我们要转化知识、转移知识、销售知识。

转化之一：用于企业内训和品牌推介。企业知识转移第一层次实行六个方面的转化，实现案例成果变为财富的目标：一是组织企业全体员工学习案例专著，通过员工自学与培训，提高企业全体员工的整体素质；二是针对企业市场网络赠送案例专著，巩固已有市场、开拓新的市场，进一步扩大市场份额提高市场占有率；三是向外协单位、横向联合单位和合作企业赠书，用以密切双边关系、提高协作效益；四是向各级政府、各级领导及有关部门领导班子赠书，主动汇报这次管理兴企的成果与经验，以赢得对企业发展有利的政策环境和发展机遇；五是供各年度各级重要会议作交流用书，以便全面、系统地了解该企业的成功经验，提高该企业全方位的知名度；六是作为参观、访问、座谈、来访者交流用书，最大限度扩大新成果的社会效益。

转化之二：带动行业管理。把企业案例办成行业的标杆和管理品牌的热点。一个好的企业案例必然对行业管理创新和发展具有方向性的作用。企业知识进入行业转移主要是通过行业案例讲习和培训的途径来实现，案例企业也会在行业收到作用和效果的情况下，自身得到进一步提高。

转化之三：企业案例进入高校课堂。我们已于 2001 年为 50 所工商管理高校提供了企业案例教材，还要扩大为 170 所高校。企业案例进入高校工商管理课堂，不仅解决了洋案例给高校工商管理教学带来的水土不服问题，更重要的是让高校师生提前了解案例企业，学生在没毕业前就与企业建立一种亲和关系，让高校成为给案例企业量身定做人才的摇篮。企业案例进入课堂，还带动了校企研之间的紧密合作。

转化之四：企业案例的国际化。2004 年以来，中国管理科学研究院负责人多次出席世界性管理大会，就中国管理本土化最新成果与世界各国进行交流，得到好评。我们当前最迫切的任务是，通过案例把中国的企业带到国际上去合作，与发展中国家高官培训中心合作，加快走出去管理的步伐，促进中国企业与发展中企业在经济、技术、管理领域全面合作。提升企业软知识品牌建设，对推动现代企业经营管理变革具有重要作用。

案例研究是贯彻企业领导人企业管理方针的手段。通过案例研究树立了企业软知识品牌建设的新概念，确立知识如企业技术、资金、人力资源一样，是企业发展的重要因素。一个现代企业领导人如何投入知识创造，加大企业知识转化转移，用以提高企业新的竞争力，就是企业未来新的方针；通过软知识品牌去激活企业知识，是企业领导人当前一项紧迫的工作任务。提升企业软知识品牌建设有利于对案例企业现有的体制、机制、组织结构、市场环境、人力资源知识进行整合。

案例研究是全员整体素质提高的手段。成功的企业领导人都是比较卓越的，中间管理层和企业基层员工素质参差不齐，普遍不能很好地把企业领导人的思想通过中间管理层变为管理技术，员工又不会把管理技术变为项目和优质产品，这个转变脱节越来越大。企业案例成果有利于提高整体员工素质，提升企业核心竞争力。

案例研究是营销方式变革的手段。通过开发企业软知识品牌建设，给传统的营销方式带来了变化，随着市场的激烈竞争，单一地推销产品的方式越来越困难，出路在哪里？企业案例成果在于找到通过销售知识创造新的市场空间，改变现有营销方式的途径。

案例研究是提升行业竞争力的手段。什么是行业竞争力？行业竞争力不是通过一组现成数字指标表示对位次的抉择，它还表现为软知本填补行业空白形成竞争力，企业软知识品牌建设的提升是当前我国行业的稀缺资源。案例研究成果对于综合水平不在前位的案例企业，也可以通过打造企业软知识品牌建设的方式，实行差异化战略，出奇制胜，促使案例企业在行业中的位次不断前移。

案例研究是学习型企业提高的手段。案例成果的内部转化、外部转移首先受益的是企业自身。企业案例成果为企业内训提供了教材和学习内容；企业的跨业联盟和横向的知识转移，还会实现业内外企业资源共享，通过共享进一步提高学习型企业的水平，为企业新的竞争力积蓄了力量。

案例研究是企业发展新政策的手段。政研企体制建立了企业与政府的新型关系，案例报告为政府了解企业、帮助企业解决问题提供了更详尽的信息，可促进政府对案例企业针对性扶植政策的出台。案例研究提高了企业领导人社会政治地位。每一批案例企业的完成都将伴随着一批优秀的企业领导团队涌现。不少影响力不大的企业领导人，都是通过案例研究和发展造势得到了党委、政府和社会的认同，先后分别当选各级党代表、人大代表、政协委员，参政、议政，成为国家的管理者，这是我们案例企业的骄傲。

企业经营管理效益不断提高。40 年来，我们完成 100 个成功企业的案例研究，只有少数企业出现问题。绝大部分案例企业事业不断发展，年度营业额不断增加、成本不断降低，效益不断提高。软知本运作不断扩大推动了企业的良性发展。

四、案例实验理论

案例共享理论是打破企业与高校壁垒，通过"案例三个车间"来实现案例资源共享。我国企业管理案例研究走的是不同于西方案例发展的道路。根据中国转型期的国情，不能沿用西方只是把案例局限于教学方法之中，必须跳出案例教学方法去研究案例，把案例作为研究现代企业新经验，推动中国管理变革的一种社会力量。对于中国管理而言，企业管理科学和管理教育是最迫切需要解决的问题。当前，我国管理教育最缺的是教材，教材最缺的是案例，案例最缺的是我国自己的案例，我国案例最缺的是真实的事实。事实不是来自学校而是来自企业。所以，转型期我国如何获得真实的管理事实是发展管理的头等大事，只有解决事实的案例，才是振兴管理科学和管理教育的第一要素。为此，根据转型期国情，我国的案例建立了三个车间理论：

三个车间理论模式，不仅是我国管理本土化理论的阐述，也是着重解决我国企业管理的微观化问题，振兴管理教育的战略问题，使案例成为推动我国管理变革的一种新力量，它贯穿于推动企业发展、高校振兴、管理国际化的全过程。从根本上把管理科学从"黑板管理学"中解放出来，变为广大经营管理者的管理科学。

将西方案例限制在学校课堂上，是工商管理教育的一个特定的概念。进入转型期以后的中国，案例具有深刻的广义化的内涵。中国案例不再是学校教学的"专利"，案例研究已贯穿于我国全社会管理创新的伟大实践之中，从某种意义上讲，案例在中国的研究，已经成为社会变革的一种管理软力量：首先，我国企业管理不同于西方发达国家已经成熟的制度化管理，我国的企业管理现阶段不以普遍规律为主体，而是以管理创新实践为主体，案例研究成为研究我国企业管理创新实践和经验的重要方法。对于中国来讲，只有通过一定样本案例的系统分析和研究，才能从个性中找出具有中国特色管理科学的普遍规律来；其次，改革我国管理教育的方式和方法，也迫切需要将西方案例教学方法与符合中国国情的管理教育内容结合起来，这个结合不是生搬硬套西方案例教学方法，而是通过管理内容的创新，改革和完善中国化的案例教学法；再次，实质上转型期中国现代化建设本身就是一个巨型的案例，它的成功和发展为世界上其他发展中国家提供了借鉴。案例研究为中国化管理的走出去、交流和共享提供了国际化的语言。

对于当今中国管理教育而言，中国走的是不同于西方案例发展的道路。案例和 MEA 本来就是西方的产物，对此过分强调国际化，就会出现简单化的倾向。比如，在一些高校 MBA 教育中普遍存在采用英文原版教材，聘用国外教师，使用英文授课，培养的却是中国的 MBA 或中国经理人的怪现象，有些人还将这种做法作为国际化水平来称赞。对于中国的现阶段而言，我们的方向和出路不是 MBA 如何国际化的问题，而是案例和 MBA 这些西方化的外来物，怎样克服中国水土，为中国所用，培养适合中国自己的经理人。

中国管理教育和 MBA 教学最缺的是教材，教材最缺的是案例，案例最缺的是中国自己的案例，中国的案例最缺的是真实的事实，事实不是来自学校而是来自企业。某种意义上讲，解决我国管理教育教材问题答案不在高校，而是在企业。所以，如何获得真实的第一手企业管理资料是发展管理教育的头等大事，提供真实的中国企业案例是振兴管理教育的第一要务。为此，根据转型期国情和管理本土化理论，中国案例研究模式为"三个车间"，即：企业案例研究是第一车间，教学案例是第二车间，案例国际化是第三车间。中国国情实际是先建第一车间，改制第二车间，通联第三车间。中国案例研究，不是按照西方的流程一步形成，而是在企业案例基础之上的再创造。这是因为中国的管理时间比较短，中国的企业变化比较快，中国研究的能力比较差，所以利用"三个车间"理论，能够比较好地解决我国现在管理不成熟时期进行发现和创造的问题。这三个车间理论是把西方的案例基本原则与中国的国情、企情和转型期的特点相结合所创造出的中国自己的案例共享理论。具体内容如下：

建立企业案例研究第一车间。为什么要建立第一车间呢？从教育角度来讲，就是为了解决案例教学缺少"粮食"的问题、缺少案例编写经费不足的问题。哈佛大学来中国编写案例时，每个案例要花 8 万元人民币，这笔负担靠学校支出是十分困难的。但是，为了编写学校的案例教材，让企业出钱、出资料，企业是难以接受的。案例的第一车间正是解决这个问题的一项有效机制保证。到企业进行案例研究的目的，是想让企业从案例研究中得到提升；发现企业管理创新的事实为管理教育提供后备资源。只有通过案例研究使企业得到好处，企业才肯把案例研究当成自己的事情参与案例研究。企业案例研究是下派专家小组到企业进行一个半月至三个月的现场研究。其首要任务是发现企业新的管理事实，寻找企业闪光点，从而把"个性化管理"转化为书面案例知识体。企业案例研究就是为"企业管理起好名、为企业战略找魂、为企业发展引路"。

建立案例教学第二车间。一般地说，企业案例研究是为企业做的，并不完全等同于教学案例。编写教学案例是在管理学或新管理理论指导下，将企业实证案例按照教学规律和知识点要求进行知识创新的过程。中国管理教育实现本土化需要解决两个困难：其一，解决高校与企业教育价值观认同的问题。在西方发达国家，企业欢迎高校去采集案例，他们认为：企业进入案例教学，是提高企业形象和品牌求之不得的好事。我国高校采集案例的方式不适应企业发展的需要，长期以来，高校忽视了企业案例主体地位。目前，许多高校案例教育不是从企业的角度去考虑，而是从本位主义角度考虑较多。有些学校案例采集和编写是为了编写工商管理教材，不是为企业服务：即使企业参加了案例的编写，企业也只能当案例编写的配角，这样自然就将企业与高校对立起来了。在中国，高校教学案例能否编成，不完全取决于高校的紧迫感，更主要的是看谁能把企业管理激情激发出来，没有企业的参加，一个完整的有价值的案例是不可能完成的；其二，解决高校与企业如何结合的问题。40多年来，转型期企业成功积累了丰富的经验，这为中国案例库的建设提供了新鲜和丰富的素材资源。由于体制和机制原因，无法将案例形式搬到课堂上去，目前我国大部分高校更多的是将案例教学停留在宣传阶段，在人力、经费和待遇上并没有给案例教育更多的优惠，学校主要精力还是放在扩招、办班和合作项目上来。有些高校对企业案例采集的作风过于浮躁，一些访问式的调研，必将使企业一些深层次的管理真谛流失。高校开发案例资源和编写方法及手段过于陈旧，难以适应复杂系统和庞大的案例样本的需要。这种情况不但在中国严重地存在，国外也存在如何适应转型期的企业问题。近年来，美国哈佛商学院写的海尔集团和联想集团的案例并没有使两家企业的领导感到满意，不是他们案例编写水平不高，而是因为它们没有很好地表现中国企业文化、机制和企业当时所处环境及政策的特点。所以，改变我国高校与企业合作方式和方法，提高知识产品质量和水平迫在眉睫。

建立中国案例国际化的第三车间。中国案例研究的重要目的是向国际上走出去和传播中国化的管理，即通过案例把中国企业和高校带出去，推动中国企业和高校进行国际合作。

近期中国管理本土化的国际化路线图是：在国家经济、技术合作框架内增加管理内容，实行经济、技术、管理整体化走出去战略，我们首先向其他发展中国家走出去。

中国管理本土化三个车间模式，较好地反映了我国转型过程中管理的需求特点和个性化要求，符合国情、发展现阶段和实际。三个车间的模式也辩证地处理了企业、学校与国际化三者之间的关系。在转型期的中国国情条件下，对案例的研究是中国对新管理的创造。

五、大科学研究工程

大科学研究工程是解决大型案例或复杂问题的一种方法论，

51

软着陆目标、政研企相结合体制和案例分析方法形成复杂系统研究法。

软着陆目标。软着陆目标是要求把管理科学研究的作用，落实到企业可见和潜在的效益上。实现软着陆的目标涉及政府、科学界和产业部门三者之间的关系。应当看到，三者的各自目标与最终目标之间尚有许多不一致的地方。过去认为研究实践问题比研究理论问题简单，不用投入太强的科研力量，一般队伍就可以完成。所以，多年来我国对企业研究所投入的力量是远远不够的。对企业实践问题缺乏系统研究，不少系统研究的问题，有时候被政策研究取代了，使软科学成为对政策注释的研究，按理说一项好的政策的制定依据成熟的理论指导。如果政策制定离开理论指导，政策实际执行力就会降低。当前的政策制定迫切需要加强管理理论指导，使决策更为科学化。

目前，高校"学院式"的研究，特别是现有的教学研究体制严重束缚了高校管理教育的发展，理论与实践相结合仍是无法解决的一个难题。市场经济定位之后，许多高校教师想走出校园，去了解和研究企业的实际，但有的人目标并不十分明确，是为企业发展服务，还是只为晋升服务？另外，还有一个如何适应的问题，高校教师习惯于自己的一套，研究问题经常是从已有的现成理论出发，按照"书本上是怎么讲的，企业是怎么做的，或者例子是什么，我们是怎样想的"这样的思维模式进行研究。一种新的研究方法的形成和掌握需要经过反复锤炼和实践才能成功，它比学习别人现成的方法要难得多。所以，想解决"学院式"研究与实践结合的问题，需要必要的引导与协调。

科研部门有人认为，中国企业没有更多值得研究的项目，国外管理和战略才是研究项目的选择。还有些研究单位大部分时间忙于"定量化"，忽视对企业创新经验的研究。当然也存在一些实际问题，如很多社会科学和管理科学的研究机构，由于受经费的限制，那种为"报告"而研究，为"任务"而研究，为"增加经济收入而研究"的现象到处可见。

目前，企业重硬轻软的现象普遍存在，企业认为技术可以带来效益，软科学研究是为出名，企业怕出名招来更多的经济付出，因而对软科学研究比较冷淡。

企业案例的研究，就是按照"软着陆思维"，坚持"实践第一"的观点，以及"实践、认识、再实践"的原则和方法进行的。它较好地统一了高校、科研单位、企业不同层次的目标。充分体现了"软起步""硬变效"。所谓的"软起步"，就是选准研究的突破口，建立中国企业管理特色理论的研究，作为企业案例研究的启动点。这一课题既是国家迫切需要解决的问题，又是管理科学界议论较多的问题，正因为如此，政府、研究部门和企业的三方力量才容易统一调动起来。所谓"硬变效"，主要是指把研究效果放在第一位。企业案例研究成果的系统组装，为成果的转化提供良好的衔接性，使管理科学研究成果能通过有效的途径产生更大的社会效益。企业案例研究的目的，不是提供一份成果报告和出版一本著作就行的，而是使研究成果产生更大的社会效益，对企业直接产生作用。

政研企相结合的体制。政研企相结合体制名词是1994年由中国首先提出来的，这个理论推进了我国创新型体制类型的区分。2007年，我国学者将日本"官产学"这个提法改造为"产学研"，后来这个提法多次出现在党和政府的文件中。"产学研"这个组织形式适用于"软科学"，凡是科学技术类研究和转化可使用这个体制，但这种体制不适用"管理科学和软科学"的需求，为此"政研企相结合体制"填补了这个空白。所谓政研企体制是解决我国管理科学、决策科学、软科学等知识成果转变为效益的一种新型体制，其最大优势是在不改变现有组织的隶属关系和现行制度的情况下，运用知识管理的方法，将组织内的知识和人才解放出来，把政府、高校科研单位、企业的优势捆在一起发挥系统功能作用，用于解决我国转型期所面临的发展难题。

进入转型期企业解决问题的复杂性增强了。"政研企"研究体制的形成有其特殊的社会原因：国家进入转型期以来，企业问题的复杂性增加了，企业管理创新的难度越来越大，特别是部门主义增强了，经济驱动性过大，信息渠道堵塞。这些导致领导机关与科研教育单位信息不畅，资源整合能力弱化，不能满足企业发展的需要；科研单位自扫门前雪，无人自觉开发交叉边缘地带，与企业距离越来越远；政府占有信息太少，不能满足企业和社会发展的需要。有些创新研究受阻后，需要与社会形成一种新的合力；领导机关与科研单位信息渠道淤塞；目前资源整合能力弱化，不能满足企业发展的需要；大工程、大企业、大科学投资费用日益减少；科研单位与企业的距离越来越远，"政研企"交叉边缘的潜力无人开发、信息不畅；政府占有信息量太少，不能满足企业和社会发展的需要。总之，信息不再一如既往地流向所需求的组织和个人之口，创新组织和个人为了实现创新，不得不改用其他网络形式获取信息，这便形成了"政研企"这种新的组织形式。

政研企体制突破了管理创新的瓶颈，形成了一种使信息良性发展的新机制。它运用政策性、知识性和效用性的有机结合，较好地解决了企业管理创新中遇到的问题。有些单位为什么"管理创新"实施了，而企业效益和经营情况还是提不上来的深层次原因就在于此。

政研企体制的特点，既有硬性的机体，也有软性的机理。政研企体制软性的机理，就是进一步激活知识管理。政研企体制能有效地运行，很重要的一个原因是，它依靠知识核心作为支撑。这种体制的最大优势是在不改变现有组织的隶属关系和现行制度的情况下，运用知识管理的方法，将原有系统内的知识和人才解放出来，把政府、高校和科研单位、企业的优势捆在一起，用于解决我国转型期企业、高校与政府所面临的发展难题。"政、研、企"相结合的研究组织，其最大的优点是，把政府、科教界、企业界的研究能力捆在一起，有目的地实现既定目标，三方之间做到优势互补，有利于结构优化，发挥系统功能。

政府可以充分发挥政策的导向作用，引导研究成果向社会和企业扩散产生效益；政研企体制为政府科学决策提供研究成果。企业案例研究对政府的价值是为科学决策建立一个脑库。企业案例研究由于处于政研企新体制中，它是靠互动网络为政府提供有价值的研究咨询；依靠创造出的一流研究成果和原创思想方法，为国家高层领导机构和领导人提供咨询，用知识管理思想的内在联系。

研究单位可以充分利用知识的优势，把经验总结上升为理论；政研企体制促进了高校软实力的增强。企业案例研究为高校与企业架起一座桥梁，高校为企业服务体现知识价值外，还从企业中得到许多学校自身无法办到的好处；高校还从科研单位得到许多新的知识。高校只有跳出学校办教育，才能真正提高高校的软实力。

企业在研究中进一步强化参与意识，更加自觉地用理论来指导企业，提高经营管理水平。政研企体制引发了企业内部深刻的管理变革，企业案例研究使企业成为真正意义的主人。现代企业无论收集材料，还是知识提升都是从企业实际出发，给企业自己做，企业不仅仅停留在知识对象，而是新知识的主人。

政研企体制开始是以信息、知识媒介为连接的纽带，最后以优势互补、相互学习、各自受益为回报。这种体制的长处概括起来就是：用途多、灵活性强、利于克服官僚主义。

政研企相结合体制的落脚点是专题研究组。专题研究组不是原来意义上的课题组，是在政研企框架内形成和培育出来的，专题研究组通过利用政策导向、经验资源和智力集团的优势，解决了过去企业管理科学存在的一系列难题；政研企相结合体制，促进了智力集团优势的发挥，有效扩大了管理科学的社会作用；专题研究组在政研企新的体制中，已形成了周期短、效率高、成果大的灵活有效的新机制。这种新的机制不但大大激发了创造力，而且也要求专题研究组成员树立新的价值观和新的科研职业道德。

对重大的实践问题研究，采取"政研企"相结合的体制，是从研究对象的复杂性和研究目的来考虑的。通常说来，一个重大的研究课题，都是一个比较复杂的系统。要解决这样一个复杂的问题，单靠某一方面的知识或某一种优势，显然难以胜任。为此，要实行"政研企"力量整合和整体作战。"政研企"相结合的研究组织，其最大的优点是，把政府、科学界、企业的研究能力捆在一起，有目的地实现既定目标，三方之间做到优势互补，有利于结构优化，发挥系统功能。在这个大系统的研究活动中，政府可以充分发挥政策的导向作用和组织作用，引导研究成果向社会和企业扩散，产生更大的效益；管理界可以充分利用知识的优势，把经验总结上升为理论；企业在研究中进一步强化参与意识，更加自觉地用理论来指导企业，提高经营管理水平。此外，"政研企"相结合的组织形式，有利于解决当前管理科学研究活动资金的不足、队伍不齐、研究条件欠佳等具体问题。"政研企"相结合，对参与的各方都有利。政府从中可以更深入地了解情况，从研究活动中获得真实信息，以促进决策的科学化和提高制定政策的水平。对于研究单位来讲，有利于高校和科研单位与企业建立一种高层次的"产、学"关系，而企业可以从中获得发展自己的理论和方法。总之，在研究领域引入"政研企"相结合的机制，是对传统的社会科学研究方法的一种革新，其影响和对社会的作用是不可低估的。

"政研企"相结合的体制，与过去搞的"厂、校"挂钩的形式是不一样的。应当说，在硬技术开发方面，"厂、校"挂钩的效果是比较成功的；但在软科学和管理科学中，这种形式不太奏效。过去的研究由于缺乏明确的共同目标，没有一个健全的新体制做保证，那种"厂、校"挂钩很容易回到为资料研究而研究和从书本到书本的重复研究上。而企业对这类研究成果不感兴趣，常常导致一次性合作后就不愿再挂钩了。高校教师刚进入企业搞研究工作，由于方法和习惯与企业不相适应，有时常常处于难以发挥作用的被动局面。政研企相结合的体制与产学研体制是不同的，产学研体制是使科学技术转变为生产力的组织形式；政研企体制是管理科学和软科学转变为效益的一种组织形式。

一个创新的"政研企"网络体制，不是靠指令建立起来的，不是指令文件中的计划任务书。网络的权威是凭借着组织和个人能力和魅力树立起来的，而不是以社会等级作基础的。一项高质量的创新成果，一位卓越的组织家的魅力，便可以吸引许多有识之士，开始超越部门的界限和所有制的界限交流信息。这种交流没有地理距离和职务差别的约束，自我启动现象由此而发生。"政研企"网络开始是以信息、知识媒介为连接的纽带，最后以优势互补、相互学习、各自受益为回报。网络体制的长处不胜枚举，概括起来就是：用途多、灵活性强、利于克服官僚主义。

我国在管理科学研究领域实行"政研企"体制才刚刚开始，大家都不习惯、不自觉，担心弄不好容易成为"三套马车"。"政研企"相结合这种新的形式的出现，对科学工作者和科研道德提出了许多新的要求。增强合作意识，"政研企"相结合，关键在于结合，只有结合才能出效益、出成果，结合的关键是增强各自的合作意识。各方都要尊重知识，从实际出发，按科学规律办事，在此基础上形成共识，协作攻关。建立大科学研究观，科学工作者要跳出专业的圈子，摆脱一个学科、一种学术思想的束缚，从大科学角度分析研究问题。

案例研究方法。中国的案例研究和管理教育走的是不同于西方发达国家的道路，而是根据我国国情选择了自己的方向。案例研究是发达国家工商管理教学成功的做法，中国转型期所处的现实决定不能照抄照搬发达国家的方法，而是创造出转型期国家特有的管理本土化道路以及案例研究的方式和方法。

中国企业界和西方企业界对案例的态度是截然不同的。由于我国国情不同，特别是转型期所处复杂性环境，企业并不愿意高校到企业调研搞案例，部分企业怕负担、怕泄密、怕出头。在中国高校无法形成企业案例的主导地位，没有企业做主，一个完整的有价值的教学案例的形成和完成是不可能的。尤其在转型期的中国，高校到企业调研采集案例，并不是一个单纯的方法问题，它涉及市场经济条件下，专家教授与企业家在立场、观点和方法上如何统一的问题。应该说在新的形势下，许多高校认识到与企业结合的必要性和紧迫性，实际上与企业结合很难，两者之间存在着严重的排斥性。目前高校有一种习以为常的现象，到企业搞案例有的人是为了出书、写论文、出名、评职称、评奖、晋升，为搞案例而搞案例的更为普遍，这种行为很难得到企业认同。企业对案例的要求是能帮助他们解决问题，给企业发展带来好处。企业这个基本的要求，许多专家教授不敢面对和解决根本问题。以上的两种排斥性，给广大高校深入企业编写案例带来一些障碍，也给企业带来困惑。

六、"政策—经济—管理"模型

对大系统的历史分析求证需要"政策·经济·管理"模型。政府为主导的国家，政策导向决定社会经济发展。中国在管理软力量研究中使用了"政策·经济·管理"模型，收到比较好的效果。从此看出：1982 年—1992 年期间，政策上是转移经济建设为中心上来，经济体制是"简政放权搞活"，管理上以我为主本土研究启动。1992 年—2002 年期间，政策上把管理作为企业固本治标大计，经济上建立现代企业制度，管理上提出了管理兴企计划。2002 年—2010 年期间，政策上提出深化国企改革，经济上建立质量和效益为中心体系，管理上提出管理本土化理论与方法。2012 年—2022 年期间，政策上提出治理体系和治理能力现代化；经济体制以全面深化改革为目标，在管理上提出事业组织治理现代化问题。

从以上分析可知：这 40 年我国政策一直发挥导向作用，形成"政策·经济·管理"协调发展态势，但我们也会看到，2012 年—2022 年期间，经济和管理与政策响应性不强，在经济和管理领域落实治理不深不细。比如，管理科学落后政策和经济发展的局面没有得到根本性转变，重硬轻软、治与理不呼应现象没有得到有效的改变。

根据分析可以找出"三者"不协调的原因，在转型期某些环节上，有时候经济体制机制超出政策界线，这就需要通过理论分析评估问题的"两重性"进行取舍，为制定新政策提供依据，通过历史分析可知，在过渡期，有时候管理理论超前带来的管理变革，向经济政治体制反求改变呼声。在稳定发展时期，正向促进作用是常态，在转型和不稳定时期，负面反馈需求越来越大，从管理科学角度来看，寻求"平衡"是目标，协调是手段，模型分析更重要的是从转型期找到"政策、经济、管理"相协调的启动点，查找不协调的根源，制定改革方案。

第三章　知识价值论

一、科研效率评价体系

科学研究效率的评定是科学技术现代化的重要指标。同时，也是衡量每位科学劳动者贡献大小的标尺。科研效率评定的最终目的，是为了调节科研过程的不同功能，不断提高科研效率。

科研效率的基本概念。科研效率贯穿科研动态的价值和静态的消耗之中。从这个意义上说，科研效率是科研成果的潜在价值指标同创造该价值所消耗的全部科研劳动之间的比例关系，是单位劳动量所创造的社会财富。可以用公式来表示：

$$\eta_\Delta \approx \frac{P}{t} \cdots\cdots\cdots(1)$$

$$t_m \approx t_1 + t_2$$

η_Δ——科研效率
P——科研成果潜在价值
t_m——科研劳动消耗
t_1——科研活劳动消耗
t_2——科研物化劳动消耗

作为科研效率的概念应是反映客观事物本质属性的思维形式，无论是理论成果还是应用（或发展研究）方面的成果，按照价值的规律和特点，都具有不同数量指标的潜在价值。科研成果潜在价值的价值量是一个趋势性动态的量。这个量在生产上表现纯利润的增加，这个纯利润不能等同生产上新创造价值的部分。因为，生产上新创造的价值，包括劳动者为自己劳动创造的价值。科研成果潜在价值的价值量应反映促进社会的发展，预计创造的积累部分；将货币价值指标作为消耗和创造的共用指标，是科研效率这个比率所特定的。实物价值是一个参差不齐的指标，在效率确定后，按实物单位来解释货币价值的存在是十分必要的；科研成果的潜在价值是在动态水平上进行估略的。所以，科研效率最终参数应是一个近似的值。

综上所述，科研效率的概念，同生产效率相比具有很多不同的特殊内容，其本质程度总是相对特定科学发展规律而言的。科研效率是一个实体范畴的集合概念。科研效率是以比率的方式出现来评价研究工作速度的。反应速度是为了在无数门类和同行中进行比较，所以，衡量应是科研效率的实质内容。科研效率的外延包括所有的科研效率，它的子项之一就是自然科学研究效率。自然科学研究效率再向下分，还会出现子项（即基础研究、应用研究等等）。只有把抽象的定义同具体内涵和外延结合起来，才能较清晰描绘科研效率的轮廓。

两个变量和科研效率的相互关系。科研成果的潜在价值和科学研究中劳动消耗是科研效率两个基本的变量。两个变量与科研效率之间关系极为密切。总的说来，科研成果的潜在价值和科研劳动消耗相互变化，直接影响和决定科研效率的比率。

科研成果的潜在价值。决定科研效率的因素之一就是科研成果的潜在价值。如何确定潜在价值的概念和定义，评定不同潜在价值的价值量，是决定科研效率能否具有科学内容的一个重要问题。

潜在价值的概念和层次。科研成果是属于广义商品范畴，广义的商品价值大致经过潜在价值和生产价值这两个阶段的揭示。科研成果价值与一般商品价值相比，具有明显潜在或孕育的过程。一项科学和技术成果问世后，该成果从发明到被新的科学和技术所代替这个周期中间，将给技术和发展经济带来多大价值，处在这一过程或时期的价值就是潜在价值。

　　科研成果在未用于生产之前，在实验室阶段是把价值按潜在状态凝固在成果之中的，实质上当时已在成果本身孕育着应有的价值。任何一项科研成果刚创造出来的价值，都是处在潜在的状态，所以科研成果的价值是潜在的价值。这个潜在价值具有层次，可分为第一层次和第二层次。如：受激辐射理论是第一层次；根据第一层次研制出激光器是第二层次。第一层次主要是指原始价值，也就是理论方面（包括基础研究、应用基础研究）成果的价值。虽然科学是揭示自然现象的内在规律，是解释世界，但它对改造世界和渗透技术发展，以及经济的发展都具有一定的边际效应。也就是说，这个层次的潜在价值主要是向第二层次进行渗透，用以产生自身的价值，给第二层次提供科学的动力。如果没有这个效用的因素，第一层次就失去存在的意义了。问题是这个效用距离技术有一些中间环节，距离生产上物化周期更为遥远。第二层次主要是指应用方面（应用研究和发展研究）的成果。这个层次主要是借助第一层次渗透出来的理论，产生新的产品、工艺和技术，间接向社会提供生产力，这个层次有明显预计的经济收益。

　　科研成果的潜在价值是一个整体概念，只有从层次观点出发，才能反映潜在价值的内部结构，才足以说明潜在价值这个概念的存在。

　　潜在价值的共用模型。任何一个模型都是对现实的一种抽象。所有成果以显示为特征、需求为尺度来反映潜在价值的。所以很有必要将潜在价值同需求连接起来。寻找一种带有共性的模型，用以揭示潜在价值最基本的构成和原理。

　　科研成果潜在价值的反映，是揭示科研成果直至被新的科学和技术所代替这个周期中的价值量。这个量有一个应用从始到代替终这样一个归宿。如：把应用始为 a，把代替终为 b，曲线见

图1：

货币价值（万元）

一项科研成果潜在价总趋势描绘图（主要以新产品为例）

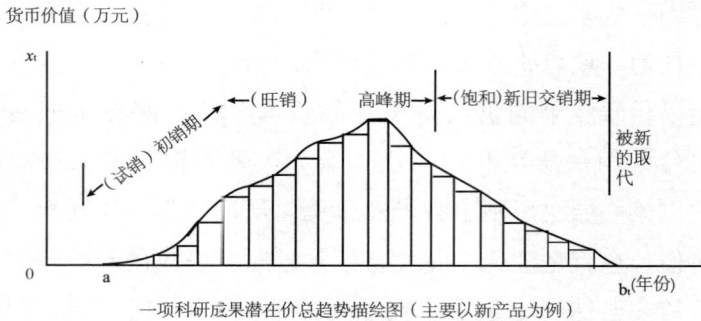

可见 a－b 间隔是反映一种新产品从上市到落市的发展过程。这一过程可分为三个阶段：第一阶段是需求者对新产品了解不足，销售不快的试销期；第二阶段是旺销高峰期；第三阶段为饱和期。试销期和饱和期都会出现滞销与积压现象。

可见 a－b 是一个任意周期，因不同科研成果延长年限而异。科研成果潜在价值是在周期内的无数个价值量的总和。可由以下模型来表示：

$$S_\Delta \approx \sum_{n=1}^{n} (A_z - W_z) \cdots\cdots (2)$$

S_A 科研成果潜在价值；$z = 1$、2、3、$4n'$，W_z 总成本；A_z 总产值。

这个模型描绘是否准确和具有科学的意义，还应体现在对不同具体年份的预测上。科研成果潜在价值的价值量的预测，一般以年为预测单位比较合适。如周期太长，也可采用十年或百年为预测单位。对每个年代潜在价值的价值量的预测是一个极为复杂的问题，需要考虑很多因素。总的说来，因素考虑越多，预测的结果才会更准确。对年代潜在价值的价值量预测可以由如下行为关系来表示：

$$K - f (y_t - \theta,\ C_t,\ D_t) + e_t \cdots\cdots (3)$$

64

$$W_t = g\ (y_t,\ x_t,\ z_t)\ + m_t \cdots\cdots （4）$$

因为：$K_t = W_t$

所以：$S_\Delta = \sum\limits_{x=1}^{m}\ (A_t - W_t)\ = K_t = W_t$

K_t——为科研成果潜在价值的价值量；D_t——为不同类别研究内容；y_t——为产品价格；θ——为时滞单位；m_t——为随机误差。W_t——为需求；z_t——为收入不同、生产和生活水平的不同所决定的量；C_t——一为其它相应系统指示量；c_t——决策造成误差；x_t——为成本指示量。

这个模型表明：科研成果潜在价值的价值量是受多个变量和常量的影响。科研成果潜在价值自身形成中，又受不同类别研究内容和其他相应系统指示量的影响等等。在社会上，需求是由不同地区、不同生产和生活水平等方面的影响而波动的，所以，需求是由社会经济诸因素来制约的。

以上（3）（4）模型和（2）结合运用，对纵向以年代为单位的潜在价值的价值量预测是有帮助的。但是，这个模型是一个十分抽象的模型，它只表明科研成果潜在价值的动态量与几个主要因子的行为关系。只能反映潜在价值总的轮廓，要对每个具体科研成果潜在价值的价值量的预测，还要拟定更详尽的细目和考虑更多变量因子，制作更切中的模型或模块。

科研成果的不同潜在价值。怎样评定科研成果的不同潜在价值？这是一个复杂的问题。马克思在谈到复杂劳动力的价值时指出："这种劳动力比普通劳动力需要较高的教育费用，它的生产要花费较多的劳动时间，因此它具有较高的价值。"科研成果的潜在价值不像生产产品那样直观易见。科研成果不同潜在价值是由层次不同派生出来的。科研成果一般可由理论方面和应用方面潜在价值这两部分组成。

理论方面：理论成果潜在价值的价值量是向第二层次渗透所

产生的。实质上每一项应用和发展成果的潜在价值是借助理论劳动成果来实现的。如 19 世纪末，电磁感应定律和电磁波理论的建立，促进技术科学的突破，出现了电动机、发电机、电话、电视等新产品。由此表明，如果没有理论成果，应用成果价值也不可能实现。基础研究不经常供给科学技术进步的洪流以营养，那么这股洪流就会干涸。这就证实基础研究部门同应用发展研究部门有着广泛的经济联系，创造理论成果的劳动和应用（发展）研究的劳动存在一种交换关系，应用、发展方面的成果潜在价值与理论成果的作用是分不开的，在理论成果渗透不同领域后，应用、发展方面的成果都要扣潜在价值按一定比例偿馈给理论成果。但是这个比例如何确定，是值得研究的。假如应用、发展方面潜在价值和理论方面的潜在价值偿馈比例是 10：1，理论方面的成果又渗 A_1，A_2，$A_3 \cdots$，4_n 各个应用方面，那么理论方面潜在价值的价值量预计是：

$$S_0 \approx \frac{1}{10} \left(A_1 + A_2 + A_3 + A_4 \cdots A_n \right) 。$$

理论方面的科研成果对应用和发展方面渗透不是无限的，有一定周期，过了这个周期，知识就会陈旧。据美国统计，在物理方面论文平均有效年份为 10 ~ 15 年；随着近代科学技术的发展，一项新的技术从发明到应用所需要的时间大大缩短，蒸汽机从发明到应用花了 80 年时间；激光器研制到应用不到 2 年时间。过了这个周期就不能为技术提供动力了。所以应用和发展方面成果向理论方面偿还潜在价值也是有限的，在这个限度内，理论方面的偿馈才是有效的。否则价值只能贬值。

应用方面：应用和发展方面成果的潜在价值，对生产具有明显的经济效益，这方面的潜在价值大致有五个方面。

一是有的应用成果是一种新的发明创造。如：电子计算机的诞生。这个成果往往价值连城，长期造福于人类。这个潜在价值近似于周期时间内的全部增加的纯利润。可以用以下公式表示：

$$S_1 \approx \sum_{z=1}^{n} \left[x_z - (t_z + y_z) \right] \cdots\cdots\cdots (5)$$

t_z——包括周期内新产品的总陈本

y_z——科研净投资

二是有的应用成果是新产品更换取代了旧产品、旧技术旧工艺等等。如电子显微镜代替了普通光学显微镜。这种科研成果的潜在价值应是减去旧产品在周期内的纯利润。可以用以下公式表示：

$$S_2 \approx \sum_{z=1}^{n} \left[(x_z - t_z - y_z) \right] - K_6 \cdots\cdots\cdots (6)$$

S_2——（新产品取代旧产品、技术、工艺等等）科研成果潜在价值的价值量

K_6——旧产品在周期内的纯利润

三是有的应用和发展研究成果，只停留在样品、展品上，长期处在小试阶段。"三品"状态的成果，没有向社会输入，物化为社会需要的产品。停止到一定时间，被新的科学周期和新的产品所取代，失去了原来产品的社会作用，因此科研成果不但使用价值不能实现，价值也不能实现，而且在创造这种科研成果过程中，还要消耗一定量的价值，这种价值只能是一种自然消耗。可以用以下公式表示：

$$S_3 \approx \sum_{z=1}^{n} (-y_z) \cdots\cdots\cdots (7)$$

S_3——（三品状态成果）潜在价值的价值量

四是有一种应用和发展研究成果属于重复的发明和创造。如20世纪50年代，美国花了50万美元搞继电器接点电路合成试验，搞完才知道别国早已搞成了，这种损失是惊人的。60年代

初，美国兵工企业由于重复每年损失 10 亿～12 亿美元，占研制费用的 $\frac{1}{10}$，这样的科研成果价值同样是一种负值。

潜在价值的数字模型不限于以上的几种模块。用模型进行预测和估计科研成果的潜在价值的价值量是十分有意义的。所以，有必要在成果的鉴定中，将潜在价值作为评定科研成果的一个参数。

科学研究中劳动消耗。科学研究劳动消耗，是创造科研成果劳动占有的总消耗。科研劳动消耗包括科研活劳动和物化劳动消耗两个部分。从劳动消耗角度看，活劳动和物化劳动是同等重要的。从动态管理原则来看，活劳动比物化劳动在劳动消耗中重要得多。从某种意义上说，物化劳动是受活劳动支配和作用的。

科研活劳动消耗。科研活劳动是提高科研释知率的主要指标。科研释知率。科研释知率是对科研活劳动运用程度而言的。科研释知率是对一个集团或个人在科学研究中释放知识能力的评价。也就是说，按照科学劳动者从事科研所用的时间来衡量成果潜在价值的尺度就是科研释知率。科研活劳动是指在创造科研成果的过程中科学劳动者的试验技巧和脑力的消耗。

在创造一项科研成果中，科研释知率的提高主要表现在活劳动消耗费用的减少。也就是说，科研释知率的提高，与活劳动质量增加有相应的函数关系。要提高活劳动的质量，就应鼓励科学劳动者利用更多时间，积加知识的积累率，千方百计更新科学劳动者知识范畴。尽量产生和使用一些适用技术和价值工程等等。这些孕育的知识和研究能力就是活劳动的质量。这个质量不但表现在科研劳动量增加，而且反映对不同研究的反馈能力上。如科研人员甲为了提高自己，通过耗费 A 工量的劳动，A 劳动量能够在正常工作中平均使用 5 年（主要是指知识使用时间），假定科研人员乙按工作时间付出的劳动量为 B，那么甲在一年内投入的劳动量就是 $B+\dfrac{A}{5}$。作为科研劳动者所投劳动量的增大，必定导致在单位时间内解决问题时所需活劳动消耗的减少。甲乙两个科研人员同样解决一个问题，持有 $B+\dfrac{A}{5}$ 劳动量的甲需要两小时；仅有 B 劳动量的乙则需要 4 小时；甲比乙费用消耗减少一半。所以，在单位时间内，一个科研劳动者孕育知识量的数量与活化劳动消耗成反比。

科研物化劳动消耗。在物化劳动消耗中，主要是减少科研经费的支出，不断增加流动资金的周转率。选择投资少、科研周期短、经济效果大、见效快的科研项目。在上新项目时，尽量采取借用或共用仪器和设备。要根据科研仪器和设备在具体项目上的不同使用强度，按一定折旧率分批摊入科研物化劳动消耗中去。

从科研活劳动和物化劳动综合消耗上考察科研劳动消耗。确定活劳动和物化劳动节约之间的合理比例关系，是提高科研效率的重要措施。在科研劳动消耗方面，有时是活劳动消耗的增加，是为了物化劳动的减少，消耗总和也减少。如科研人员多次修改和改进技术方案，使具体研究课题在技术上先进，在经济上合理，设备仪器以利用现有的为主，为了达到这个要求，活劳动肯定有所增加，物化劳动消耗比原来进一步减少，总的劳动消耗与原来相比同样减少。

有时活劳动消耗的减少，是为了物化劳动消耗的增加，但总体上仍是合理的。如进行发展研究常常有这种情况，由于中间试验是为了推广，所以更多考虑的不是技术先进，而是主要解决群众能接受具有经济价值和社会价值的扩大生产方法，这种方法的特征，是落后于"先进技术"的一种适用技术，是一种投资较多的"落后"装置。所以，活劳动消耗减少，物化劳动消耗有所增加，总和仍减少。如果不注意这一消耗的特点，中间试验的成果价值只能是一种自然消耗。

在科研劳动消耗上常出现总量过大的局面，不能在短时间内提供间接和直接的生产力。这主要是由动态管理水平来决定的，有了一个最佳的科研管理决策，活劳动和物化劳动节约之间的比例才接近合理。综合考察科研劳动消耗总的原则就是用较小的劳动消耗，得到更多具有潜在价值的科研成果。

科研效率评定问题。科研效率评定应该有一个具体的方法。没有方法，很多理论的解释都是无意义的。所谓方法，就是根据人们对效率不同目的和要求，将科研效率测定分解为总体上评定的科研效率、部分科研效率和科研释知率三个方面。

总体上评定的科研效率。确定衡量科研效率的标准是科学学面临的一个十分引人注意的问题。科研效率应该是一个复杂的系统。科研效率的评定从总体上说，应该包括一个国家科学技术投入和产出这个广义的比率。本文主要探索的是：对创造科研成果的价值和消耗作为经济评价，用以反映一项成果总的创造和消耗。科研劳动消耗也是一个多内容的集合体，这个集合体又以活劳动消耗和物化劳动消耗形式出现。科研活劳动消耗主要考察不同科学劳动者（科研、情报、辅助人员等等）在创造该成果时所用的实际工时；物化劳动消耗要分别考察科研仪器设备费、材料费、调研费、折旧费等等细目。有了以上指标和周期的具体细目，总体的科研效率就是在周期内潜在价值累积和与总消耗的比率。总体科研效率要从一项科研成果应用开始到被新的科学技术代替终结，这个周期为测定的标准，可用公式来表示：

$$\eta_\Delta \approx \frac{\sum_{x=1}^{n} (A_x - W_x)}{\Sigma_\tau + \Sigma_m} \cdots\cdots (8)$$

η_Δ—总体的科研效率

$$S_\Delta = \sum_{x=1}^{n} (A_x - W_x)$$

S_Δ—科研成果潜在价值的价值量（周期内纯利润）；

Σ_τ—周期内总活劳动消耗（元）$\Sigma_\tau = W_x + K_x + D_x$，

W_x—管理人员活劳动消耗

K_x—辅助人员活劳动消耗

D_x—科研人员活劳动消耗

Σ_m—周期内总物化劳动消耗（元）$\Sigma_m - C_x + R_x$，

C_x—实际科研费用支出（元）

R_x—科研仪器设备折旧费（元）

部分科研效率的评定。总的科研效率只能体现在一个科研成果总的创造和总的消耗上，不能反映在进行科学劳动的过程中，以不同目的为对象部分效率之比。如科研人员消耗量不能同情报人员消耗量作比较。因为，不同目的创造的使用价值和单位时间内创造的财富是不同的。所以，只能分别予以比较。实质上说，总体科研效率可以根据工作性质的不同，分解为科研工作效率、辅助工作效率、管理工作效率这三个部分。

部分科研效率是评定具体工作内容的指标。在一项科研成果潜在价值中，不同工作创造的部分潜在价值的比例，是由他们贡献大小和消耗不同劳动量来确定的。如一项科研成果潜在价值的价值量是 100 元，科研工作、情报工作和管理工作不同的贡献比例为 5：2：3，那么不同潜在价值的价值量应是 50 元、20 元、30元。可以用以下公式来表示不同部分的科研效率：

$$\eta_1 \approx \frac{S_\Delta - (K_i + W_i)}{\Sigma_\sigma - K_x - W_x} \cdots\cdots (9)$$

$$\eta_2 \approx \frac{S_\Delta - (W_i + D_i)}{\Sigma_\sigma - W_x - D_x} \cdots\cdots (10)$$

$$\eta_3 \approx \frac{S_\Delta - (D_i + K_i)}{\Sigma_\sigma - D_x - K_x} \cdots\cdots (11)$$

η_1—科研工作效率；

η_2—辅助工作效率

η_3—管理工作效率

Σ_σ—科研劳动总消耗　$\Sigma_\sigma = \Sigma_\tau + \Sigma_m$

D_i—科研人员创造的潜在价值的价值量

W_i—管理人员创造的潜在价值的价值量

K_i—辅助人员创造的潜在价值的价值量

科研释知率主要是指发展知识体系方面的作用，一般可以有两种内涵：一是以反映在创造一项科研成果中的总劳动消耗，即总的科研释知率 $\eta_i \approx \dfrac{P}{t_i}$ 这个公式可以评价一项成果的总活劳动指标；二是对个人科研释知率的评价。个人科研释知率应是个人创造成果潜在价值同个人实际工时消耗之比。个人创造的潜在价值应是部分科研潜在价值与实际参加人数的比例。对每个人的活化劳动消耗进行评价，是十分有积极作用的指标。可以由以下公式来表示：

$$\eta_① \approx \frac{D_i}{t \cdot N} \cdots\cdots (12)$$

$$\eta_② \approx \frac{K_i}{t \cdot N} \cdots\cdots (13)$$

$$\eta_③ \approx \frac{W_i}{t \cdot N} \cdots\cdots (14)$$

$\eta_①$—（科研工作内）个人科研释知率

$\eta_②$—（辅助工作内）个人科研释知率

$\eta_③$—（管理工作内）个人科研释知率

N—参加人数（总）

t_g——个人活化劳动消耗

η_i——总的科研释知率

科研释知率在科学研究中是最活跃最积极的因素。同时，也是提高科研效率的主要途径。科研释知率取决于科研释知能力。这个能力的大小首先在于释知能力被利用的状况，也就是科学劳动者的各种主观因素：

一是科学劳动者的技术水平和能力（应该包括智力、计算能力实验技术与思想方法三个方面）；二是科学劳动者在科研中的劳动强度。

这是形成科研释知能力最主要的要素；这与不以科学劳动者为转移的客观条件有关：一是进行科研的仪器、设备和现代化手段；二是科研管理部门组织协调工作程度，为科研服务专业化组织状况；三是科研经费保证情况，包括科研工作条件和生活条件。

科研释知率的提高，不仅仅表现在以上条件上，而且还表现在各种系数之间的关系上。

$$P = \frac{P}{\eta}\frac{P}{t_1}\cdots\cdots\rho = \eta \cdot t_1 \cdots\cdots \quad (15)$$

一是科研释知率同科研成果潜在价值成正比，同活劳动消耗成反比。这就说明，在一个科研单位，科研释知率越高，科研成果的潜在价值就越大，而科研活劳动消耗就越小。提高科研释知率，意味着用同样多的活劳动可以创造更大的潜在价值；二是科研成果的潜在价值等于科研活劳动乘以科研释知率。这就意味着，活劳动在科研周期中消耗得越小，科研释知率就越高，最后所得的潜在价值也就越大；三是科研活劳动等于潜在价值同科研释知率的比例关系。

$$t_1 = \frac{\dfrac{\eta\, t_1}{\rho}}{t_1} \cdots\cdots t_1 = \frac{\rho}{\eta} \cdots\cdots \quad (16)$$

这就意味着，科研活劳动潜在价值这个分子不动时，它就是科研释知率和活劳动消耗这两个变量之间的函数。

科研释知率是评定科研效率的重要指标。想提高科研效率，必须从改善上述诸关系入手。

有了总体科研效率的评定，有了部分科研效率的评定和科研释知率这三个具体的指标，就可以对各类科研组织和个人的劳动消耗节约程度进行考核，以促进科研效率的提高。科研效率的评定，对提高科研管理水平具有重要的意义。

二、科学产品转让额问题

科学产品转让额是交换过程中的必然产物和货币表示形式。科学产品转让额是介于科研活动与生产活动之间的生产关系中的一个特定概念。科学产品只有进入流通领域，成为社会生产的要素时，才会实现科学产品的转让额。从宏观上看，科学产品和生产中的产品是互相联系、互相转化的，社会生产的产品是体力劳动和脑力劳动的共同产品，最终都是为了作用于整个国民经济。问题是：在科学和生产之间存在着一种特殊的劳动量交换关系，这种劳动量交换是从社会整体的角度来考虑的，它不同于商品之间刻板式的交换关系。作为一项科学产品，由于按一定价值实行有偿转让，科学劳动者在科学产品的创造过程中会产生必要的劳动量。在流通过程中，科学产品携带着科学生产的必要劳动量，作为与生产单位交换介值的最初货币形式。生产单位在进行物化过程的准备初期和进入社会重复再生产的阶段，都包含着科研单位进行协作和技术输入的再次劳动量。其投入可以间接成为重复再生产中的科研释知率。它能在重复再生产中增值加倍社会的财富。换言之，科学生产的最终目的，正是为了把科学尽量地运用到技术和生产过程中去。科研单位与生产单位之间这种特殊关系的存在，形成和提出了科学产品转让额的问题。

近年来，在我国建立了科研合同制，实行了科研成果的有偿转让，进一步密切了科研单位与生产单位的联系。但科研合同制在实践中存在许多问题，其中关键的是如何确定科学产品转让额的问题。弄清这个问题，对于探讨科学经济学在经济科学中的地位，对于完善我国的科研合同制，促进科研成果尽快地转变为生产力，都具有十分重要的现实意义。

转让额的特征。科学产品转让额表现于流通过程，它同商品交换相比，主要有以下三方面的特征：

科学产品转让额同商品的价格是有区别的。马克思将价格表述为一个公式，即价格 = 不变资本 C + 可变资本 V + 剩余价值 S。他认为价格是"物化在商品内的劳动的货币名称"（《马克思恩格斯全集》第 23 卷，第 119 页，人民出版社）。总的说来，商品的价格具有两方面的特点：一方面是商品的价格形成并非指创造单个价值的个别劳动，而是指社会必要劳动；另一方面商品的价格是商品价值的转换形式，商品的价格基本上符合创造该商品所进行的劳动消耗。科学产品具有商品的一般属性，但不具有商品的实质。特点如下：一是科学产品是无重复性的生产，一旦重复变为第二次生产，就失去了科学产品的基本属性；二是科研创造中的劳动消耗同科学产品所产生的经济效益不成正比；三是科学产品不受价值规律支配。科学产品转让额不是现成的，科学产品的"价格"和"利润"也无法在得到科学产品的初期找到。它只有在转让给生产并使之产生经济效益或具有社会循环的潜在可能的时候，才能够实现。科学产品"利润"的实现是在一定周期内与多个变量，通常是与管理功能和科技协作以及社会其他相应劳动量的投入等有着直接的关系，是无确定规律可循的。这些都充分说明，"无论科学活动本身，还是产品，都不受价值规律作用的支配。"而科学产品是从自身规律中找到"利润"和实现转让额的。既然科学产品转让额同商品价格有严格的区别，那么也就不应该有科研成果价格的提法。目前，科研成果价格常被当作科学产品转让额的同义词来使用，这是缺乏根据的。因为科学产品转让额只是一个特定概念，与其他具有商品实质的对象有所不同，所以科研成果价格的提法不但会同商品价格混淆起来，而且这种提法本身就不科学，不利于科学经济学的理论体系在经济学中的建立。

转让额是向生产的消费，而不是内部成果的交换。科学经济学不能离开知识的消费去研究科学产品的内涵。在大科学条件下，科学研究是一个连续过程。科学研究对社会经济的作用，只有在把整体知识体系作为产品向生产部门输出时，才能被生产部门所接受，并进行再生产。至此，该项科学研究方可认为已经完成，科学产品转让额才真正在消费中得到实现。

科研内部成果间的交换，是一种自然经济，不能称为转让。基础研究成果和应用研究成果一般不能向生产提供直接有用的社会财富和产品。在应用研究中引入基础研究的成果并不是为了加工得到物质产品，而是为了获得一系列配套有用的新的情报信息，其效果只有通过生产方可间接地得到验证。因而科研内部成果的交换，是作为劳动对象而不是作为产品转让而存在的，对科学产品价值的评价，也完全离不开科学整体在社会生产中的实际效果这一根本指标。离开社会生产的经济效益，过分强调科学内部某一个层次，把科学特点和科学产品对立起来，认为研究人员劳动创造的成果只是为了解释世界、发现定理和创造知识，而不是为了定向改造世界，这种观点无疑偏离了科学劳动集约化的最终目的，阻碍了科学产品的流通和消费，实际上它的价值不可能独立存在。

科学产品转让额不能混同于物质的价值。科学产品转让额只是成果在生产中所获利润的一小部分，科研成果的潜在价值是一个在相当长时间内产生的利润预测值。生产过程中的商品价格按货币指标一般都大于价值，与此相反，科学产品转让额却是小于科研成果的潜在价值。

科学产品转让额同科研成果的经济价值有区别，后者是指一项科研成果给生产带来的已实现或可能新创造的价值。这个价值在成果应用的初期只能预测和进行趋势性的估计。现行的对科研成果经济价值的评价，都是按阶段和截止报告期的经济效益。这些已实现的效益仅是科研成果经济价值的一部分，而不是全部，科学产品转让额是转让科学产品的单位为社会提供新创造价值方面应得利益的货币额，它存在于促进经济增长的整个过程。随着报告期截止时间的不同，转让额具有相应的弹性。科学产品转让额不允许建立在尚未实现的效益之上，只是已实现的经济效益中应占有的一部分；科研成果的经济价值则是已实现的效益和尚未实现的效益之和。

转让额的构成。转让额是一个有机的整体，它是由相互作用、相互依赖的要素和部分所组成的。我们应该把转让额当作一个系统来研究，以便进一步了解其构成。

科学产品转让额的构成，是既涉及科学又涉及生产过程的问题。现在，有的科研单位由于只从局部利益出发，把单位内投入的劳动量，作为在同生产单位签订合同时的"转让额"；也有的在科研合同的转让中，把转让额的构成内容规定的五花八门，名目繁多。所有这些只能降低使用者对新产品的兴趣，从而失去科学和生产之间合理交换的平衡关系，给科学产品的转让带来人为的阻碍。我国由于在科研单位逐步推行经济核算，特别是科研合同制的实行，人们对转让额概念的认识有了进一步的理解，原来科学产品转让额是整体知识形态的科学劳动的实体在社会活动中对经济利益的期望。根据这一概念，我们从科学产品转让额的形成可以看出，科学产品转让额除反映劳动必需费用的价值以外，科研单位还从生产盈利中获得一部分价值。科学产品转让额是在科研周期内科学劳动所必需的费用和生产周期内所获利润按比例分成的那一部分价值的累加，见公式：

$$S_c = W_J + Z_J$$
$$Z_J = x_y \cdot D_C$$

式中：S_c——科学产品转让额（元）

W_J——在科研周期内劳动必需的费用消耗（元）

Z_J——在生产周期内所获新创造价值的一部分（元）

x_y——在生产周期内所获新创造的全部价值（元）

D——新创造价值的科研比值

C——新创造价值的生产比值

（D 和 C 系分别在总的部分中所占的比例）

从科学产品转让额构成的整体来看，创造科学产品的劳动是一种复杂的劳动。马克思说："复杂劳动只是作为加强的或加倍的简单劳动来起作用，所以小量的复杂劳动会与大量的简单劳动相等。"（马克思《资本论》第 1 卷，人民出版社，1963 年第 2 版，第 16 页）科学劳动主要是创造科学产品，其中凝结着较高的活劳动量，而科学产品对生产发展又具有一种创造巨额财富的能力，这些应该是科学产品可归为复杂劳动的实质所在。

科学产品转让额的这一特点，以及转让额问题的提出，都要求完善现行的科研合同方式，以便更好地实现转让额。这个新的方式，就是把转让额当作合同中的重要经济指标，把过去的短期单值合同变为长期多值合同，制约科研——生产的全过程，均衡科研单位和生产单位最佳劳动消耗的投入。根据这个规范，生产单位把科学产品引进到重复的物化生产中并达到预算盈利指标或既定指标时，要作为第二阶段报酬，再次按比例交付给科研单位。只有这样，科学产品转让额才能真正得以实现。生产单位所得的效益究竟按多大比例偿还给科研单位，这应由科研单位和生产单位共同协商来确定。总的说来，这个比例应以生产单位得到绝大部分利润为原则。

科学产品转让额来源于新创造价值的部分，形式上是来自科研成果的签订或交易，但当我们结算科学产品转让额时，就会发现科研单位在生产效益中所得的利润，也有一个限度：即当一个产品被新的技术和产品所取代时，原来科学产品的盈利额就会逐渐下降，当降至临界线时，应为科研单位从利润中所得额的上限。

科学产品转让额是科学活动的产物，是由科学规律决定的，由于科学研究的不确定性和管理对策的失误，有时候或个别产品在生产中的 xy 会不会增长或出现负值。这样不但转让额不能实现，而且生产单位还会受到经济损失。科学产品转让额是从货币表示形式贯穿于科研活动和生产推广过程的，对它的变化不可避免地产生较多影响因素。我们认为，确定科学产品转让额的前提，应是建立起科技统计机构，实行数理统计方法，把科研内部和生产单位的统计工作协调起来，通过综合指标体系有效地制订出定额。只有不断按规律调整科学产品转让额，使之反映自身的特征和规律，科学产品转让额才能真正在科研合同中发挥作用。

转让额的类型和所有权。科学产品按等价原则转让给生产领域，这是科学产品实现转让额的一般规律。我们可以把这一类的科学产品称为Ⅰ类产品；有些科学产品（如医疗卫生、三废治理和劳动保护等）则要按国家指令性计划进行低价转让，我们称此类产品为Ⅱ类产品；还有的需要国家指令进行无偿转让，我们称该产品为Ⅲ类产品。从形式上看，Ⅱ和Ⅲ类科学产品的转让似乎违背了等价交换的原则，其实不然。形式只能说明现象，而不能反映内涵。这种"反常"的现象实际上说明了转让额这个特殊的中介，具有特殊的一面。仅仅从转让者和被转让者之间关系的狭义观念上来认识，这种现象当然可以说是"反常"的，但我们若是从国家、集体和个人的整体角度去看，这种"低价"和"无偿"只是局部的和暂时的，它在转让一方中出现的亏损，会反过来转化为社会能力的提高。很显然，Ⅱ、Ⅲ类产品能改善人民劳动和生活条件，陶冶人们的情操，促使劳动生产率提高。在这整个过程中，都会通过劳动实体物化到所提供的利润中，而这个收益恰恰是Ⅱ、Ⅲ类产品所做出的贡献，问题是要有一段孕育的时期才能显示出效果来。从本质上考察，Ⅱ、Ⅲ类产品同Ⅰ类产品是一样的，并不是绝对对立的。Ⅱ、Ⅲ类科学产品转让额的付给，不是生产单位对转让单位的直接支付，而是国家按消耗的程度和带来的潜在影响给转让单位以合理的资金补偿。这实际上是在一种新的形势下产生的旨在实现转让额原则的新的平衡。

科学产品转让额的所有权应归属于创造科学产品的劳动者的群体和个体，不但科研单位可以转让自己的成果，企业科研部门和发明成果的个人也完全可以转让科学产品。科学产品转让额的所有权，目前在我们国家虽说不能像专利法那样，但也应有一定的规范性和严肃性。创造科学产品的单位或个人，都有权对被转让单位进行约束，要对科学产品转让权实施控制。这在一定期限内并不意味着技术封锁，而是更加有利于企业之间的竞争。

有关部门应该创造条件，利用多种形式沟通实现转让额的渠道，以保证科学产品成熟一个转让一个。这样不但需要有交易会，还要建立常设的转让办事机构，两者相辅相成，构成一个有机的系统，才能发挥其作用。

转让额的双边经济利益原则。科学产品转让额的确定，应充分反映出科研单位和生产单位的双边经济利益原则。这个原则是通过科学产品转让额的合理运用，调动科研和生产整个过程的积极性，双方通力协作是由经济利益决定的。

科研部门（转让方）所得经济利益原则。有偿转让获得的金额，补偿了科研内部经费不足的困难，解决了大量所需的流动资金，在科学产品转让的第一阶段，生产单位按科研劳动消耗费用付给科研单位，从科研单位的角度看，并没有过多的利益可得，但这只是从局部利益去看待转让额的问题。评价和确定一个科学产品转让额的大小，应该依据有效作用于生产和取得利润的实际贡献。这个贡献正是促进国民经济的重要杠杆。在未重复生产的前期，主要是科研单位与生产单位劳动量的转移，这是符合等价交换原则的。第一阶段的偿付在客观上起到了限制和避免不成熟或不完备的科研成果过早流通到生产领域的作用。

在科学产品的转让过程中，科研单位怎样为生产单位解决一些后者无法解决的问题，给生产单位接受科学产品创造必要的技术条件是十分重要的。科研单位在转让前，应有计划地做好输出技术的衔接准备工作。一是以接受成果为目标，提高生产单位的整体科学技术水平和进行各种相应的培训；二是按期转让或争取提前转；三是研制结构简单，工艺简化，并有较大经济价值的科学产品。这些是生产的技术转移工作，也是科研单位间接地获得更多转让额的途径。科学按其性质是为整个社会服务的，它的产品理所当然要成为社会的公共财富，而社会需要科学产品的数量则大大超过了一个工厂生产规模的需要。科学产品如能在生产领域内广泛渗透转让给多个生产单位进行重复再生产，则科研单位就会从中得到成倍的经济实效，但科研单位向生产单位收回转让额时，一定要从大处着想，讲究科学道德，采取分期分批逐渐收回的办法，不能把单纯收回转让额作为唯一的目的。

生产部门（或被转让方）所得经济利益原则。科学产品转让额确定的合适与否，首先直接影响到生产部门的规模、产量和生产周期，其次与科学产品推广应用的数量和寿命有直接关系。一个生产单位只有更多地满足消费者的需求，才能获得更多的经济利益。有的生产单位不以满足消费者的需求为目标开展生产，而是千方百计地去人为提高新产品的造价，提高销售的价格。在这种情况下，产品价格就可能在个体而不是社会必须消费的基础上形成。这样形成的新产品价格在降低产品成本方面没有对消费者起到需求作用，新产品价格的功能就会与科学技术进步促进国民经济增长的主要目的发生矛盾。马克思批判这种做法意味着商品可以按照和自己的价值相偏离的价格出售，但这种偏离是一种违反商品交换规律的现象。商品交换就其纯粹形态来说是等价物的交换，因此不是增大价值的手段。（《马克思恩格斯全集》第23卷，人民出版社1972年第1版，第180～181页）所以确定新产品的最优惠价格，将促进新产品在生产中的大量推广。生产单位引入一项新产品所产生收益的价值往往要比偿还给科研单位的金额大很多倍，不过这体现了生产和科研单位的双边利益。

至于生产单位付给科研单位的科学产品转让额的时间，主要取决于科学产品潜在的价值和社会需求的强度。一般的对社会急需的科学产品，对它的潜在价值预测是满意的，可提前一些时间或在签订合同时付给，如一时看不清科学产品的经济效果，则要按第一和第二阶段或按指定报告期内的实际增长额来实施不同的偿还。

实施转让额给科研管理带来的问题。科学产品转让额的确定和实现，带来了科研单位内部和科学管理方面的变革，也为实施科学产品转让额的科学管理带来了一些新的问题。

建立评价科研劳动的新方法。转让额通过科学产品作用于国民经济，在其实现过程中，转让额同科学产品价值的大小相适应。也就是说，转让额收益越大，科学产品对社会的新创造价值越多，反之则越小。对于一个科研单位来说，在规定报告期内获得转让额的多少，则反映出科学产品在一定范围内转化为直接生产力的能力。

这里所说的科研劳动是对科学产品来说的，那么怎样从科学劳动的角度去看待科学产品呢？这是评价科学劳动的一个十分重要的问题。科学产品是在同源目标上整体科学劳动者的产物，它是包含基础研究、应用研究和发展研究成果在内的并按不同比例被选择结合的劳动实体，它不同于科研内部自然经济的交换，而能够直接为社会需求提供有效物。科研内部不同层次的劳动消耗，可以通过科学产品最终经济效果的直接和间接的评价方法，来确定各自的经济价值，那就是按生产—发展—应用—基础的顺序，根据最终效果去直接评价应用和发展成果的经济效益，间接分析和评价基础研究的经济价值，我们可以根据这种评价的结果，确认基础研究成果具有间接的经济价值。这就为基础研究成果价值这一禁区的分析和评价找到了一条可实现的途径。

建立新的科研经费管理方法。这个新方法就是把科研经费使用的管理贯穿到整个科研活动中去，根据效益来评价科研经费的使用，并使科研经费真正为科研活动所用。科学生产第一阶段所支付的金额，实际是在科研活动过程中的物化。一般说来有两种趋向：一是科研周期延长，科研经费加大；二是科研周期缩短，省下科研经费。这两种情况都直接涉及科研消耗的水平。这一实际消耗水平与进行科学研究的预算概算之间有一个支出或剩余的差额，该差额的负值一般都由上级科研管理部门资助。同样，科研活动剩下的资金也应退回给经费拨出单位，这是保证科研经费用于科研活动的必要措施。对省下和超支的科研经费都要进行核对，找出的原因可以作为对科研单位加强管理的措施。如系科研活动劳动效率的提高，则省下的科研经费可用于奖励，如属人为浪费也应追究责任。当然对这些问题的分析，不能单纯用省下和超支多少来衡量，特别要注意支付经费和能收回多少转让额及产生多少新创造价值的具体情况。

科研经费的实际支出构成了科学劳动消耗的实体，它是科学产品转让额第一阶段偿还的重要依据。因而，节省科研劳动消耗对于降低科学产品转让额是十分重要的。

把科学产品的经济效益作为对科研单位经费拨款和奖励的主要依据。按产生效益的大小分别拨给科研经费，这个办法对应用研究和发展研究的科研单位是有益的，这种既靠收费又靠上级资助的多途径的科研资金，是取代无偿转让和部分无偿转让的必然过渡。

过去颁布的科研成果奖励办法，对于经济效益的作用，只有原则的规定，而无具体的指标。有的奖励只是在事后被动地进行，这种做法对于缩短科研周期和促进生产进程没有太大的作用。科学产品转让额对社会经济发展是一个十分重要的指标，应该把科学产品转让额的多少和创造与消耗的比率作为成果奖励的一种依据，这会大大调动科研和生产单位的积极性，加速科学产品的输出。

转让额收回后再分配的去向。科学产品转让额在指令数值之内，成为科研单位内部的流动资金。也就是说转让额收回到一定程度就要进行控制，即除按一定比例上缴给国家外，余下的由科

84

研单位再分配。转让额收回后的分配去向有两个：一是用于科学的再生产。这应该是转让额去向的主要方面，因为只有科学再生产，才能创造更多的科学产品以供转让。科学再生产所占总金额的比例，则应根据具体情况酌定；二是按适当比例用于对科学工作的奖励。这个奖金不能作为工资的补贴而普遍发给，而是按科学劳动者对创造科学产品的贡献大小进行分配，从而把奖金收入同个人利益密切联系起来。

在科研管理体制发生变革的条件下，实行各种类型有利于技术转让的合同制，对于科学技术转变为直接的生产力，是一个十分重要的有效措施。虽然科研合同形式不一，各方要求也不尽相同，但科研合同的共同特点是明确经济责任。没有经济责任的合同是难以想象的。这也就是说，在签订科研合同时，科学产品转让是科研合同全部指标中最重要的一个。如果我们说科研合同制的建立为科研管理体制改革开了一个头，那么制定科学产品转让额就是这个开头的突破口。我们应该清楚地看到，科学流通领域的经济问题有很多，也很复杂，这些都要求我们从实际出发，去探讨它的理论和方法，去解决科研流通领域的经济问题，以便使科学技术更好地为国民经济服务。

三、知识价值与效用定律

科学产品的涵义与特征价值。把科研成果同科学产品两个不同的概念相分离，这对科学内部和科学与社会的经济活动的评价都是十分重要的。科学产品既不同于科研成果又不同于物质产品的特点和属性，科学研究最终结果是科学产品，而不是科研成果。科学产品不是狭义物质商品，它虽有商品属性，但不表现物的形式，只是表现为劳动能力本身的形式。这主要是科学研究和科学产品对社会的功能是相同的，社会整体不是对科学技术内部的阶段性科研成果发乞兴趣，阶段性科研成果只能提供知识，不能成为社会需要提供效用和启动的牵头作用，科学技术变生产力的过程，是生产系统不断对科学产品进行同化吸收的过程。科学内部的成果从科学整体来看，是分割性或不完备的阶段性成果，只能是自然经济，不能被生产系统所同化和吸收，至少有消化不良的地方，这势必带来重复生产困难，最终归于劳动的损失。科学产品的形成，实质上是科学劳动内部分工协作的成果。科学产品"以什么比例加入产品总额，也就以什么比例加入作为总额组成部分的每一个产品"（《马克思恩格斯全集》第26卷，第一分册，第183页）。马克思强调指出，科学产品不仅是共同劳动协作的产品，而且是以前人劳动的利用为条件的综合产品。

科研劳动是怎样形成科学产品的呢？首先是由基础研究的劳动按着趋同目标向研究序端过渡，即第一个层次逐级向下一个层次劳动量推进，这实质上是科研内部劳动占有和相互弥补交替运动的过程。一般地说，应用研究对基础研究成果和劳动量占有是单方狭义的，就如电动机对电磁理论同化一样，应用研究在这种作用下又形成以来源部分和吸附相应价值劳动作为新的客体。当这种客体达到完备的程度，他就不是原来的应用研究劳动客体，而具有新的劳动意义了。我们发现，发展研究反馈的信息通道要比应用研究宽得多。当最下层的科研劳动占有达到应有程度时，发展研究这个劳动就会从水平延伸至纵向运动，与横向信息的社会经济价值等领域交汇，形成和产生科学产品。但是，作为一般劳动的科学劳动的社会形态，并不具有生产领域里的劳动所固有的那种共同的、同时活动的直接协作的性质，科学产品就是科学信息。更确切地说，是科学信息的增殖，而这是它的经济特征。科学产品与生产领域产品在经济学方面的原则区别在于，在产品的运用过程中，新的科学信息会不断涌现并且不会消失。从科学理论到科学产品的诞生是通过多次被利用吸收和同化的过程，一个基础研究成果是下一个应用研究成果的出发点和起点，应用研究成果又作为下一发展研究成果的出发点，通过这样相互利用的科研释知率和相互劳动占有，而产生科研最终结果的产品。

科学产品的最大特征是，能促进生产领域重复再生产，对经济发展具有实体作用。不能产生这种功能的，不是科学产品，而是科研内部的不同成果，或是不完备的科学产品需要进一步"冶炼"。科学产品不断为生产系统所吸收，成为经济增长的过程，同时，也对科研内部结构调整提供良好的服务。科学产品被生产吸收一定周期后，能间接鉴别科学内部不同研究的有效量，测定哪些研究过多，哪些研究过少。基础研究成果过多，就意味着应用研究成果太少，少就没有相应潜力来吸收同化基础研究能力，在相对时间内不能同化，过一定时间剩余的成果就会出现贬值，成为劳动量的消耗。

科学产品观念的形成是利用科学潜能的一种进步，从基础研究开始就考虑科学产品有效性投入问题，这同没有目标的"解释自然"是完全不一样的，这至少避免和减少多余劳动消耗。科技劳动分配问题的依据是价值，这与研究内部不同管理对策实施并不是一回事，对科研内部劳动进行管理是为了获得能加以利用的科学信息，不考虑为社会再生产产生效用。

从旧观念看，科学就是知识，科学内部每个层次都生产知识，这些知识是科学产品，这种观点对建立科学与社会经济信息渠道是十分有害的。因为知识并不是科学，它是科学的产物，再次被吸引到科学活动的原料中，如果说科学是知识的总和，那么有意无意地把科学看作某种静态的、现成的和给定的东西。在完成了一个问题的某种研究，以及生动的研究过程消失于研究结果时，科学活动的产物便具有"知识"的形式。科学的本质不在于已经认识的真理，而在于探索真理，科学本身不是知识，而是生产知识方面的社会活动。从事知识方面社会活动的科学产品，是具有整体知识的体系，科学产品通过流通消费渠道，转化为社会的生产力。可见，科学的社会活动正是科学产品的广阔市场，同时也是社会多目标原则对科学产品价值的标准所进行的衡量。

科学产品是多层次投入的综合过程，是科学技术整体化的特殊形式，是诸有关要素组成的一个复合的效用律。其固有两个特点：一是科学产品同科技劳动内部所获成果的不同；二是科学产品与物质产品有区别。科学产品是建立在科学内部成果之上的高度集合和创造，而不是说科研内部的成果作用不重要。作为相互联系的科研成果是形成科学产品的要素，不同层次的科研成果不但对形成科学产品有月，同时对社会具有十分重要的意义。如应用研究成果和发展研究成果是一种内向的力量，因为它们的不同研究有助于基础研究成果的扩大，更有效地向社会作渗透。过去，习惯认为是发展研究对生产有效的促进作用，这不符合科学自身规律。科学产品不是发展研究，发展研究是科学内部一个劳动因素，同其他研究一样，只是构成整体科技劳动的一个部分。

科学内部科研成具，不能直接作用于生产，向社会提供有效的邻始效用，科学内部的劳动相互交换和占有都是情报性质劳动量的移动，是以劳动对象为单元存在的。基础研究学术意义是获得有创见的思想，在于发现原理，制定定律等等。应用研究虽是形成"样品"，但为了索取定向的数据和资料，科研内部发表的科学信息可看作物化劳动一个环节。研究人员在利用前人取得的资料时，不需要对这一信息支付费用。总之，科学内部各层次劳动客体都是信息性的产品。

科学只有以整体知识体系向生产部门输出产品，才能被生产部门接收，使重复再生产的能力得以启动，这项科研才能被公认完成，科学产品价值能真正在消费中实现。科学产品不同于物质产品，这主要表现在，科学产品对生产的效用性，科学产品是完善科研成果的体系，这个产品具有启动和生产牵头作用。一般地说，科学产品对生产的潜在价值要大于劳动消耗多倍，生产系统重复越多价值越高，科学产品是新的创造，如果重复就不是科学产品了，而是科学产品在生产中的物化，是生产科学产品。科学产品只是知识形态的有效复合体，它的实体为信息（条文、表格、图式）。这些特点，正是深化科学产品来源的实质。

科学产品是为了消费，这正是科学产品的特征之一，也是实现价值的一种转化形式。创造科学产品过程在形式上跟物质资料生产中的劳动（劳动第一种情况是：生产者—劳动工具—劳动对象；第二种情况是，研究者—仪器装备—研究对象）一样，也具有一系列相似的经济学特征。马克思称科学活动是"生产的科学，即科学生产"，这一术语充分表现了科学方面的政治经济学意义（《马克思恩格斯全集》第26卷，第一分册，第450页）介于科学产品经济学与物质生产特征的不同区别，物质生产形成的产品，其目的是消费，使接收产品者予以满足，科研的结果较物质产品具有更复杂的特征：其一是科研内部的成果并不是为了消费，而是方便下阶段利用和转化，科研内部的成果都是为投入科学产品所作的贡献，科学内部的科学生产的产品（在基础和应用水平上）没有价值。其二是科学产品具有消费的职能，这种消费是由科研内部非消费牺牲换来的。科学产品是普遍的消费品，不管为获得这些成果耗费了多少人力和财力，大家都可享受。

科学产品价值形态。社会的需要一旦使科学劳动形成了科学产品，它的价值不可估量。如果说劳动工具可以使用10～20年，建筑物可以使用50～100年或更长的时间，那么科学产品可以使用更长的时间。换句话说，形成科学产品的规律、理论、公式是用不坏的，它们只会被补充和不断地完善，使同源科学产品不断更新复壮、富有活力。科学产品最重要的经济特征就是：对它们的估计总是小于它们的价值。因为人们习惯的是容易看到阶段统计来的显现价值，而忽视和忘掉潜在尚未再生产出来的价值。马克思认为：对智力劳动产品——科学的估价总是远远低于它的价值，因为它的再生产所需要的工作时间，绝不能与它最初的生产所需要的工作时间相比拟。由于创造科学产品而消耗的劳动是密集型的复杂劳动，劳动自身能力与教育、培训（更新教育）、技能训练、科学方法和科技政策等多方面的投入分不开，创造科学产品的劳动是一种复杂的劳动。因此，马克思又说："比较复杂的劳动只是自乘的或不如说多倍的简单劳动，因此，少量的复杂劳动等于多量的简单劳动。"（《资本论》第一卷，第58页），科学劳动主要是创造科学产品，其中凝结着较高的活劳动量。而科学产品对生产发展又具有一种创造巨额财富的能力，这些应该是科学产品可归为复杂劳动的实质所在。

科学产品价值是一个广义的概念。一般地说来，它由三个方面构成：

科学产品的自身价值。科学产品是科学整体劳动者创造性投入的结果。这个结果实质上是科学研究产生的复合体。因此科学产品自身价值是由不同要素所投入同源目标贡献的份额的累计。一项科学产品的形成，不是科学内部某一个层次劳动的结果，而是在固定目标上对理论劳动成果、应用劳动成果、发展劳动成果进行选择，通过最优化组合形成体系的过程。从科学内部整体去看，投入的劳动量越大，意味着活化劳动能力越高，所贡献的科学产品份额也大。但作为科学产品管理，考虑的不是耗用多少倍的劳动，而是期望科研释知率在科学劳动中不断提高，需要在单位时间内释放出更大的科研能力。

科学产品属于广义的商品范畴，广义的商品价值大致是经过科研价值和生产价值这两个阶段的揭示。科学产品价值与一般商品价值相比，具有明显潜在过程或孕育的时期，一项科学和技术成果问世后，该成果从发明到被新的科学和技术所代替这个周期中间，将给技术和发展经济带来多大价值，处于这一过程或时期中的价值就是潜在价值。科学产品潜在价值的反映，揭示出科学产品直至被新的科学和技术所代替这个周期中的价值量。一种新产品从上市到落实的发展过程可分为三个阶段：第一个阶段是需求者对新产品了解不足，销售不快的试销期；第二阶段是旺销高峰期；第三阶段为饱和期，试销期和饱和期都会出现滞销与积压现象。科学产品潜在价值是周期内无数个价值量的总和。

科学产品潜在价值的价值量的预测，一般以年为预测单位比较合适，如周期太长，可采用十年或百年为预测单位。对每个年代潜在价值量的预测是一个极为复杂的问题，需要考虑很多因素在内。总的说来，因素考虑越多，预测的结果越准确。

科学产品显现价值。所谓显现价值，是指在当前或此后一段时间可见的，科学产品应用后在一定区域和报告期内（一般为一年内）实际产生的经济效益数值。这个价值的主要特征是，按着人为的管理要求对阶段科技成果经济效益进行统计，以便采取不同的管理决策和检查科技短期计划的执行情况。

科学产品显现价值的计算主要是对短期内科技经济效益进行评价，也就是科技成果从应用产生新创造价值开始到报告终期间内实际经济效果的累计。报告期有长有短，主要根据不同管理需要而言，报告期一般以一个年度为准，这个累计的数值常常可以反映当时此项在生产中科技增长因素的比重。科学产品显现价值大致有四个方面：一是有的应用发展成果是一种新的发明创造。

如电子计算机的诞生，这个成果价值连城。长期造福于人类。这个成果经济效益显示值等于在报告期内全部增加的纯利润；二是有的应用和发展成果（新产品等）更换取代了旧产品、旧工艺等。如电子显微镜代替了普通光学显微镜。这种成果的经济效益应是扣除旧产品被更替时的纯利润；三是有的科学产品和成果，只停留在样品、展品，长期处在小试阶段，没有向社会输入，物化为社会需要的产品。到一定时间，又被新的科学周期和新的产品所取代，失去了原来产品的社会作用。这样的科研成果不但使用价值不能实现，价值也不能实现，而且在创造这种科研成果过程中，还要消耗一定的价值，这种价值只能是一种自然消耗；四是有的应用和科技研究成果属于重复的发明和创造。这样科研成果的价值同样是一种负值。

科学产品的价值作为具体的科学产品价值形态，所呈现出的三种不同的价值是统一的。从潜在价值同显现价值的关系来看：潜在价值是社会对科学产品有效程度的一种经济预计实现的期望。显现价值是对已经实现的科学产品经济效益的一种统计。两者鲜明的特点是：显现价值只是潜在价值的一部分，当显现价值累加到绝对数值时就实现了潜在价值。潜在价值是科学产品绝对经济效益的一种规划，显现价值是不断向潜在价值开发的移动。现在的问题是，我们要提高开发潜在价值的能力，这一方面要求加快开发的进度，增大显现价值；另一方面，把潜在价值的长远规划同短期显现价值开发结合起来。再从自身价值同潜在价值的关系来看：所谓自身价值就是一种内向性的价值，它反映创造一项科学产品付出劳动的代价，这些代价与科学产品潜在价值没有相应的关系，并不是内在价值越大，科学产品潜在价值越大。三种形态的统一，就是科研效率这个比率之间衡量，科研效率是考核评价科技活动投入和产出的重要指标，有了科研效率这个比率，就意味着在科技不同创造活动中有了共同度量的标准，这也是将潜在价值和自身价值统一的实质。

科学产品价值的主要规律。 科学产品具有商品的一般属性，但不具有商品的实质：一是科学产品的无重复性的生产，无法在形成科学产品价值时找到社会必要劳动时间；二是科学产品的价值不同于商品，价值和价格相接近，而科学产品价值大于多倍的科学劳动耗用量。所以，"无论科学产品活动本身还是其产品，都不受价值规律作用的支配。"科学产品价值是受效用定律的制约。

科学产品价值的效用定律。科学产品对生产单位的吸引，是通过效用这个尺度来评价的。效用是生产部门首先要解决的一种确立产生的盈利依托，没有这种依托企业和生产部门的动力就会衰竭。另外，这个效用直接评价生产吸收单位，具有接收科学产品实现潜在价值的能力，如果这种能力太弱，不能达到一定的盈利指标，效用就会离开生产，这种效用形成潜在价值的作用。因此，效用是科学产品潜在价值的源泉，生产部门对科学产品潜在价值的开发，是通过效用场相互作用的结果，效用本身意味着供给与需求是吸引和作用的相互关系。效用对科学产品和物质产品相互作用，说明了效用生存是有条件的，而且在一定能量作用下，效用强度更大；反之没有，或效用不能与那个层次的吸收发生共振。

一个生产部门对科学产品的吸引，是科学产品对生产能力产生多大潜在价值的一种效用评价，也是对效用可信程度的欲望，生产单位对同源科学产品的某个单一产品的需要，随其逐渐增大的生产收益的价值满足而潜在价值不断逐渐减小，直到最后达到需要递减的一定极限，这时生产单位对这种科学产品效用的信赖程度消失，生产部门再递减下去，就会出现负值，

93

即现"利"变害。这种对效用的信赖程度消失，又预示在同源上的另一个点上新的科学产品出现，效用随着该科学产品对生产可信程度的增加而不断增加本身的强度，效用在新的层次上进行新的市场效应。社会对科学产品的需求，随着市场效应的变化而转移，这就是科学产品价值的效用定律。总的归纳起来，所谓的效用定律就是揭示未来的科学产品、更换旧的科学产品过程的价值运动规律。

效用定律的生效条件。效用定律是对一般规律的抽象，不是单独起作用，而是与生效条件不可分离。生效条件从总体来说，依赖于科学产品价值场效应。科学产品的价值场要比物理场复杂得多，科学产品价值场由三个层次组成：

效用场，效用是满足人类需要的一般能力。科学产品只因为具有价值，主要是科学产品与物质生产中有着一种需求关系，取决于对效用的强度上。科学单位与生产单位，科学产品与物质产品相互需要和作用形成和产生了场，但是，这种互相作用只有通过效用才能发生。我们说效用是科学产品价值场，就是指它创造出来科学产品价值场。

科学管理场。科学产品潜在价值的大小，是效用被占有同化的程度。这主要是从科学产品对生产场效应角度进行评价的，这就是科学管理场的效应作用。所谓科技管理，是指人对科研能力的一种结合和控制作用，科技管理场是对形成科学产品不同劳动投入、科研经费投入最优选择过程。在管理信息同科学产品凝固在一起的作用中，要排斥那些无效的、不实用的、周期长而影响科学产品价值的一些因素。最后在管理某个同源科学产品过程中，形成一个有机的整体，成为科技管理场。

宏观场。宏观场首先取决于科学产品不断更换效应上，科学产品价值是一种社会现象，是生产单位的需求对成果潜在效用的感觉与评价。同源科学产品的第二个科学产品代替第一个科学产品的过程，就是宏观场效应不断强化和转移的变换空间。包括科学劳动内部不同层次，低层开发劳动向高层科技劳动的占有。

过去，我们评价科技劳动是自上向下的评价，或分段按科学自身进行评价。这是不能真实反映科学产品应有价值的，这同时也是影响科技劳动分配问题的关键环节。科学产品来源于科学内部的基础研究成果、应用研究成果和发展研究成果的贡献，科学内部不同层次的劳动贡献程度的作用大小，取决于它们自身科研成果的价值，作为整体的科学产品的价值，只能到社会再生产领域进行检查和评价，社会经济发展的程度是评价科学产品价值的唯一标准。而科学产品的价值是由科学内部不同层次劳动投入取得的，作为科学产品贡献的份额，也应具有相当的价值。也就是说，科学产品对社会生产的有效程度，就是科学产品价值潜在于社会的程度。

这里有两种情况：一是按报告期能获得见到的新贡献的部分；二是按科学产品在需求影响下分布而一时不能获得的价值，是通过间隔开发得到的。这里虽有长短之分，但科学产品对社会的潜在价值是可以预测和见到的。这种对社会提供的有效产品和潜在循环经济增长过程中科学产品的潜在价值，是科学劳动的共同财富，也是科学劳动的结果。正反两个方面的说法，归为一条，科学产品的价值及科技劳动分配问题，是一个经济的问题，而不是"非价值"的社会学问题。根据这样一个原理，可以将评价科学研究价值的顺序方法提出来，即按生产（市场）—科学产品—发展研究归属—应用研究归属—基础研究归底的顺序进行评价。当然，大科学在形成科学产品过程是正向的结果，但那种后果不能产生效益和形成潜在价值，只能形成科学产品。在科学产品与社会生产交换消费过程中，才显出对社会的有效程度，能检查科学内部劳动对社会作用的情况。我们知道，对社会作用的程度是生产过程中提出来的，不是基础研究提出来的。这是反向分配原理提出的主要理由。

第四章　中国科技进步管理案例实验

中国企业科技进步管理实验从 1982 年—1992 年历时 10 年，主要包括：大庆科技进步调研，潞安矿务局企业案例研究试点和全国十大科技进步案例研究。中国企业科技进步管理实验通过大庆、潞安调研经验扩大到全国重点行业，是企业科技进步调研带动重点行业科技进步的过程。

一、大庆科技进步调研

实验背景与原因。确定大庆科技进步调研是国家政策驱动、管理实验现场选择和大庆发展需要的科学求证。大庆科技进步调研从 1982 年—1989 年共 7 年时间，选择大庆作为科技进步调研主要有多方面考虑：首先，把政策落到企业。党的十二大强调指出：四个现代化的关键是科学技术现代化，制定了经济建设要依靠科学技术，科学技术要面向经济建设的总方针，为把"科技进步国策"落实到企业，了解大庆 26 年来是怎样依靠科技进步发展建设的，通过大庆经验来推动行业科技进步；其次，学习中坚持创新。中国管理科学工作者从实际出发立足本土，坚持实验入手解决中国问题，需要大庆科技进步实验的现场；再次，1982 年正处于对大庆经验不同看法时期，有人把大庆划为"革命加拼命"极左典型，当时无论学术界和理论界都很少去探求本源，如何评价大庆经验是一个敏感的时代话题，从我国经济转型理论来看，需要坚持科学精神实事求是地研究和解决问题。

通过以上三个因素分析可以看出，选择大庆作为科技进步调研的方向是正确的，通过 7 年实验，大庆科技进步取得了成功，大庆科技进步调研驱动理论创新、原创性成果不断被发现。

大庆科技进步研究模式和调研特点。大庆科技进步 26 年的实践证明，大庆是全面挂进企业科技进步的典范，运用传统科技进步理论是无法解释大庆科技进步实践的。我们通过反复调查研究和理论分析，认识到要想对大庆科技进步实践有一个正确的理论认识，不能从一般的定义出发，它的研究逻辑起点应该从"结构"入手，重点研究大庆科技进步是由哪些要素构成，这些要素之间有些什么联系，作为一个整体是怎样运作的，以及整个大庆发展与大庆的意识形态有哪些联系；科技进步作为一种手段，是如何作用于经济和社会发展的，从结构角度进行了系统的分析，逐渐深入企业内部及其各种关系之中，通过系统思维过程，一步一步地从中进行抽象，使科技进步概念最后在思维中得到具体的再现，科技进步就不再是一种抽象的规定了，"不只是抽象的普遍，而且是自身体现着特殊、个体、个别东西的丰富性的这种普遍"（《列宁全集》第 38 卷第 98 页），通过实践到认识和具体到抽象反复过程。后来提出了现代科技进步概念的主要骨架和基本思想。通过研究认为：现代科技进步是指社会的一种进步活动，这种活动是以科学技术作为主导，与相关的教育、人才、管理等因素进行有机结合，通过渐变、渐进和革命等多种方式，影响和作用于生产方式及社会形态，使经济增长和社会结构优化有目的的动态过程。

大庆科技进步调查研究的特点。 大庆科技进步调查研究是一项理论与实践相结合的社会活动，主要特点有两个方面：一是以现代科技进步理论作为指导，并注意吸收了现代系统论、信息论、控制论等软科学研究的方法，把传统的调查研究方法同现代方法有机地结合；二是大庆科技进步调查研究主要以解决企业科技进步为内容，大庆是以石油和石油化工为主的石化联合企业，26 年中，大庆高速度、高水平的发展建设，已经在科学技术等方面积累了许多宝贵的经验，这些经验亟待运用现代科技进步理论和方法，对大庆发展建设进行规律性认识，用以指导大庆未来的发展。

研究科技进步的基础。调查研究大庆科技进步的历史经验，是研究大庆科技进步的基础。历史发展事实已经证明：26 年来，大庆高速度、高水平发展，为国家创造了数以万计的物质财富。这些财富的取得，在客观上告诉人们，有一套成功的做法在指导物质财富的创造过程。从这个意义上说，总结经验是寻求创造物质财富内在规律和已发生的运行机制，目的还在于利用客观规律、推广经验，去解决现实和未来发展问题。

大庆科学技术积累了十分丰富的历史经验，它是一笔十分重要的信息资源。但我们必须看到，由于历史和方法论方面的原因，从科技进步历史经验总结来看，过去是从某一个技术角度总结过多，在整个体系中缺少层次、结构之间的研究和探讨，从科学技术整体规律的角度总结不够，将科技进步作为大庆社会发展的一部分，总结和研究大系统内因果链的有机联系和作用就更少了。这自然剩下许多空白点，特别是科学与经济和社会衔接交叉地带的探讨。

从已有的历史经验中，把科技进步作为一个专项问题来研究，这对揭示科技进步与大庆社会经济发展的客观规律是十分重要的，这样就会把尚未开发的资源变为一种新的财富。从这个角度来说，在同样的历史事实中，由于理论进一步深化和研究方法的提高，则可以有更多新的认识和掌握比原来更多的规律。

随着科学思想和方法的进步，大庆经验自身的概念是在不断发展的。特别是党在新时期方针、政策的制定，使我们认识到：把大庆经验作为大庆自有的财富是十分狭义的，大庆经验不仅是一个特定条件下的概念，更是一个科学的概念。首先，大庆经验不是一些具体的做法，而是一般规律在石油化工区域中体现出来的一种科学，它不仅注意按着历史顺序纵向地总结和分析，而且还从横向比较研究角度，来认识和总结自己实践经验，这样就把个性溶于普遍规律之中，促进大庆与更多企业相互学习和交流经验。其次，作为一个企业来说，高速度、高水平发展建设的原因是多方面的，作为规律也是多方面的，可能有总规律，还会有层次意义上的规律，这完全不是一种运行模式，大庆高速度、高水平发展的规律主要有三个方面：一是企业思想政治工作规律；二是企业管理规律；三是企业科技进步的规律。

大庆科技进步调查研究作为科学指导下的社会实践，不但不能排除历史，回避大庆经验，而且要用现代科学思想和方法认识已经积累的历史经验，揭示其规律，用意在于发展和正确认识经验，开发和利用已经存在尚待开发的未来发展的潜力。

现在和未来的大庆怎样作为国家的经济支柱继续为国家保持高度的贡献，这就迫切需要依靠科技进步。怎样依靠科技进步？开展科技进步调查研究，只有搞清楚其内部机制，提出进一步加速科技进步的政策，才能把依靠科技进步的紧迫性变为一种现实。作为一个企业科技进步的实施过程，并不是自然而然就能成为现实的。大体上说有两个阶段：一是通过研究，在搞清机制的基础上提出一系列政策；二是在此基础上，通过政策、经济、心理的管理措施加快企业科技进步的步伐。

在社会经济结构中寻求科技进步规律。长期以来，人们发现大量的生命和非生命的自然现象和社会现象，随时间而发展变化的过程中都循着一种逻辑型规律，又称"S"型规律。它反映了事物在其特有的矛盾运动和外界环境因素的作用下，随着时间的延续，循着一条前期缓慢发展、中期加速发展、中后期减速发展直至后期饱和发展的过程。然而，这种"饱和发展"并不意味着事物发展的终结和消亡，而是达到一种系统的平衡。人们很容易发现这种规律的广泛存在。一项技术，哪怕是最先进的技术也要经历缓慢、加速、减速、消亡或被取代这样一个生命周期。

油田刚开发的旺盛初期，产量增长迅速，原油含水少，成本低，带来产量、设备和设施的增多。油田经过一段发展时期进入全面开发阶段，油田地下含水增加，为了提高产量，在技术上采取了扩大薄油层的贮量和开发能力，在采油方式上采取了加密调整技术措施。为了确保后期原油的稳产，大庆还进行了相应技术的研究和储备，以确保需求。尽管如此，作为油田系统来说，技术解决问题是有限的，采掘工业递减总规律不可改变，只有遵循它。技术的不断发展将会不断推动开采业技术进步，越到后期难度就加大。从某种意义上看，虽然产出增加了，但新技术实施带来的经济投入也是相当惊人的。从战术意义上说，刺激和制约技术发展，不仅仅是产量和手段方面，更重要的还有经济发展规律在起作用，不考虑这一点，就不符合大庆社会发展的客观规律。

技术上的解决办法可以定义为"不仅仅需要自然科学技巧方面的变革，还必须考虑人类价值或道德观念方面的变革方式。今天有许多问题，单项技术没有解决的办法。例如，油田进入高含水期以来，稳产的难度越来越大，技术问题日益突出。大庆30万吨乙烯投产之后，新产业结构带来了许多新的需求和发展趋势，如何搞好原油和石油化工均衡发展，以及如何发展大庆地方工业和黑龙江西部地区的地方工业，对乙烯的产品进行深加工问题都需要制定宏观规划并提出对策。大庆通过26年的发展，人口激增。现在的人口、资源、生态、环境、教育、卫生等问题日益突出。众多复杂的社会问题，单靠某一项学科的理论和方法是行不通的，需要根据现代自然科学和社会科学的许多原理，利用电子计算机等先进计算工具和测试手段，对复杂的社会、经济问题进

101

行系统分析，从社会发展结构中去寻求科技进步发展的规律。这种规律性的东西需要从三个方面来揭示：一是大庆科学技术作为一个系统，各学科、各层次技术系统的单元、结构是怎样进行运动的，一般规律是什么，怎样才能求得系统的最佳效应，如何把握这个系统的发展动向；二是大庆科学技术已经成为一项大规模的生产活动，从室内研究到应用技术研究、开发试验、成果推广、革新改造，形成一个巨大的一体化的链条系统，那么这个系统的结构、内部联系、发展过程及运动具有哪些规律性的东西；三是大庆科学技术具有明显的社会科学化的特点。大庆科学技术实质是包括相关人才、教育、管理、技术在内的一种科技进步，这种进步犹如一个"大知识群"，与政治、经济、文化、社会各因素之间相互作用，从而保持大庆高水平、高速度的经济增长和社会结构的优化。那么大庆的科学、技术、经济是怎样协调发展的呢？大庆科学技术，在什么样的环境中才能迅速发展，这些结论需要在调查研究结束后产生。

研究科技进步的因果链。研究一个企业科技、经济和社会之间的关系，以及科技进步是怎样作用于区域社会经济发展的运行机制，靠传统的方法是无能为力的。现行管理工作中，有一种普遍的现象，常常把自管部门的作用同其他工作对立起来，管理人才的部门过多强调人才的重要性，管理科技的部门又过分强调科技的重要性，管理教育更要说明教育的重要性，由于自重的原因，常把部门的功绩归己所有。单因素管理方法，不但不能挖掘部门之间剩余的潜力而提高管理效率，相反有时还会相互抵消。想解决这类复杂问题既要靠系统理论的指导，又要靠科技进步的综合管理。

大庆科技进步调查研究的目的是搞清科技进步对大庆社会经济发展的原因和效果。分析这样一个问题、从纵向上来说，包括大庆近 26 年科学技术发展的史实，从横向来说，整个大庆不仅仅是一个企业，而且是一个重要的区域，就大庆油田技术系统而言，多达 300 多个专业，这样一个复杂的问题，衡量科技进步的社会经济效果，不能用一个指标去评价。根据现代科技进步理论和涵义，它是一个系统因果链必然联系的结果。过去，仅从科技自身部分指标来衡量科技进步总的效果是不全面的、科技进步指标体系是由众多指标综合而成的：主要是科技进步环境指标、促成科技进步因素的指标、科技进步结果指标、科技进步战略指标四个方面。

科技进步环境指标：现行政策对科技进步的影响，社会政策导向对科技进步的影响，时代的伦理道德、意识形态和精神风貌对科技进步的影响，现行的经济管理体制对科技进步的作用、金融、财政、税收等支持机构对科技进步的作用。

促成科技进步因素指标：现行科技进步潜力状况，现行科技进步管理机构职能与完善状况，科技能力的状况评价，科研、改造、推广能力评价，"科学—技术—生产"周期状况评价，现有科技人才数量与质量：整体与系统多层次科技人员结构，科技人员发挥作用状况，第一线熟练工人和技师状况，人才现行政策与效益。科学教育结构与层次，教育促进科研与生产结合状况，技术改造、技术培训、岗位教育效益分析，教育潜能效益的评价。"科研—生产—消费"周期管理，企业现代化管理，系统的宏观管理与效能的提高，价格杠杆在科技进步管理中的作用；税收、拨款、货款诸环节对科技进步的相互作用。

科技进步结果指标：对经济增长的贡献，科技进步费用投入的效益，新技术效益的评价，劳动生产率，基金产值率，产品质量，节约能源，产业结构。社会结构的变化，劳动条件改善，物质文化生活水平，生态平衡，环保、伦理、道德与风尚，家庭、恋爱、婚姻、科技进步的战略指标目标及模式。

科技进步战略指标：衡量科技进步对社会经济发展的效果指标体系是建立在系统论之上的，其最大特点是把科技进步所产生的原因和效果，置身于一个大系统中作为因果链中的必然联系，从这个角度考察科技进步的社会活动，可以看到它并非系统的一种社会流动，而是在当时政策条件下，参加社会进步的一种活动。科技进步产生的原因和最终效果不是一种偶然的行为，而是一种必然的过程，从中找到了它们之间运行的机制。

科技进步产生原因的诸多因素，在静态条件下可以是产生效果的一种效应准备，通过准备阶段，进入一种朝着效果有目的的动态运动过程中，这些因素成为结构的功能，科技进步作用于社会经济的效果，实质上是科技进步结构的功能导致社会经济协调发展的一种复合效果。

调查结论进一步阐明了系统理论在科技进步研究方面的一些成效。但我们感到的不足之处是：科技进步在有目的动态运动中，结构的概念在宏观层次上看相当重要。为了加速科技进步，提高最终效果，应该怎样去优化结构呢？环境系统如何给予更多的支持呢？对这类问题都要进行定性和定量的分析，作为定量分析人容易接受并调整。对结构的中观和微观布局怎样调整，首先遇到的是隶属度问题，由于隶属度不同，份额自然不一样，份额定量化问题突出，这些都是在研究科技进步运行机制问题时遇到的难点。

从历史中寻求现在与未来发展方向。科技进步理论的发展，很重要的一点是研究历史，要研究科技进步发展快的案例。高速度、高水平发展建设的历史充分证明：大庆近 30 年来，科技进步发展很快，科技进步对经济增长的贡献占比二分之一还多。研究大庆科技进步的案例，对发展现代科技进步理论，指导我国区域与企业科技进步是有积极作用的。大庆在科技进步方面的实践，是现有科学技术进步管理理论所不能概括和说明的。例如大庆高速度、高水平发展的原因，大庆科技进步费用投入效果，大庆科技进步的合理结构，大庆科技进步得以迅速发展的社会环境，大庆科技进步指标体系调整等等，都是一些新的实践。这些问题的认识和解决，不仅对大庆科技进步理论发展是有作用的，而且对深入研究我国企业科技进步的一般规律，同样有着重要意义。

大庆科技进步案例的研究以历史顺序为主要线索，按照大庆科技进步实践的特点，进行有目的的横向比较研究。这样就把大庆成功的实践同先进科技进步思想以及其他先进案例有机地结合起来。这种案例的研究，不但为解决大庆科技进步发展提供了决策信息，而且为制定加强采掘工业的企业科技进步政策提供了依据，为企业发展战略奠定了理论基础和方法。

现在的科技进步政策和未来发展战略的提出及制定，都离不开对历史考察和案例的分析，离开这个基础，新的政策和战略就没有活力，也不能再回到实践中去实施和发挥作用。这个基本点是研究大庆科技进步的起点和归宿。

用实验科学的方法研究具体经验。大庆科技进步调查研究，其目的是将大庆的具体经验上升为经验科学。不是停留在对过去历史的陈述和具体经验的总结上，这是与传统总结的根本区别。

什么是具体经验方法呢？具体经验方法有一个明显的特征，即纵向性。就是说，具体经验是按着时间的纵向延续过程累加起来的成功做法，是沿着时间发展的事实沉淀。传统的经验总结十分注重具体经验和已过去的经验，这样做难以解开特定历史条件的束缚。实验科学与具体经验有着明显的区别。其特征是：实验科学是"纵横交融"的科学，一般来说，纵向是指按时间顺序的经验；横向是指信息、信息量最大的特点，是从社会水平方向传

105

来的知识，信息不会随着时间的消失而逝去，是随着时间的推移不断翻新。实验科学主要特征是把来自纵向经得住验证的经验同有效横向信息融为一体。吸收了总结传统经验所用的整体性和合理方法，又吸收了信息功能的科学方法。实验科学具有从大量具体经验中发展、解释过去和现在规律的职能，同时还具有预测未来、决策未来的先行作用，具备传统经验方法和纯理论方法所不能具备的功能，具有明显的"软知识"性质。实验科学并不满足于具体经验，而是具有特色的经验和自己已有的先进经验及科学融合在一起，能产生更大的效应。

西方行为科学的理论是从社会科学和心理学角度来研究人的行为的一门科学。西方行为科学着重研究如何通过社会环境以及人与人之间关系的改善来提高工作效率，强调做好人的工作，这无疑是重要的。但怎样去做人的工作？西方行为科学着重从满足个人刺激方面做文章，通过个体刺激去激发人们的积极性。实质上这是不全面的，人的积极性来源于两个因素：一是围绕个人利益做文章；二是来自对国家、集体全局观念的责任感和事业心。比如大庆的"铁人精神"，就反映了石油职工的时代精神风貌。这种精神是以国家、集体、事业为出发点的一种"为公"利益的精神，这种精神是西方行为科学没有包含而不可解释的一种新的事实。过去，虽然有些人习惯性把"铁人精神"理解为"人拉肩扛"出苦力的精神。然而"铁人精神"所表现的种种事实，却向"西方行为科学"和传统观念发起挑战，这就提出一个新的课题。如何将西方的行为科学同"铁人精神"融为一体，形成自己的特色理论和方法，从而产生比西方行为科学更具有特色的理论，这个任务是"实验科学"的历史使命。

在发展大庆、建设大庆的新时期，在我国普遍实行经济、科技教育体制改革、建设具有中国特色的社会主义过程中，需要建立许多新的观念：一是要建立一个新的财富观。过去认为：原油、化工产品才是财富，而知识、信息、经验不是财富，这是十分片面的。现代科学技术发展历程表明，财富观的概念大大扩大了，财富不但包括有形的，也包括无形的知识、信息和经验。从这个意义上说，大庆科技进步成功也是一笔宝贵的财富；二是要建立综合的观念。过去一提科技进步，就容易被理解为科学和技术的结合，没有跳出科技自身的圈子，现代科技进步是从科技、人才、教育、管理综合角度考虑问题，更有助于自觉地从多角度、全方位的高度深化科学、经济、社会之间的关系。

大庆科技进步调查研究采取实验科学的方法，实验科学是从具体的特色案例剖析入手，通过对历史的纵向回顾和对现实的横向比较、融合科学的理论和方法，得出普遍规律性的认识，这就是实验科学研究的目的。大庆的科技进步调查研究，是在马克思主义理论指导下，通过对 26 年来科技进步作用效能的分析，搞清科技进步与经济、社会发展的关系，提高人们依靠科技进步推动大庆社会、经济发展的自觉性和积极性。

用综合方法研究社会实践。 综合研究方法是指为解决大庆科技进步这个复杂社会问题而采取的多结构的方法。这里既包括自然科学的方法，又包括社会科学的方法；既有定性研究又有定量分析，从层次上分为宏观、中观和微观，从策略上分为战略、政策和战术。大庆在众多理论和方法相结合、综合研究的过程中，提出了一些新的概念。如：通过系统研究提出了现代科技进步概念问题；在运用数学方法，运用道格拉斯函数定量研究科技进步对经济增长的贡献时，充分考虑到掌握工业一般经济规律，提出了理论产量这个概念，较好地解决了科技进步对具体行业的度量问题。由于应用了综合研究方法，把潜在价值和直观的显现价值统一起来，为计算科技进步最终效益提供了一个方法。这次研究还通过数理统计和分析，建立了衡量科技进步投入与一般生产投入比较效益的模型。

虽然综合研究大庆科技进步中产生了较好的效果，但综合研究在具体运用时有些问题结合得不够好，所有这些都需要细致、深入研究。

实验结论：大庆科技进步调研取得一批原创性成果，改变了人们对大庆经验的传统看法，大庆之所以取得这么快的发展，和重视科技进步是分不开的；而大庆科技进步和大庆领导重视科学技术是分不开的。把大庆的成功仅仅归结于所谓"革命加拼命"是不确定的，还必须承认"科技加管理"（这个管理也是科学化的管理）的威力。马洪以《从新的高度认识科技进步》为题，在1986年6月5日出版的《人民日报》上全文发表对大庆油田开发建设21年的研究成果，结果表明：科技进步对经济增长的贡献是57.8%，得出"大庆油田发展建设主要靠科技进步来实现"的结论。

科学技术文献出版社出版的《科技进步与大庆发展建设》一书作为"全国软科学工程座谈会"会议文件呈送中央部委领导，为决策科学化、民主化，发展软科学研究起到推动作用。该书在经济领域引起强烈反响，1986年12月11日，国家经委、国家计委、国家体改委、石油工业部、石化总公司、石油总公司、国务院研究中心、中国科学院、国务院东北区域规划办公室、黑龙江省人民政府在大庆市召开了"全国区域与企业科技进步研讨会"，大庆科技进步经验影响全国，中国科学院与大庆市政府签订大庆区域发展国际合作项目，黑龙江省出台"关于推动全省科技进步若干政策问题的决定"政策。中央主流媒体对大庆科技进步调研成果全面报道，在社会上产生了巨大影响。

二、中国十大企业科技进步案例研究

中国十大企业科技进步案例研究从 1989 年—1992 年历时 3 年。这是大庆科技进步调研成果转化和推广阶段，研究试点包括：潞安矿务局企业科技进步案例研究和中国十大企业科技进步案例的研究。

潞安企业科技进步案例研究试点。潞安试点主要为中国十大企业科技进步案例研究提供理论、方法和组织上的准备。从大庆调研向十大企业案例研究新领域转变，重点对"模式、案例、成果和组织"进行创新与突破，这是解决推进企业科技进步面临的四大难题。

模式方面：从全面系统分析向企业主导因素分析转变，针对煤炭行业特点找出科技进步主要矛盾，为研究抓主题确定目标找准启动点提供方法。

案例方面：从大庆调研方法向案例研究方法转变。我国 1990 年首次提出企业案例研究这个概念，作为企业科技进步案例命名，案例研究方法的运用，标志着企业科技进步研究进入规范化、标准化新阶段，提高了我国企业研究的水平。

在成果方面：跳出传统的科研院所视野，企业案例研究不是为了研究而研究，而是从案例企业根本利益着想，从研究报告向"一题三果两结合"新模式转变，充分体现了企业管理科学成果使用价值。

在组织方面：研究复杂科学那种"小科学"模式已经不适应了，探索一个由企业为研究主体，由"能源部、企业和科研机构"三结合完成共同目标而搭建的"政研企"研究体制。

由于解决四个方面创新，潞安企业科技进步案例研究取得了突破性成果。研究提出潞安经验，并概括为："一高四抓两结合"。一高是以高效率为目标；四抓是抓煤炭主导技术群、抓高素质的人、抓智能开发、抓科学管理；两结合是实行科技进步与实干进取的企业精神相结合。系统提出了企业学科研究三个要点：坚持现代科技进步理论、政研企相结合体制和案例分析方法。

潞安科技进步调查研究主要有两个显著的特点：一是建立高效率研究逻辑模型；二是案例调查研究过程中实现了"一题多果两结合"。

建构潞安高效率逻辑模型的特点。 刚进入企业时，潞安科技进步调查研究从哪里入手，按照一个什么样的骨架进行研究，开始我们不十分清楚。后来通过反复调查研究，认真研究科技进步理论和方法，逐步认识到：建构逻辑模型的前提是需要对调查对象特点搞清楚，后来我们按照这样一个基本点制定了三条原则：一要紧紧抓住潞安矿务局科技进步产生的主导原因；二要反映煤炭工业的特点，代表企业发展的方向；三要符合现代科技进步的基本理论。通过反复研讨，一致认为：潞安得以迅速发展的原因，主要是他们依靠科技进步创造了比其他企业较高的劳动生产率，目前劳动生产率是全国统配煤矿平均水平的四倍，不但国内领先，而且超过了波兰、原联邦德国和苏联。据此，"依靠科技进步创造高效率"就是主题，就是我们的主要思路。我们围绕这样一个主题进行反复论证，觉得应该抓住"高效率"这个主题。首先，它符合煤炭工业的特点，因为煤炭工业不同于机械化工业，它的质量主要取决于自然生产力，在我国煤炭占整个能源需要70%的情况下，需求仍然大于市场，市场销路从本质上看不会有问题，根本的问题是如何改进劳动手段和采用机械化，提高劳动生产水平。我国与世界先进产煤国相比，其根本的差距也在此；其次，抓住依靠科技进步提高劳动生产率这个主题，这个主题思想确定下来后，我们建立了"依靠科技进步提高劳动生产

110

率"为主导关系的"高效率"逻辑模型，并在研究过程中进行充分展开和具体化，获得了初步成功。

潞安依靠科技进步创造高效率的经验，对丰富和发展企业科技进步理论具有新的意义，这在企业科技进步概念中已经进行了充分表述。潞安把高效率作为企业科技进步目标的实践和认识，进一步明确了企业科技进步方式与实现目标的关系。过去，我们对企业科技进步主要强调新技术、新工艺和新手段应用的本身，却忽略了把这些技术活动方式与企业高效率目标结合起来进行考虑。无疑，高效率作为企业科技进步的目标，将会使企业科技进步概念更加确切。

潞安科技进步的经验，把科技进步与高效率从内涵上有机结合，形成和建立了高效率的新概念，对我国工业企业发展都是十分必要的。特别是国务院确定 1991 年为质量、品种、效益年后，《高效率》一书引起较大反响，我们感到当初的逻辑模型，不但符合煤炭工业企业内在的逻辑规律，而且也符合国家大政方针，同时"高效率"也是全国工业企业所追求和遵循的客观规律，具有一定的普遍意义和推广价值。

潞安实现了"一题多果两结合"。软科学研究不是上交一份报告和刊登一篇论文就行了，它应有自身的价值，应有其社会效益。关于"转化"模式问题，在大庆科技进步调查研究后期的 1988 年就提出来了，当时提出的是"一题多果模式"，后来经过 5 年时间酝酿，1990 年 2 月在潞安调查研究开始阶段又提出了应用"一题多果模式"问题，根据实际情况企业是需要的。为此，经过一年时间的努力，1990 年 8 月完成了中国企业科技进步案例第一册《高效率》一书；同年 11 月完成了"加速煤炭工业企业科技进步的政策建议"报批稿；同年 12 月完成了企业科技进步电视报告片之一《中国煤炭工业的方向》的摄制。后来根据实际需要，又加上了两结合，即：科技进步研究成果与领导决策科学化和管理制度化相结合；科技进步研究成果与培调、普及和宣传相结合。这些内容已经付诸实践，效果是比较好的。

实验结果与效果：国家科委和能源部联合在北京人民大会堂召开了全国企业科技进步工作座谈会，专题发布了中国企业科技进步案例——潞安成果发布会，国务院有关部委（总公司）、部分大型骨干企业，有关省市负责人200余人参加了大会。宋健指出：案例调研是推动我国企业科技进步一次新的实践；叶青强调：潞安经验是一条摆脱企业困境的路子；胡富国说：潞安的方向就是中国煤炭工业的发展方向。潞安经验引起中央领导关注，中央领导为潞安矿务局的石圪节矿勤俭办矿题词，全面提升了潞安煤矿现代化矿区建设。潞安试点经验和取得的成果，为十大企业科技进步案例研究提供了可借鉴的经验，为十大企业案例研究开题提供了理论指导。

中国十大企业科技进步案例研究。以搞活大中型企业为目标的中国十大企业科技进步案例研究全面展开。1991年5月16日，国务院发出《关于进一步增强国营大中型企业活力的通知》，为企业科技进步案例研究确定了方向目标，随后，国家科委下发〔91〕国科发改字第458号文件，推进企业科技进步案例研究工作，十大企业科技进步案例研究列入国家软科学研究计划重点项目。十大企业科技进步案例研究于1991年10月25日在云南玉溪卷烟厂开题全面铺开。

1991年"案例"首次进入部委文件成为科技政策很重要的一个概念，案例研究重要定义在于：企业科技进步案例研究作为搞活大中型企业一个切入点和抓手，也是密切科技工作与经济发展的关系，体现科技驱动作用。十大企业科技进步案例研究是从我国重点行业选择一批代表性的大中型企业，通过案例研究总结企业依靠科技进步创造高效率、高质量和高效率方面的成功经验，探索中国式现代化企业科技进步的理论和方法，树立一批企业科技进步的先进典型，以推动行业和企业科技进步。

企业科技进步的理论和方法对搞活大中企业体现在三个方面：研究完成一套《中国企业科技进步案例理论体系》，摄制一套由理论改制的企业科技进步电视报告片，提出重点行业加速工业企业科技进步的政策建议。

根据我国产业结构及国家急需解决的问题，选择了大庆油田、潞安矿务局、武汉钢铁公司、齐鲁石化公司、金川有色金属公司、云南玉溪卷烟厂、青岛电冰箱总厂、西安飞机工业公司、洛阳玻璃厂和牡丹江铁路分局等十大企业为企业科技进步案例研究单位。

建立"政研企"相结合的组织体系。为发挥更大效能，项目管理部门与案例企业主管部委签订了"行业协调计划"，与案例企业签订了"企业专题计划"，与参加研究高校和科研单位联合制订"参研单位计划"。十大企业科技进步案例研究"行业协调计划"部委（总公司）有：能源部、冶金工业部、铁道部、航空航天部、国家建材局、国家烟草专卖局、中国石油天然气总公司、中国石化总公司、中国有色金属总公司等。十大企业科技进步案例研究有32所高校、28个科研单位、17个地方科委，共计77个单位，有158名专家教授参加了这项大科学研究工程，本人出任计划项目中国十大企业科技进步案例研究国家项目负责人，担任"大科学"项目总指挥。

对实验评价：科技进步是经济增长的重要因素，离不开正确政策指导和社会经济环境，离不开全民族文化整体素质和时代精神风貌，科技进步只有在社会进步大系统中才能实现。

由于管理体制和机制的原因，十大企业案例研究没有达到预期效果，现有的管理体制不适应"大科学"运行机制，没有尊重科学发展和人才创新的规律，客观上淤塞了中央政策的落实。

三、科技进步管理理论

现代科学技术进步始于 20 世纪 20～30 年代，它是现代社会发展最重要的因素之一。尽管对于什么是科技进步的概念和实质，人们有着狭义与广义两种不同的理解，但无可争议的是，当今科学技术进步已成为经济增长和社会结构优化的关键因素。科技进步影响着生产力的发展速度，影响着社会结构和上层建筑各个方面。在现代社会生活中，科学技术进步已成为改变着人们的生产方式和生活方式。

站在新技术革命的门槛，深入研究和进一步理解现代科技进步的概念，将科技进步概念进一步确切化，这是我国经济建设需要解决的一个重要理论和实践问题。

科技进步的概念和实质。随着科技进步对社会和经济的影响越来越大，关系日益密切，它的涵义也有了很大发展。一般来说，对科技进步有着狭义和广义两种理解。

本文的科技进步概念，是建立在广义理解之上的。我们认为：现代的科技进步是在科学技术转化为社会生产力的重要因素基础上发展的。它是以科学技术作为主导，与相关的教育、人才、管理等因素进行有机结合。通过渐变、渐进和革命等多种形式，影响和作用于生产方式及社会形态，使经济增长和社会结构优化的有目的的动态过程。

科技进步的内涵包括科技、教育、人才、管理，但并不包括它们的全部，而是相关部分。科学技术、科学教育、科学人才、科学管理是构成科技进步的主要因素，但不是它的全部因素，现代的系统论、控制论和信息论，为广义科技进步多因素的有机结合提供了方法论基础。所以，研究和考察科技进步的问题，必须运用系统论、控制论、信息论的基本方法和原则。

当今的社会生产力与传统的生产力有着根本的区别。现代的科技进步正是在新的社会生产力条件下发生和发展的，且是通过科学技术转化为生产力这个基本途径来实现的。但是，科学技术转化为生产力问题，不仅涉及科学技术自身，还取决于是否有一个合理的科技进步结构。所以，科学技术转化为生产力所需的条件，对科技进步结构的形成起着重要的作用。

一般来说，科学技术在没有投入生产领域之前，是知识形态的东西，或潜在形态的生产力。只有通过进一步转化作用，才能转化为现实的生产力。在科技进步的条件下，以科学技术作为先导，通过科学教育、科学人才和科学管理等多种因素的综合功能，才能使科学技术转化为现实的生产力。在转化过程中，科学技术之所以为先导，因为没有它就不具备转化的先决条件。科学技术转化为生产力的效果大小和周期长短，主要是由科技进步的结构合理程度来决定的。所以，科技进步正是通过科学技术转化为生产力这个途径，形成了自身的结构。科学技术转化为生产力的过程，实质上是科技进步结构促使社会生产力结构发展变化的过程。在科技进步条件下，社会生产力结构的变化，必然导致生产方式（主要是生产关系）和社会形态的改变。这一系列的变化，又必然导致社会和经济的发展与变化。

科技进步对社会和经济的作用是一个复杂的问题，既涉及社会形态，又涉及生产方式。科技进步是通过改变社会生产力结构和社会形态，达到经济增长和社会结构优化的目的。这一复杂的过程，要通过相应的形式来完成。科技进步包括渐变、渐进和革命等多种形式。所谓渐变，是指在科学技术成果的基础上，不断发展和完善劳动资料、劳动对象、工艺和生产组织形式的过程。

渐进则是一种综合现象，主要描述渐变到革命过程的某种积累现象。可见渐变是科技过步促进社会生产力发生量变的一种形式。科技革命则是无数个渐变的积累，是量变基础上的质变。科技进步虽然包括渐变，渐进和革命等多种形式，但就宏观而言，科技进步是以渐进形式为主，这不排除科技进步渐进过程中会孕育某些革命的质变。科技革命是科技进步的最高阶段。渐变、渐进和科技革命相互更迭的变化，构成了科技进步的基本形式。

现代科技进步是在一定社会和经济条件下发展的。科技进步通过对生产力结构的改变，影响和作用于生产关系和社会形态。所以科技进步的本身还取决于生产关系性质和社会进步容量的程度。现代科学技术进步不仅涉及生产力问题的一个方面，而是生产力和生产关系两个方面综合作用的产物，它包括生产力诸要素质量方面的提高和技术上的相应组合，又包括生产关系的相应变革和社会结构的优化。

社会主义条件下的科学技术进步，不但要求迅速提高社会生产力，而且要求极大地从各个方面调动全体劳动者的积极性和创造性，要有相适应的进步的意识形态和有效的管理职能。所以科技进步主要体现在经济增长和社会结构优化的作用上。这里所说的社会结构优化，主要表现为社会生产关系、政治和体制等方面在科技进步的作用下，结构更为合理，而且不断促进生产力的发展。科技进步所导致的先进的生产关系和进步意识形态，有助于加速社会进步。现代科技进步的具体内容，遍布于千百万群众的活动和工作中，是一项理论与实践相结合的社会活动。因此，科学技术进步的实现，是由多个部门和不同的劳动者、领导者和管理者通力协作、共同努力的结果，也是这些部门和不同人员建立的合理结构而产生的综合效能。

科技进步系统和内部结构。现代科学技术进步问题，既是一个复杂的社会现象，又是一个多领域、多部门、多要素、多功效的复杂的系统。所以研究科技进步的内部结构与外部联系，必须有一个系统的方法。

所谓"系统"，普通系统论创始人贝塔朗菲的定义是："处于一定相互联系中的发生关系的各组成部分的总和"。我们可以将这个抽象定义具体为：从科技进步系统来看，大到科学、经济与社会的统一体，小到一项技术成果，都是一个系统；系统是一个相对的概念。为了研究方便，可把现实世界中的某些特定部分单独划出，界限之内的一切事物都属于这个系统。因此，可以认为，科技进步这个复杂系统，既是一个相对的独立部分，又是社会进步这个更高一级系统的因素。科技进步作为一个有机的整体不断地向社会环境吸收信息，输出效能。由此可见，科技进步这个系统，是由内部结构和外部联系两部分所构成的。科技进步的内部结构，又可看成是一个相对独立的反馈系统。科技进步的外部联系，则是侧重将其作为一个开放系统来进行考察。这两个方面构成了这个复杂系统的整体。

科学技术进步的内部结构。大家知道，系统是一个有组织的整体，由两个以上相关的要素组成。科学技术进步系统是由科学技术、科学教育、科技人才、科学管理四个子系统组成的综合系统。每个子系统下面又有许多分系统作为依托。

科学技术进步系统绝不是由科学技术、科学人才、科学教育和科学管理各层次简单相加而成的。它是一个有着内在联系的统一整体。科学技术进步来源于各个要素，但当形成科学技术进步时，系统中的各单元，已丧失了单元属性，转变为系统属性。因此，了解和掌握科学技术进步，不仅必须知道由哪些要素构成，而且必须懂得各要素具有的明显的目标性。科学技术系统，主要是指科学、技术、生产各因子相互作用的过程；科学教育系统，是指通过教育，达到提高社会生产力的目标；科学人才系统，是指以科技人才为中心的人才综合体；科学管理系统，是指最大限度地发展生产力的组织、协调过程。这种各要素间有目的的动态过程，使要素功能日益被结构所取代，结构的水平就成了反映系统效能的标志。所谓的结构效能是指达到某个阶段的"横断面"。"横断面"是保证经济增长和社会结构优化的一种经常的、稳定的形式，这种稳定形式的断面是科技进步的静态结构，是科学技术、科学教育、科学人才和科学管理按比例有机取舍的综合，它反映形成科技进步结构时，所需要各种要素投入的程度。不同结构产生不同的效能。例如：同样的若干棋子，由于布局不同，可以产生截然不同的结昊。科技进步静态结构与相应历史发展阶段的社会和经济发展相互作用，构成了不同阶段的"横断面"。因此，在考察科技进步这个系统的时候，不仅必须知道它由哪些因素构成，而且必须懂得"横断面"相互运动的机制，即这些因素是在什么样的关系方式和数量对比下，结合成为能够具有功能和效果的有机总体。

科学技术进步这个复杂系统内部结构的"横断面"，主要取决于以下三种因素的不同运动方式：

实体性因素。实体性因素主要指科学技术方面：包括发展新技术、新产品、新工艺，推广新成果，技术革新，改造挖潜等内容。反映科学研究、新技术发展和生产科学化之间的比例结构。实体性因素主要反映科学技术系统的作用，它是科技进步功能的主要承担者。科学技术系统在科学教育系统、科学人才系统、科学管理系统中起着牵头的作用。也就是说，科学技术首先是推动生产发展的动因和出发点。有了科学技术的先导作用，其他相关因素才能找到各自发展的地盘，同时所投入的人力、教育和管理，才能取得更大更好的效益；否则，不但不能产生效能，还可能带来一定的损失。

依托性因素。依托性因素是指与实体性因素有关的各种投入方面，主要包括教育中的有关强化科学劳动者智能结构和科研与生产由科学教育衔接的过程。这些因素都不能离开实体性因素而独立存在，必须通过它来发挥合力性的作用。

装配性因素。主要包括科学决策、科学管理、生产经营管理、科研和生产的集约化管理等方面。装配性因素主要有对系统进行总体设计的功能。科学技术进步的单个要素犹如电阻、电容等元件，而科学技术进步的管理则是把这些电阻、电容等串联起来的"线路"，从而形成一个合理的结构，使其发挥整体功能。

我们通过对"横断面"不同因素相互作用的考察，对于实行科学、经济、社会三位一体统一规划，大力推进科技进步，有目的地实现科技进步的目标，有着重要的意义。实质上，实体性因素、依托性因素和装配性因素是有机的统一。实体性因素作为"横断面"运动方式的"内核"力量，常与依托性因素和装配性因素相互支持与协调着。依托性因素，是根据实体因素的吸收及发展的需要，去决定投入的程度。装配性因素是对实体性因素和依托性因素进行最优搭配和总体设计，寻求最佳效果的一种管理。

科学技术进步系统所呈现的不同"横断面"，是受不同时期和历史阶段的政治和经济条件制约的。在不同环境和条件下，三种因素的作用是不一样的。在人类社会生产力发展得较低阶段，科学技术的作用几乎被生产力的发展水平所取代。到了高级发展的现阶段，科学技术对生产力的作用越来越大，以教育和管理为内容为依托性因素和装配性因素的重要程度日益被人们所认识。

科技进步与社会关系。科学技术进步的外部联系，就是将科学进步作为开放系统来考察与环境的关系。所谓开放系统乃是

"在环境的物质交换中呈现输入和输出，自身物质成分组建和破坏的系统"（贝塔朗菲《一般系统论》）。这里讲的物质交换，包括能量交换。依据广义的信息概念，凡存在物质和能量交换的过程，必须有信息交换。故开放系统又是同环境下不断交换物质、能量和信息的系统。这种同环境进行交换的属性，叫做系统的开放性。

薛定谔把系统和环境的交换归结为熵交换（《生命是什么?》中译本第78页）。信息论认为信息就是负熵。开放系统是同环境有熵交换的系统，封闭系统则是同环境没有熵交换的系统。任何系统内部都存在着产生正熵的不可逆过程。如果它不向环境开放，那么由于其内部熵增，系统有序性就将自然衰减。因此，系统要维持自身的有序性，尤其是使自身由低序向高序演化，就要从环境中吸取足够的负熵，造成内部的减熵运动。将系统置放于更大环境中去考察，实质上是内部存在减熵过程的系统，也叫做自组织系统。因此，合理的系统应是开放性和封闭性的辩证统一。

科学技术进步的内部结构，是不断运动的一个活机体。科技进步的内部结构不断变动和进行着新陈代谢，需要并且能够同环境进行物质、能量和信息交换。因此，开放性不是环境给系统外加的特征，而是由系统内在结构和机能决定的属性。作为一个开放性的系统，既受环境中有关因素输入量的制约，它的内部结构的输出又作用于环境因素。这就是输入于环境，输出于环境的过程。

科技进步置身于社会环境中，我们考察科技进步这个复杂的开放系统，就是要探讨一下科学技术进步同政治、经济和社会发展过程的相互联系。这些联系至少可以分为三个主要方面：

政治同科技进步的关系日益密切。政治对科技进步具有明显的作用，而科技进步对政治具有反作用。政治对科技进步是通过政策和意识形态实施影响的。一个国家科技进步的发展，首先取决于政策的保证作用和这个时代精神风貌对群体意识的影响。反过来，科技进步可以促进政治科学化和社会意识形态的进步。

经济成为推动科技进步的基础。科技进步发生、发展的全过程，都需要经济作为后盾。这首先表现在科技进步同经济体制的有机结合。由于经济的发展和企业活力的增强，科技进步的费用投入逐渐增多，有更充裕的资金确保更多的科技新成果变为现实的生产力，使更多的劳动者得到发展智能和更新知识的教育等等。如果没有充足的资金保证，科技进步的实现只是一句空话。在当今社会，科技进步已从生产力体系中的直接因素变为主导因素。在国民经济增长中，科学技术作用的比例越来越大。20 世纪初，在国民经济增长中，科技进步因素占 5%；而 70 年代末不少国家已达到 50% ~ 70%。日本国民经济总产值中，依靠技术进步取得的部分，50 年代只占 19.5%，到 70 年代后期达到了 60%。而在总产值中，靠增加工资、工人、设备增长的部分，由 80.5% 下降到 40%。这些事实说明了经济增长已由外延型逐渐过渡到了内涵型。

优化的社会结构为科技进步发展提供了肥沃的土壤。科学技术进步是离不开社会诸因素的。社会经济结构的变化，每时每刻为科技进步的发展提供动因，使科技进步的发展速度和水平日益提高。而科学技术进步又使社会结构不断优化，这主要表现在知识劳动者日益增多，工人中的工程技术人员数量增加，脑力劳动与体力劳动之间差别缩小。科学技术进步影响产业结构发生改变，导致人们产生新的需要，使消费结构发生重大的变化。

四、科技进步综合纲要方法

思想和方法。现代企业案例研究坚持马列主义的辩证唯物主义观点，以现代科技进步理论为指导，并吸收社会学、科学学、教育学、管理学、人才学、经济学和软科学研究成果和学术思想，力求实事求是地研究企业科技进步的经验，逐步探索具有中国特色的社会主义工业企业科技进步的理论和方法，以推动行业和企业的科技进步。

这项研究是一项跨学科、跨行业的大规模系统工程，在项目内容设置上，我们尝试采用系统方法进行分析，科学地安排研究步骤，分解出子课题和提出研究要点，努力达到课题布局全面、科学、合理的目标，并对各案例企业研究具有直接的指导作用。

企业案例研究的基础是对企业科技进步的详细调查研究，对现代企业进行大规模的调查研究，有利于全面总结经验和经验的系统化。如何把经验上升到理论认识的阶段？一方面，靠思维高度抽象力，搞好综合分析；另一方面，运用定性和定量分析，开展同类问题的比较研究。系统运用综合分析、定量分析和比较研究是研究实验科学的基本方法。

案例调研总体框架设计。本框架设计共设置四个研究步骤，七个子系统共计十个子课题。

整个项目分四个步骤进行：第一步，企业科技进步因果链相互作用的调查研究；第二步，企业科技进步综合效益的调查研究；第三步，开展案例系统分析与优化的研究；第四步，研究成果和转化机制的研究。

围绕这四个步骤，结合我国企业科技进步案例的实际情况，设置了七个系统的研究，这七个系统是：企业科技进步诸要素系统的调查研究；社会环境与企业科技进步相互作用的调查研究；

国内外同行业类似系统、课题比较调查研究；企业科技进步先进经验模型的研究；企业科技进步综合效益的调查研究；案例系统分析与优化的研究；企业科技进步综合成果转化效益的研究。

指导思想是把企业科技进步案例看作一个系统，在搞清楚这个系统的结构、功能与外部环境的影响和作用的基础上，将它放置在整个国家和世界同行业这两个大系统中研究企业科技进步的经验与问题，提出其实验科学理论；找出它的制约因素，确定其政策措施；通过影视功能和作用，探索企业科技进步与文化相结合的新路子。

我们的着眼点是研究经验，重视企业案例，通过调查研究，形成一套具有中国特色的社会主义企业科技进步理论和方法及针对问题提出的政策措施，而不是把研究企业科技进步经验的着眼点仅仅盯在与先进国家的差距上，与国内外进行比较的主要目的，以反映我国企业科技进步的特点和作用为宗旨。而不是几组数字和某一个方法的比较。

以上七个方面的系统研究，每一个步骤的深入都需要详细、准确的调查研究材料作为基础，都需要把案例调查方法同案例的系统分析有机结合起来，这样才能体现企业科技进步案例调查研究方法的优势和作用。

企业科技进步诸要素系统的调查研究。这部分调查研究的目的在于研究促进企业科技进步的诸要素、要素之间联系和相互关系，以及如何发挥总体功能的作用。在此基础上，找出企业科技进步的主要原因，具有特色的企业科技进步的经验。并形成和建立具有鲜明特点的企业科技进步逻辑模型，从理论高度不断认识它，科学地概括它，使之逐渐成为实验科学。要点如下：

技术创新因素：开发新产品、新技术、新工艺、技术改造、引进及推广新技术、技术协作和技术革新的调查研究；智能开发因素：专业教育、技术教育、继续工程教育的水平和作用的调查研究；提高管理水平：企业决策科学化水平、企业现代化管理、企业科技进步管理、企业科研机构管理与制度、企业科研生产过程管理的调查研究；企业职工素质：科研人员、技术人员、教育人员和管理人员素质的调查研究。

社会环境与企业科技进步相互作用的调查研究。这部分调查研究的目的是深入探讨社会环境与企业科技进步内在联系的机制，了解企业的外部影响因素、约束因素和可利用因素。为企业科技进步系统功能、结构的优化，揭示科技进步是社会发展的客观规律提供了研究依据。要点如下：

社会宏观环境对企业科技进步影响的调查研究；行业特点对企业科技进步方向的调查研究；企业小环境与企业科技进步相互作用的调查研究；企业政策、决策和体制与企业科技进步相互作用的调查研究；金融、税收、财政和资金投入对企业科技进步作用和效果的调查研究；企业文化等精神因素与企业科技进步相互作用的调查研究；宣传和普及工作与企业科技进步相互作用的调查研究。

国内外同行业类似系统的比较研究。这部分调查研究的目的是找出相同行业发展规律及可借鉴的经验，共同的发展趋势，科学地研究企业经验，进一步优化企业科技进步结构，加速科技进步，提供思想启迪和理论根据。要点如下：

国内类似的企业和行业发展规律与案例企业科技进步经验特点的调查研究；国内同行业类似的经验异同的调查研究；国内外相比较，企业经验主要特点及对行业发展作用的调查研究；国内外企业科技进步政策与企业制定政策的方向、目标和作用，以及总体设计方案的调查研究；国内外企业科技进步影视题材、手段、内容、效果的情报综评及企业电视报告片总体设计方案的调查研究。

逻辑和宏观数学模型的研究。建立逻辑模型是通过理论对经验进行科学的抽象研究，确定研究企业科技进步案例的基本思路；我们还准备建立生产函数模型、投入——产出模型和计量经济模型，进一步分析科技进步与企业经济发展中的定量关系；分析和优化部门科技进步结构和经济结构。对企业科技进步的经济和投入指标进行科学的描绘和预测。逻辑模型和数学模型有机结合，将有利于进一步对企业科技进步与经济关系进行科学定性、定量分析和重新认识客观规律。

企业科技进步综合效益的调查研究。这部分调查研究的目的在于找出由于科技进步诸要素的功能产生的综合效果。科技进步综合效益主要包括经济和社会两个部分，对科技进步产生的综合效果的度量和测试有利于调整和优化科技进步投入水平和结构，有利于案例企业建立一个比较合理的因果链运行机制。

企业经济效益和经济增长率的调查研究。调查研究包括如下方面：企业科技进步速度的调查研究；全员劳动生产率与平均增长率的调查研究；劳动资金产出率的调查研究；产值利税年增长率的调查研究；企业科技进步资金投入效果的调查研究；科技进步对产业、产品结构作用的调查研究；对人民生活质量提高影响的调查研究；劳动道德意识影响的调查研究；认识论、方法论的调查研究；社会典型事例作用的调查研究。

案例系统分析及优化。这部分调查研究的目的在于全面、系统地对前一部分研究给出的若干因素进行分析，从中概括出规律性的认识。同时，对企业科技进步管理结构、企业结构和外部环境与条件进行优化，为提供加速企业科技进步综合研究成果做准备。

综合研究成果与转化的研究。这部分研究的目的在于探索企业科技进步等软科学成果如何产生更大社会效益问题。软科学研究成果转化快慢，首先在于对研究成果结构的设计。企业科技进步案例研究是把一项企业科技进步案例专题研究同时形成不同内容的研究成果、政策成果和文化成果的综合研究成果。实践证明：企业科技进步案例"一题多果两结合"比较好地解决了软科学研究成果如何产生更大社会效益的问题。以现代科技进步理论方法为指导，系统地分析研究企业科技进步经验，深入研究科技进步与企业经济社会发展的运行机制，探讨大系统由科技进步综合因素与复合效果之间的内在联系，发现企业科技进步社会发展客观规律，去研究解决社会经济重大课题，促进企业科技、经济社会相互协调发展。

第五章　中国管理本土化案例实验

一、管理科学振兴企业发展计划

十大企业"大科学"研究工程遇到新问题时提出"软着陆"计划的主要原因，是为了推进科技进步事业和案例研究，国家项目负责人于 1992 年 6 月 29 日向中央领导"制定企业科技进步软着陆计划"的报告，得到中央领导重视，1992 年 8 月 24 日，国务院经济贸易办公室科学技术司复函："你提出要推进企业技术进步管理工作，并建议制定'企业科技进步软着陆计划'，中央领导同志批转我办有关领导，他们均已审阅。我们认为你的一些建议很好"。

为了落实中央领导对科技进步批示精神，1992 年 10 月 5 日，中国管理科学研究院成立了科技进步研究所，成为我国第一家研究科技进步专门机构，提出了该所管理科学振兴企业发展计划（简称管理兴企计划），计划 1992 年—2002 年利用 10 年时间完成 100 家企业案例研究，从中提炼具有中国特色的管理科学理论和方法。选择中小企业和乡镇企业研究作为实施管理兴企计划的启动点。20 世纪 90 年代，乡镇企业工业总量已占全国半壁江山，在管理体制和机制方面创造了不少新鲜经验。为了科学总结这些经验，我们选择了"苏、锡、常"乡镇企业发达地区，包括万向集团和红豆集团在内的 14 家企业作为案例研究的试点。经过一年多的研究，出版了《秘密武器——中国乡镇企业成功之路》案例集。提出了"乡镇企业管理创新"理念。当时的研究成果为深化乡镇企业和民营企业加强科学管理起到推动作用。1994 年 6 月，农业部乡镇企业司与科技进步研究所在北京人民大会堂联合举办了"全国乡镇企业管理科学座谈会"，农业部下发文件，在全国推广案例成果。时任国务委员陈俊生到会讲话并给予很高的评价。

1996 年华西案例研究成为实施管理兴企计划的新亮点。对华西案例的研究，主要意义和作用有三个方面：首先，研究华西案例对带动一批集团或著名企业具有示范作用；其次，华西村不但是我国乡镇企业的代表，也是全国新农村建设的发源地。当时，企业案例研究对系统总结华西经验起到举足轻重的作用。研究华西案例对指导各地新农村建设具有较强的指导意义。华西案例研究之后 5 年时间，中央确定新农村建设国策，这既是对华西新农村建设的肯定，也是对华西企业案例研究社会效应的一种肯定。

1997 年，企业案例研究进入管理产业化。1997 年以来，企业案例研究进入每年研究 10 家企业总体样本，结束了过去 4 年周期研究一个案例企业的历史。案例研究产业化的出现有两个原因：首先，企业案例研究作为总结企业经验，指导企业管理创新的方法，受到广大企业的欢迎，需求量日益增加，案例研究产业化正是适应这个新的需求而诞生的；其次，企业案例研究经过 15 年时间探索，已走出实验室研究阶段，标志着我国企业案例研究的指导理论和实践方法已经成熟。

企业案例研究管理产业化，不但带动许多大型集团企业加入案例研究，而且进一步推进了企业案例研究的科学化。案例研究进入总体样本后，案列研究才能进行数量分析，进行案例之间的比较研究，为从中提炼中国特色管理科学理论提供了重要的方法。

1999 年，中国有了自己本土品牌的案例。《中国企业管理科学案例库全集》（三卷共 500 万字）一书出版，标志着中国企业本土品牌的诞生。1999 年，世界管理大会在中国召开，催生了中国本土案例品牌的出现。这一成果满足了世界管理学者对了解中国管理的需求。中国案例本土品牌的形成，对国内广大管理工作者和企业实践工作者来讲是一个巨大的鼓舞。进一步加快了企业案例研究，推动管理进步的使命感和责任感。

到 2002 年，管理兴企计划已完成 100 家企业案例研究。在成思危、许嘉璐顶尖管理专家亲自指导下，在分析和研究的基础上提出了管理本土化理论。2003 年出版了《中国管理本土化》一书。2003 年，"中国本土化企业与高校管理案例库组建工程"被科技部批准列入国家软科学研究项目。为了及时发布管理本土化案例研究最新成果，于 2003 年创立了首届中国企业管理大会平台，2004 年开始颁发管理本土化案例成果，表彰为管理本土化做出贡献的组织和个人。国家项目立项加快了案例成果国际化步伐，科技进步研究所于 2004 年和 2006 年两次在世界管理大会上交流中国管理本土化研究成果，受到世界各国的高度重视。管理本土化推出管理国际化，表现出以下特点：管理本土化理论的提出，进一步明确了在全球化条件下，中国管理所处阶段及任务，特别对科学认识我国管理理论和实践的历史现状，以及规划未来具有重要的指导意义；企业案例研究列入国家项目，标志着企业案例研究已进入国家级研究的领先水平，企业案例研究不仅是一个学术问题，而且是振兴中国企业管理的一项新政策。国家项目立项标志着企业案例研究的重点从过去一般性总结经验，从实验角度运用经济学的理论分析和管理科学研究层面，进入对现代企业提升知识品牌，重点放在现代企业如何依靠知识发展的问题，把开发企业软知识品牌建设作为研究的关键；中国企业案例研究进入国际管理殿堂进行交流，以及向发展中国家输出管理，标志着中国管理本土化与全球化越来越紧密，在当今的世界，没有中国管理本土化，就不能有真正意义上的管理全球化。中国管理本土化的目的，不仅介绍中国特色管理科学，而且让更多发展中国家成为推动全球社会过步的新力量。

二、高校本土化案例实验室建设

我国管理教育本二化历经了三个转变：从外来案例到本土化案例的转变；从本土案例到第三代案例库的转变；从案例库到案例实验室的转变。

发展管理学在管理教育方面的实验，从 2000 年—2010 年历经 10 年时间。中国 20 世纪 90 年代编写教学案例都是按照西方案例标准，这些案例无论内容还是教学方式都不符合中国的实际，针对外来案例带来的水土不服局面，中国管理学者开始管理教育本土化途径和方法，探索"第三代案例库"建设，第三代案例库不同西方现成标准，而是按着案例共享理论即"三个车间"模式建立起来的，形成具有中国特色案例实验室建设的新标准，大大提速了管理教育事业的发展。

第三代案例库。中国管理科学转型是从全面引进管理自主创新转变开始的。党的十一届三中全会结束了"以阶级斗争为纲"，转移到以经济建设为中心上来，为了实现这个战略转移，党的十二大号召全党重新学习，第二次重新学习已经成为我国干部队伍革命化、年轻化、知识化、专业化和实现"四个现代化"的关键。1979 年—1982 年短短 3 年时间，我国掀起一股全国动员学习外来管理新高潮。

从 1979 年我国全面引进西方管理开始。1979 年 1 月，国家科委等单位与美国商务部签署了我国第一个全面引进西方的管理培训项目，名称为中国科技管理大连培训中心。这个培训中心全面引进西方大企业案例，由美国纽约大学、夏威夷大学和加利福尼亚大学等著名高校教授、专家授课，当时由国家经委、教育部

130

和国家科委共同组织培训我国大型企业高级管理干部，授课采用全英文讲授，西方引进培训延伸长达 10 年，带来一系列无法解决的难题，最后由企业管理干部培训退场，转向高校管理学院教育和 MBA 教育。

20 世纪 80 年代初，我国开始全面引进西方管理学方面的名著，由马洪主编、中国社会科学出版社出版的《国外经济管理名著》丛书包括了泰勒的《科学管理原理》、约尔法的《工业管理与一般管理》、杜茨的《管理学》等 37 本管理学著作。这个时期同样也是中国管理教育全面恢复和大发展时期。1984 年 4 月，教育部首先批准清华大学、武汉大学、上海交通大学、天津大学四所高校成立管理学院或经济管理学院。1990 年，我国开设 MBA 教育获得国务院学位委员会批准，有 9 所大学开始办 MBA 教育，管理学被列入工程技术科学的一个一级学科，下设管理史、管理理论、管理心理学、管理计量学、企业管理、行政管理、管理工程等课程。

1978 年 9 月，机械工业部将全面质量管理从国外引入中国，在国内企业全面推进。到了 20 世纪 80 年代后期，全面引进西方管理给我国正在转型期经济发展造成严重的水土不服问题，我国管理遇到的矛盾十分突出。1982 年，我国管理科学工作者提出立足中国本土，总结自己国家企业管理经验，通过企业管理案例研究来解决中国的问题。中国管理学者认为：管理不同技术能引进，管理只有通过学习消化才能学到手，把西方案例当成中国管理科学的"管理圣经"不利于我国管理健康发展。20 世纪 90 年代以来，由于中国经济的飞速发展，我国企业管理和管理教育需要解决的问题更加突出。在管理教育方面，20 世纪 90 年代以来，由于中国 MBA 教育和本科管理教育扩招分别达到十万和上百万人，引进西方洋案例给中国管理教育带来的水土不服现象日益突出。由于管理教育出现的问题，直接影响现代企业管理创新。国企改革成功的经验和异军突起的乡镇企业成功的经验需要进行科学总结。当时我国面向企业理论工作的指导思想、体制还很不适应。

"中国本土化企业与高校管理案例库组建工程"是形成第三代案例库成果的集中体现。"中国本土化企业与高校管理案例库组建工程"是在科技进步研究所多年研究案例成果的基础之上设立的。2000年初，科技进步研究所开始进行企业实证案例改制成教学案例的新实验，并于2001年、2002年两次开展了"中国工商管理教学案例1000改制工程的研究"，完成了我国首部本土化案例教材《中国企业管理科学案例库教程》，包括了《人力资源管理》《组织行为学》《管理学原理》《财务管理》《市场营销》《生产运作管理》《战略管理》七个分册，供全国50所高校工商管理专业试用，收到了良好的效果。2004年，又开展了第二期全国高校管理案例库工程建设，实现了100所高校管理案例库资源共享，出版了《管理案例库教程》一书，2006年，完成了《管理案例库教程（最新版）》。这是科技进步研究所承担国家项目，建成我国最大的本土化案例生产基地之后，对高校本土化教材最新版本的又一次创新，也是再一次对中国本土化管理案例库的增容、丰富和扩充。

管理中国化理论有力推动了我国管理教育改革。管理中国化的提出，是我国转型期伟大管理实践所得出的结论。因为管理中国化的概念，能比较好地回答转型期以来，我国从西方学到的有效管理并结合中国国情创造出来的中国化管理是什么的根本问题。对于中国而言，没有管理本土化就没管理现代化，更不可能有管理中国化。

全新认识我国管理教育案例发展史。改革开放为管理教育发展提供了一个良好的社会环境，案例教学法的引入，改变了长期以来我国"满堂灌"的传统教学方法，进一步增强了学生的分析问题解决问题能力。但是长期以来中国管理教育的内容和教材脱离中国国情和企业实际，这一根本问题没有得到很好的解决。在建设一流的管理学科方面，一流的教材是最基本最重要的内容之一。

在建设案例库和解决中国管理教育内容和案例教材方面，我国历经了三个发展阶段。

第一阶段，我国案例库及教材建设初期。20 世纪 80 年代初期，我国与美国合作第一个项目名称为"中国工业科技管理大连培训中心"，这个项目由国家经委主管并组织全国管理干部进行学习培训。这个中心的目标是由美国教授和专家讲授美国现代化管理知识，通过案例分析，使受训者能较完整地学到美国工业企业现代化管理的基本理论和方法。从此，我国高校开始探索式地进行案例研究与教学工作。1987 年大连理工大学在余凯成教授的主持下开始搜集国外的英文案例 300 多篇，编译成中文的外国案例约 100 篇，共有教学案例 900 篇，还出版了案例专刊，举办培训班为全国高校培养教师。

20 世纪 80 年代初，我国市场经济还没有真正形成。所以，当时所讲的西方市场经济条件下的案例内容很难使我国受训者从中受益，特别对于大型企业领导人来讲，更无法在现实管理中得到应用。虽然案例教学法是美国现代化的教学方法，对中国管理有所启发，但是这种有先进教学方法而没有解决管理教育内容的培训，学而无用地脱离了中国企业管理的现实。中国案例史是我国管理教育发展的起步阶段，我国虽然确定了向美国发达国家学管理的方向，当时却不知道从中国国情需要出发学习什么样的管理，所以导致我国企业管理实践与理论出现了两张皮的问题。

第二阶段，我国案例库及教材建设的中期。20 世纪 90 年代开始，我国企业案例培训向高校案例教育转变的过程中，出现了一个突飞猛进发展的局面。2004 年，全国高等院校在校本专科管理类的学生已达数百万。我国 MBA 从 1991 年设立以来，由当初的 7 所院校培养几十人，到 2004 年已发展到近百所高校，培训人数达 6 万多人，再加上经贸委培训的 MBA 学员和社会举办的各类 MBA 项目的培训班，培训学员数量接近 10 万人。我国 MBA 教育近 10 年保持了一个快速增长的过程，一些知名高校案例库的建设得到进一步发展。

北京大学是在 1993 年由北大光华管理学院院长厉以宁教授承担教育部"九五"社科项目"中国企业管理案例库建设工程"之后，开始进行案例研究。2000 年 4 月，成立了北大管理案例研究中心，承担"北大案例库"的建设工作，目前已收录案例 680 多篇，出版案例集 16 本，有 250 个案例。清华大学于 2001 年起步，清华和教育部共出资 1000 万元，建设"中国工商管理案例库"，面向全国高校教师高价收购案例，付费标准远高于其他国内院校案例库，目前已出版了一本收录 200 多个案例的案例集。

虽然近年来我国高校案例库建设得到发展，但仍存在一些致命的弱点。首先，企业案例培训前 10 年遗留下来的问题，导致我国工商管理教育和 MBA 教学先天不足；其次，尽管高校已有大量的英文案例，但这些案例大部分是 20 世纪 70 年代过于陈旧的案例，现行高校流行的收购案例不是来自第一手事实，而是来自间接资料的信息编辑加工存在严重案例质量问题。所以，高校案例库的建设从本质上还没有摆脱案例照抄照搬现象。如果不从我国国情出发，照抄照搬照套外来案例给中国管理教育带来水土不服的局面，导致我国管理教育出现严重的管理异化现象。

第三阶段。我国案例库及教材的本土化阶段。中国管理科学研究院科技进步研究所运用管理本土化理论和方法，从企业案例研究入手，来解决管理教育出现的水土不服和管理异化现象。2001 年—2002 年期间，该所在已有企业案例库资源的基础之上，经过两次案例改制的研究，从案例库中拿出一部分实证案例，结合高校案例教学经验，将企业实证案例改制为教学案例，首次实现了 50 所高校教学案例库资源共享；2004 年，在国家项目立项后实现了 100 所高校管理案例库资源共享。历经前后近 5 年教学案例的改制实验，创出一条管理教育本土化案例教学的新路。

案例实验室建设原则与标准。目前，在我国管理教育高速发展的过程中出现两个明显的差距：从学校自身来看，硬件投入过大、实力不足，具体表现在扩招学生数量大、外延式扩张快：知识储备及师资力量不足，教学体制创新不够；在校际间，重点大学与面大量广的普通高校在管理教育水平方面相差悬殊，目前我国绝大多数普通高校和高职院校，申请科研项目难、发表论文难、学生使用本土化案例教材难，解决这些问题最根本的办法是提高我国高校管理教育的核心竞争力。提高高校管理教育核心竞争力是一个知识创造和共享的过程。所以，只有依靠国家案例库项目的研究，才能比较好地解决现有高校的知识创新、教师素质提高及知识转化能力和体制创新的问题。

知识创造和知识共享是提速管理教育的原动力。首先，高校实施以教材本土化案例为主的内涵式发展战略，有利于提高管理教育和 MBA 教学的品质；有利于打造高校品牌；有利于造就新型的教师队伍：有利于加强校际之间的合作；其次，运用现代化标准建设案例库工程。科技进步研究所拥有的本土化案例库是第三代案例库。第三代案例是科技部软科学项目。确切地说，第三代案例库是从 2003 年开始的，突出本土化的特点，经过几十年努力完成了我国最大的本土化案例库生产基地建设。第三代案例库有如下特点：运用案例共享"三个车间"理论加工出来的案例。案例的生产流程，应该是中国所独创的。该案例库有出有进，每年的流动更新30%。该案例库使用和推广的不采用西方的案例买卖制，而是采取案例资源共享制。对高校案例建设现状进行调查，包括各省市著名的高校，大多数高校没有自己的案例库，主动开展本土化案例教学的也不多，案例基本建设被忽视了，因为近些年我国大多数管理学院精力在国际化合作、扩招、办班上使劲多，对案例建设没有引起足够的重视。案例使用买卖制会影响案例教学的积极性。所以采取共享制不但使用我们的成果，还是共享分得我们的知识。

中国管理本土化在案例库建设方面的目标，是摆脱目前高校教师个人投入编写案例的模式，运用大科学研究组织形式及现代化标准建设案例库工程供大家共享。

"中国本土化企业与高校管理案例库组建工程"是一项大科学研究，每年要组织近百名副教授以上的专家队伍，进行10—20家企业案例研究，每家企业的案例专著为10万字左右，相当于目前高校100—200个标准案例。每年管理专家所撰写的案例专著源源不断补充到案例库中，每年有近百个更新的案例改制成教学案例。目前，中管院管理教育本土化案例库建设已基本上实现了现代化，做到"四有"：企业案例研究有一个总体方案，有一支专业队伍，有统一的标准和规范，有一批合格的案例样本；基本实现了"三化"：实现了案例研究和编写的专业化、规模化和特色化。从此建立了一整套案例库的生产与管理标准、技术标准、质量标准。

案例库生产与管理标准：案例库管理是指从案例采集、案例改制、案例知识的转移，在时间和空间上合成案例库的工艺流程。大家知道，个人编写案例无须管理，只有案例生产形成规模和专业化之后才有了案例库的管理，这就是我们多年来形成软知本的方法。

在案例生产方面：一个教学案例从实证案例改制成教学案例的过程，就是一个软知识的生产过程。这种知识生产和创造不但表现管理科学知识点，对实证案例的系统化和梳理，也实现了与高校已积累案例教学经验相结合。这种软知本方法进一步开发了学校现有的智力资源。

在案例改制管理方面：案例改制是在网上进行的研究，这种研究不同于一般课题研究的管理，软知本方法就是把矩阵组织的优点和案例特征结合起来的方法。矩阵组织有很大弹性和适应性，缺点是成本高、人才集中难，磨合难。软知本方法不一定受固定的环境和单一的条件限制，它更重要的是需要用知识去解决问题。所以软知本需要高水平战略性人才。从这个意义上来说，软知本方法是一种空间网络状的复合结构组织，其网络状的中心是软知本再生产管理机构，从该管理机构放射性延伸的各个终点是为完成某项软知识生产任务而组成的项目子系统。项目子系统没有固定的工作人员，而是随着软知识生产任务的要求、进度以及任务量等方面的需要，从各项目子系统所属的大系统中抽调人员参加。这些人员在不改变自己原工作性质的情况下，利用部分工作时间或业余时间参与该项工作。该项任务结束后，这种网络状的项目子系统关系可以暂告一个段落。管理中心与放射状的项目子系统在空间方面的联系，主要是靠品牌效应、项目协议、技术文件、课题任务书等进行连接，也可以用少量的行政命令进行连接。各项目子系统的负责人是目标责任者，作为管理中心的监督控制，可以采用相应的表格、快报、半成品的再确认等手段，在资料、信息（原料）的传输通道上，可以利用因特网、电话、传真等方式进行。这种运用网络，从事教学案例的改写和成稿的方法，较好地实现了案例库资源共享。

技术标准主要内容有：案例库技术标准是我们建立现代化的案例库不可缺少的。现在我们已经形成了案例原体分割技术、案例改制技术、案例增值技术、案例共享技术，案例组合技术五项技术体系。

质量标准主要内容有：什么是案例的质量标准，哪个案例库的质量最好，不是单一指标所能回答的，也不是对某一个案例、某一个案例单元、某一个学校好坏的评价。一个现代化案例库的质量标准是由一批优贡案例研究的样本、一批多学科的专家团队、规模化案例生产技术标准等主体要素构成的。正是案例库大工程的生产方式，决定了现代案例库质量的新概念。

中国高校案例库运行新机制是什么？中国案例库运行新机制需要的是"共享率"。国内的案例库不应使用高价格把自己垄断起来，案例资源共享就是将垄断的案例库解放出来，面向全国普通高校开放，使其成为共同的财富。让那些承担项目的高校成为新知识联盟体，在联盟运行规则和机制内得到知识共享。这对于启动我国案例库初期的市场是必要的，也是中国转型期案例库市场的一种有效形式。案例库资源的共享有以下四点好处：一是案例资源共享为有条件的高校提供了新的资源，促进案例库更新换代；二是案例资源共享为那些面大、量广，缺少资金，知名度不是很高的普通高校开展案例研究提供了平等竞争的机会；三是通过案例资源共享可以提高更多高校案例编写的水平和教学质量。从一定意义上讲，案例资源是我国的"国土资源"，我们要珍惜它，保护它，科学合理地开发它。在我国转型期、没有必要也没有条件每个学校都去建设自己的案例库，各高校以自给自足的小生产方式编写出的案列解决不了各类学生对案例的全面需求。因为学生需要掌握的是来自全国各地著名的、具有多样性、知识点突出和鲜明的案例，有地区性限制的案例是无法满足学生需求的。案例资源共享可以为更多使用案例的高校降低成本，综合配置使它能服务于高校和广大教育工作者。

综上所述，我国高校对本土化案例库资源共享的需求，正是我国工商管理教育市场的巨大潜力所在，也是"共享率"这个市场运行机制在起作用。

强化案例知识转化能力是提速管理教育的关键。高校的案例教学和高校案例库的组建，光靠学校的力量是不够的，既要靠师生之间的案例学习方面的互动，也不能忽视案例教学和案例库建设方面的联盟和机制的作用。只有靠联盟、机制、互动才能把案例实验室建设得更好。

发挥教师在案例教育中的中心作用。教师是搞好案例教育的关键，要进一步开发教师在案例教学中的中心作用，高校教师要到企业中去学习和提高。当前，许多讲管理的硕士和博士没有企业实践，他们难以用现代企业的感悟和体会讲授管理。只有到企业中去，才知道要讲什么，不讲什么，从案例教育结构上来调整和提高自己。所以，应创造条件让更多的年轻教师到企业中去学习。勇于改造我们的管理，特别是那些来自西方发达国家的教材、教学方式和方法，要敢于提出修改意见，善于把中国企业创新成果引入课堂。

要充分发挥教师对学生案例学习的带动作用。第一步是通过学生对案例的学习，加深对已学过理论的理解。让他们知道对于本科专科管理类学生来讲，他们不仅需要学习知识，也需要毕业后找到对口工作，同样存在分析问题、解决问题的能力，更需要案例教学。为此，要重点办好管理类学生的教学案例应用班和职业发展案例培训班；第二步是通过案例的学习逐步提高学生知识创新能力。知识创新不是简单地"分析问题和解决问题"，而是在情境案例讨论学习中，启发和发掘学生头脑中的想法、直觉和灵感并综合起来加以勾用。开发这类知识通常需要采取标语式和象征性语言等软形式，通过"隐喻、类比、模型"把隐喻知识显现化的整个过程。

案例资源共享推动管理院（系）的发展。案例资源共享带动了管理院（系）的管理变革，使高校的教学、教材和科研上了一个台阶。

建设管理本土化案例实验室的基本理论与方法。让案例概念通俗化和形象化。从世界科学和教育发展史来看，科研和教学除了传授知识教育外，都缺少不了科学实验。离开科学实验，任何的知识都不能具体化、一般化和直观化。总之，只有进行科学实验，才有助于人们体会它的科学内涵。对于理工科学生来讲，其实验室是指定的教学实验场所、试制车间和中间试制工厂；对于文科学生来讲，其实验室是社会，可谓社会实验室；同样，对于高等院校管理专业的学生来讲，它的实验室是一个具有知识容量的案例库。过去，对于案例的理解更多的是从概念到概念的阐述，使人们感到过于枯燥、抽象、印象不深。如果我们从实验室的角度去认识和理解什么是案例、什么是案例教学、什么是案例库，就容易弄懂了，而且有助于广大师生对案例内涵的深入体会。

大家都知道，案例库是一个装有不同时间、不同企业、不同层面的案例资源，如何把案例资源变成推动商学院、管理学院软实力的重要力量，光靠案例是不够的，在案例库的基础之上需要再加上思想、理论、体制和机制，只有解决了这个问题，才能把案例变成广大高校和教师的共享财富。实验室建设的重要性，形象地说，如果我们过去解决的本土案例教材，是卖健身器材的话，那么建设案例实验室就是怎样去建造健身房的问题。实质上案例实验室是解决从知识的单件到知识集成创新增值的过程。

什么是本土化案例实验室？案例实验室不是硬科学的实验室，既不同于简单的教学案例，也不同于我们现在所见到的沙盘之类的模拟实验室。这个实验室是软科学内容，是属于思想实验逻辑范畴，它是对国家项目的知识转化工程，以国家项目的成果为基础。如果没有这个基础，我们是建不成案例实验室的。案例实验室是以本科、高职院校大力推广本土化案例教学为中心的，以提升管理系、商学院、管理学院软力量为目标，通过优化整合学校现有的教师、教材、教学场地等资源与企业的需求和科研单位的理论方法有机结合而形成的广义实验场地。案例实验室不是靠行政指令去建设的，而是通过知识联盟加盟的形式来完成的。

管理教育本土化案例实验室建设应包括：有一批案例科研和教学的教师；有指定配套的本土化案例教材；有开展案例教学的课堂；有一个促进学生就业的互动机制。这个标准既包括学校内部案例教学活动，又包括和企业相结合的部分。所以说，案例实验室把理论与实践用基本建设方法进行了有机结合。

第一个重点：案例实验室既要提高教师个人的课件、个人的教学水平，又要以解决和提升管理系、管理学院、商学院软实力为目标。所以说，这个案例实验室的建设是一个院长工程。提升软实力关键要提高三个指标：高校管理通才培养的产出率；案例库的共享程度，包括本土案例的教学和科研能力大小；校企研合作水平的高低。

第二个重点：把本科、专科、高职的本土化案例的推广放在比 MBA 更需要的位置。因为大部分学生毕业之后要到中小企业工作，要成为我们经济建设的脊梁，不管他是本科生还是专科生，都要提高解决问题和分析问题的能力，去适应现在的工作岗位。

第三个重点：主要是开发高校已有的潜力，整合学校的管理资源。解决与企业和科研单位相结合的问题，目前不少学校编写案例主要是自给自足自用，案例教学资源在高校比较松散，我们要通过学校和企业、科研单位三者结合起来解决过去分散的问题。没有实验室建设之前，许多学校随机选择案例教材是常见的事，案例实验室建设促进了共同使用配套教材，通过知识转移方式实现共享。这样一来，通过案例实验室建设把管理教育存在的被动变为主动了，分散的东西变得更系统了，零星的东西变得更整体了，最后产生系统效能。案例实验室是在新的历史条件下，实行学校、企业和科研单位资源的整合和再造。

第四个重点：广义的实验室不受时间、地点、空间及行业单位性质的限制。把学校现存的有形资源与案例库的无形资源和企业使用的有效资源相结合，由校企研共同搭建而生成的一个崭新模式的广义化的实验场地或园区，研究和建立管理教育本土化案例实验区。这次改制的课题是案例实验室建设的第二个项目，是案例实验室的核心项目。必须解决好以上三个认识问题，这对理解这个方案是非常重要的。

作为以案例教学为目标联盟的"校企研"联合体。高校是本土化案例教学主体，包括学生、教师和学习场地。企业是案例教学的基础和案例来源供给者。科研单位是案例教学方案制定、组织管理、成果汇总和评价知识核心，这项研究包括高校研究队伍的参加。"校企研"是新知识联盟的核心，发挥联盟作用就是组织管理好新知识联盟。

新知识联盟把通过知识联盟转移和共享的知识称为"联盟知识"，联盟知识不是联盟各自的知识，而是不同性质的知识在一个平台上的交叉综合而成的优势知识。"联盟知识"不通过联盟无法接触到或获得。高校缔结知识联盟，对增强高校竞争优势和提升软实力起到何种作用呢？这主要表现在知识联盟可以使高校案例科研和教学水平得到加强，管理产出率将会增大，大大提高高校在企业与社会各界的知名度，从此提升高校的软实力，改变自己在全国高校的地位和影响。

提速管理教育要靠联盟机制。搞好案例教学要依靠案例库的建设，现代案例库的建设不但需要信息技术和高新技术，更需要建立案例库更新、流动、激励、共享一系列政策和条例的制定与完善。机制对案例教学和案例库建设的好处有两个方面：一是靠机制解决在现有体制条件下，不改变所有制、不改变隶属关系，创造出通过知识管理来解放知识、解放人才的新办法；二是从案例研究和案例转化激励措施做起，让案例研究成为科研项目和学术成果，以提高高校管理学科的地位。让高等院校广大师生在案例研究立项、案例教学、案例资源共享方面都有经费保障。

三、中国管理科学研究院法治化改革案例

中国管理科学研究院（简称中管院）改革源于20世纪80年代，是我国科研事业单位改革最早的院所之一，中管院诞生于改革、发展于改革、受重于治理。45年中国改革开放的得与失，中管院改革有什么经验值得共享，哪些教训需要吸取，有什么问题亟待研究？中管院自身36年改革所走过的路留下哪些启示，这些都是推进事业单位改革所要解决的问题。中国现代化要振兴，管理科学要先行。作为我国第三研究院，应有更多最新成果传递给社会，但因近些年来不良信息淤塞未能如愿，这篇调研报告回归本质，恢复了中管院应有的真实面貌。

1. 中管院改革：从新型到法治化的跨越

20世纪80年代，中共中央发布《关于科学技术体制改革的

决定》，新技术革命带动全党掀起学管理和推动交叉科学的热潮，在"三钱"倡议下，在陈云"不唯上、不唯书、只唯实，交换、比较、反复"15字方针思想指导下，经陈云批示，中国管理科学研究院于1987年成立。

当时成立中管院的主要目的是建立一个不同于社科院和科学院体制的"新型中管院"。为科研事业单位改革闯出一条新路，当时新型中管院是不被社会理解和接受的体制，它与现行体制和管理方法存在着矛盾和冲突。

25年新型中管院改革遇到三大困难。1987 – 1995年，由于中管院搞得过快过大造成不良影响，主管部门退出对中管院的管理，造成发展困难。中管院没有气馁，而是通过改革解决了膨胀及发展过快的问题，以建立"高层次、小实体、大网络"柔性组织对策，化危为机。1995 – 2005年，经济整顿波及中管院，为了维护中管院品牌，寻找中央部委挂靠支持10年无果，致使中管院处于经济极为困难面临关门的危险，为此中管院采用了"政研企方法"，借助联合力量缓冲了压力，使中管院这个品牌得以保留下来。2006 – 2010年，中管院获得重新登记后，中管院内部出现"三派一面"争夺权力，出现分裂，中管院自发组织了"所际和谐办院促进会"。经过4年艰苦努力，使"三派一面"走到一起，实现大和谐，为2017年9月25日中管院第一届理事会依法选举领导人和领导班子打牢了基础。

当初提出建立"新型中管院"体制并不难，难的是25年坚持改革本色不变。25年改革是为了解决"新型中管院"存在权和生存权的问题。25年的改革积累为治理突破提供了可能。2012年，中管院步入法治化轨道，法治化是中管院发展的根本出路。

2. 建立法治化新型中管院新模式

党的十八届三中全会提出：国家法治体系和治理能力现代

化作为全面深化改革的总目标；党的十九大报告明确提出：深化事业单位改革，强化公益属性，推进政事分开、事企分开、管办分离。2012 年，中管院作为法人治理结构建设试点，确定了法人理事会改革制度，从此进入法治化新型中管院的新时期，全面深化改革被提到议事议程，其改革主要做法是：由国家事业单位向社会组织过渡，推动事业单位组织社会化改革。中管院名称和品牌由国家命名并为国家所有，支撑这个品牌运作资源由社会力量来解决，运行结构实行"去行政化、去编制化、去预算化、管办分离"，以商业方式存在，以公益为目的的新型体制。治理为灵魂，落实事业法人为根本，能人领导为核心，章法管理为关键，以上是法治化新型中管院的主要特点。法治化新型中管院改革新模式主要包括：体制结构化、机制效能化和社会组织化三个方面：

第一，**推进体制结构化**。法人治理核心理念为"管办分离"，"事业法人成立独立主体"上级管理部门不能直接插手法人单位的事务，搞"管办一体"，管理部门通过章程依法进行有效管理。根据《章程》规定，中管院建立了"决策、执行、监督"相互制约、共同促进的管理体制。从实践来看：落实法人自主权是很难的，任何管理部门都不愿意放权给基层，他们以利益集团的形式侵占和代替法人理事会制度，中管院领导班子坚持法人理事会制度不动摇。2017 年 9 月 25 日从领导班子依法产生以来，2020 年 11 月 20 日在困难中又完成了中管院第二届理事会换届产生新领导班子，使体制结构化得到保障和推动。

第二，**推进机制效能化**。中管院经过 25 年改革进化，在机制上形成了"十六字方针"，即"课题自找、人员自聘、经费自筹、班子自选"。课题自找是寻找优质课题的一种重要途径和方法。在国家计划课题供给不足的情况下，开发课题资源越来越重要，中管院 90% 课题来自社会横向和委托作为研究支撑，10% 是靠优势竞争力获得部省级下达的重点项目。人员自聘是打破部门所有制，优化科研队伍，提高科研能力是一种重要方法，中管院多数研究项目具有交叉的特点，研究团队普遍采取内外混合方式。中管院制定"高层次、小实体、大网络"的规则，是吸收释放人才活力的一种新型促进政策。经费自筹从社会主体角色看，既是一种科研投入，也是知识价值份额分配依据，研究经费获取的主渠道是靠服务收费和成果转化，中管院制定"科研新经济制度"就是解决经费问题有效政策。班子自选是改任命制为选举制，在依法框架内运用民主的方法把能人领导推选出来，中管院两届领导人均依法产生。班子自选实现了"能上能下"用人机制。

中管院"四自"经验证明：社会组织能力建设有力促进事业单位的发展，改革面临"三去"的压力，完全可以转化为新的动力。去行政化是一种内在能力释放，不向上级伸手等靠要，强化依靠自治内在动力解决发展问题。去编制化是一种人才的释放。体制化最大弊端是能人进不来，庸者出不去。去编制化可以破除身份差异、激活人才资源，集天下人才为我所用。

去预算化是由拨款经济向价值经济转变，在科研事业单位，应当发挥价值经济的作用。中管院多年来坚持"以商业方式存在、以知识价值发展、始终坚持以公益为目的"的宗旨。坚持公共事业和服务社会为根本方向。在法权不稳定时期，钻空子利益集团利用中管院金字招牌成立多家公司，把中管院改变为盈利企业和个人敛财工具，中管院领导班子与这种错误进行坚决斗争，确保中管院公益为目的根本性质不改变。

第三，推进组织社会化。中管院所有制特点是全民共有制。中管院品牌在其成员中有权使用，经济方式实行"经费自筹、风险共担、成果共享"，其性质为集体所有，过去大而统的事业单位被有限责任化，使之具体化和确切化。自建设新型中管院以来，把中管院搞成股份制和私营企业时有发生。中管院领导班子坚持"共有制"不改变。

想建设法治化新型中管院，每一步都很难，中管院克服荆棘载途，坚持走向成功。

3．中管院未来改革战略

管理强国战略是推动发展的重要措施。2022 年 2 月 22 日，中管院提出的管理强国战略已从理念进入实施阶段，"十四五"综合发展纲要（2022－2027）基本框架已制定，重点在于：全球南方管理科学研究院；中国和其他发展中国家管理学智库组建工程；中国现在化城市管理科学试验区研究工程，全国管理干部培训工程；筹建中管院研究生院。

推动实施管理强国战略有四大措施：

第一，发挥管理组装作用。把"科教强国战略、强国战略和创新驱动发展战略"系统为强国战略，为实施强国战略提供管理理论和方法，使管理强国战略成为国家大战略实施过程中不可缺少的有机组成。

第二，强化管理强国战略连接能力。把管理强国战略延伸到管理兴企兴教强国上来，与省市共建发展中国家管理实验区，发挥管理软力量在中国式现代化建设中的作用。

第三，以中国改革 45 年经验为背景，总结国家发展管理学理论。完成《中国软力量——发展中国家管理科学问题》研究报告，为发展中国家、全球南南合作和"一带一路"沿线国家发展提供中国方案。

第四，发挥管理智库不可替代的作用。中管院是国内唯一的管理科学和交叉科学的思想库、智囊团，在科技进步管理、软着陆建议、管理本土化、全球南南合作等领域献策资政，有些成果已被中央批示和采纳。

下　篇

中国发展管理的战略与对策

第六章　管理智库发展战略

一、管理智库

想回答中国特色新型智库是什么、做什么的问题，需要从全球化视角对智库问题进行西方化与中国化科学的比较、分析和确认，搞清楚中国特色新型智库的中国方案，最根本的问题是推动中国智库的理论创新和实践创新。

在理论创新方面：为科学决策而开发和储备更多的思想产品；把握中国智库研究的正确方向，发现中国智库的客观规律，把握智库科学对预测未来的问题。

在实践创新方面：中国管理科学研究院创办智库已有30年历史，在实践创新方面积累了十分丰富的经验，也有过失败的教训。实践证明：办好中国智库关键在于内涵创新，关键在于转败为胜，关键在于智库的有效性。

决策型智库的典型案例。为什么改革开放45年后重提智库建设重大议题？主要有三个因素：

智库与中国发展的逻辑关系。智库要在理论、经济和战略方面对中国有一个定位。当前要从理论上认识智库对改革开放45年的作用，经济建设出现问题与智库的关系，智库对未来经济社会发展预警机制的问题。

政治品质与智库研究的关系。智库是手段，建设一个拥有"政治、经济、外交、文化和管理"软力量的中国式现代化强国才是真正的目的，想实现这个目标，应当进行三个高层设计：首先，要确立政治品质在各项工作中的主导作用。欲将国家治理体制和治理能力现代化思想落实到基层治理，成为全面深化改革的真正动力，则需要智库提供最新研究成果；其次，要改变经济决定一切的思想。真正把我国经济增长方式转到依靠科技进步和内涵发展上来，需要付出很大代价；再次，改变弱化知识工作的现状。高等教育由于过度扩招导致教育质量下降；科研机构过度市场化导致科研能力不强。当前，中国知识界如何进行知识内容创新、进行质量的转变，如何发现人才、解放人才和解放知识，都是智库要研究解决的大问题。

正确处理西方化与中国化的关系。当前为什么重提智库问题呢？决策层对现有智库起到的作用不满意，听了些不起作用的"戴帽智库"意见，解决不了"怎么办"问题。就中国而论，智库概念虽然来自西方但不是西方化，中国智库本质是"本土化"，是西方任何国家智库所不能替代的。当前我国智库存在的形成主要集中在"政治、经济、外交"等领域，但这类智库从事政策研究时，都缺少不了"管理"这个永恒的主题。中国管理智库建设方面潜力巨大、内容丰富、覆盖面广，我国管理智库建设存在短板，中国能否大力发展管理智库将决定中国智库建设水平的高低，发展管理智库是建立国家智库一项重大的战略。

中国办智库的成功经验与失败教训。一个成功智库都有雄厚的历史背景和曲折发展史，有着揭示一般事物规律的共同品质，影响着决策首脑和社会经济发展的进程，对未来前景有着比较准确可见的科学预测。我国于1986年开始引入国外思想库、智囊团思想，当时主要是为了适应政治体制改革需要，大力开展软科学研究。1986 年 7 月 31 日，万里同志发表《决策民主化和科学化是政治体制改革的一个重要课题》的讲话，这是我国现代智库的开始。我国管理智库渊源于 1982 年从大庆科技进步调研发展起来的，已有 40 多年历史，分三个阶段。从 1982 年—1992 年前 10 年，主要围绕经济建设如何依靠科技进步开展智库研究，其中大庆科技进步调查研究 6 年时间、中国十大企业科技进步案例研究 4 年。从 1992 年—2008 年中间 16 年，主要围绕解决引进西方管理带来的水土不服问题，推动中国管理本土化建设，提出振兴中国管理科学和管理教育的智库报告。从 2008 年—2022 年这 14 年，主要围绕中国管理经验走向世界进行智库研究。目前，我国管理智库已初步形成了"研究、传媒、顾问和国际化"为一体的软知本集团和新型运行机制。中国管理智库在推进管理兴企、兴教、强国方面取得不少新成果。其中，"大庆科技进步调研、软着陆建议、管理本土化、管理全球化"是管理智库中最著名的四个案例，在决策机构和社会上产生较好的影响和作用。

科技进步研究报告，改变了对历史经验的看法。我国 20 世纪 80 年代，经济刚开始转型，科技进步问题受到各级政府高度重视，管理智库研究者没有停留在宏观问题上进行讨论，而是选择大庆油田作为案例，进行 6 年现场蹲点研究，研究和制定政策建议。从科技进步政策方面切入研究符合国策，采用案例分析方法，具有鲜明的独特性、创新性、新颖性，这是我国智库研究的特色。理论创新是智库研究的核心，没有新理论就不能认识大庆特大型企业，了解 26 年是怎样依靠科技进步发展建设的，说明这个大系统问题，传统狭义技术进步概念解释不了，需要创立广义科技进步理论，制定科技进步促进经济社会发展的具体指标和评价标准，从行业和大环境角度提出未来发展战略问题。实践证明，智库研究不是单纯地提供咨询和顾问，没有理论创新，就没有高水平的成果。这项成果出来后，国务院主要领导听取研究情况汇报，加深了全社会对科技进步意义的认识，重新认识和评价了大庆经验，时任国务院副秘书长、著名经济学家马洪对这项成果评价说："仅仅把大庆成功归为'革命加拼命'是不确切的，还应归为'科技加管理'。"这既是对研究成果的肯定，又是对大庆的重新科学评价，体现了大庆经验时代价值。大庆成果评价，进一步彰显对我国大型企业科技进步规律的再认识，为党中央和国务院制定依靠科技进步搞好搞活大中型企业提供政策咨询。这项成果先后在《人民日报》等主流媒体进行报道，在全国软科学研究座谈会上进行重点介绍，成为 20 世纪 80 年代有影响的智库研究成果。

"软着陆"的提出比社会主流理论超前 4 年。为了推动经济建设和企业健康发展，管理智库于 1992 年向时任国务院副总理朱镕基提出"关于制定企业科技进步软着陆计划的报告"，同年 8 月 24日，朱镕基同志批示，认为这份报告的建议很好，此后，国家经贸委办公室复信，给予充分肯定和高度评价。"软着陆"一词在中国最早来自管理智库 1992 年研究报告。"软着陆"提出 4 年后，这个词在应对亚洲金融危机、抑制通货膨胀、完善宏观经济体系方面起到引领作用。可见，"软着陆"不仅是经济发展的客观规律，也是一种先进理论的科学预测，是被实践验证的成功的智库案例。

管理本土化理论颠覆了全盘照抄照搬西方化的历史。中国改革开放如同世上事物一样，要付出代价。在改革开放初期，大家普遍认为：中国新技术和现代化管理可以从西方直接引进，把西方案例当作放之四海而皆准的管理圣经来对待，后来才慢慢地发现，照抄照搬西方现成管理会出现水土不服的现象，为此，我们从 1982 年开始进行长达 40 多年的管理实验，走出了一条管理本土化的中国道路、形成中国自己的管理理论。管理既不能照抄照搬，也不能全部引进，必须通过"学习、消化、吸收"和"以我为主、博采众长、综合提炼、自成一家"的管理本土化过程，才能成为中国特色的管理科学。中国与西方国家国情不同，因此中国管理运行方式、方法不同，美国案例那种直接用于教学法是不适合中国国情的，中国需要案例资源共享"三个车间"理论，企业事实是第一车间，案例改制是第二车间，国际化是第三车间，这是中国管理创新的又一新成果。高校案例研究是案例在中国价值的又一次被发现，也是将美国管理进行中国化的又一次创新。案例教学自创立以来，一直被国内外局限于企业、公司和 MBA 教学，大学是教案例的，案例却远离高校管理，始终没有成为高校管理的资源和财富，中国做法改变了这个现状，成为一个创新源泉。管理本土化案例库工程填补了国内研究空白。"中国本土化企业与高校管理案例库组建工程"已列入国家重点项目，现已完成 100 家企业大型案例和 2000 个案成果，形成了《中国企业管理科学案例库全集》本土化管理品牌。管理本土化案例已实现了上课堂、上教材，2000 年科技进步研究所联合 100 所高校发表管理教育本土化宣言，有 50 所高校成为配套教材，有 161 家高校共享使用案例成果。管理本土化成果得到国家经贸委高度重视，发文推广这一成果，著名管理学家成思危、教育家许嘉璐高度评价这项成果，为"高教智库"建设提供了新的研究成果。

发展管理学为中国走向世界提供了新思维。通过中国 40 多年实验，提出发展管理学，为发展中国家走向世界，实施管理全球化战略，提供了理论根据。中国在推动管理全球化方面，早有准备并形成了"一主两外"理论、管理科学转化理论、以管理创新方法为主要内容的管理全球化的理论，这些智库研究成果为开拓

21 世纪新时代的中国走出去提供了新的理论和方法。

成功智库基本要素。办智库没有现成的灵丹妙药，管理智库经验形成是曲折的，有经验、有体会，更有失败的教训，研究失败对当前智库建设具有更直接的借鉴作用。一个智库靠什么才能成功呢？我们认为，一个成功的智库应当具备"国策（政策）对路、理论创新、成果转化、领导重视、社会影响"五个共同品质，也可说是成功智库的五条基本准则。

国策（政策）对路。智库研究主要为领导提供研究咨询，解决"怎么办"问题。不同于"学科与专业的研究"，也不同于"一般课题研究"。党和国家每个时期提出的国策，都是从国家需要解决的重大问题中提出来的，怎样落实而转化为实效，需要有"怎么办"的良策。对于智库机构，谁对国策认识高、领会透、能力强，谁可能最先出成果，最先得到相关领导重视。管理智库四个成功案例都是国策大问题，也是政策"对路"的研究。

理论创新。一个正确决策成果得益于创新理论的支撑，没有理论就不能去梳理、提炼、整理，杂乱无章的材料，形成规律性认识。比如，对软科学概念的认识，传统理论把智囊团定位为领导决策的科学。实质上，软科学还能服务于企业、高校，为其解决问题，是推动发展的微观科学体系，具有广泛的人民性。这个对软科学内涵的拓宽不但把现有理论植深于新的沃土，还对现代智库概念及内容的丰富有着重要参考价值。理论创新取决于研究体制和组织形式，管理智库认为：公司式智库体制是美国特点，但不适合中国国情，"政研企相结合下的课题组制度"是中国管理智库成功的实践，也是符合中国国情最有效的体制，实践证明是成功的。如果把智库研究停留在原来的"政研室、研究中心、知名高校"，智库能力无法发挥。理论创新取决于科学预测能力。从管理智库成果统计来看，大部分智库成果从提出到实施或社会形成主流，一般要提前 3—5 年时间，例如：软着陆提前 4 年，高校智库提法提前 4 年。知识创造需要"公平、公正"的良好环境；当前智库建设应排除非创新因素对智库建设的干扰，反对在智库上搞成分论，反对以大欺小，反对"学霸""权霸"占上风。研究失败能找到不能创新的原因，能激励人们追求奋斗向上的创新精神。

成果转化。智库成果转化是多元化，不仅有媒体一种，还有自行转化方式等等。智库成果宣传转化要改变过度依赖媒体的心理。当前，不少大媒体"嫌贫爱富"，他们不愿意发表"小智库""小人物"的文章，不少记者按任务行事，真正深入第一线发现成果和发现人才方面做得不够。号召智库成果靠自力更生转化，找出自身的特点，扩大转化点和面，由小胜积大胜，由时间换空间。采取优势转化、联盟转化、基层转化、实效转化、研讨转化、实验转化等等创新转化。任何一种依赖别人的宣传效果都是有限的，而靠自主转化办法是大量的、每日每时的，自主转化具有长期性、积累性和增值性潜在效果。

领导重视。一项智库研究报告，能否受到政府机构和领导重视，是衡量智库作用大小的重要指标。管理智库从小到大的过程中，影响日益扩大，重要原因是成果受到中央、部委、地方政府、企业和高校的重视、批示和采纳。

社会影响。影响力有两种情况：第一种，取决于成果大小；第二种，取决于智库结构效应性，管理智库不仅是一个名词，现已成为"研究、媒体、顾问、国际化"一体化的软知本集团和新型运行机制。它的交叉和综合作用优势十分明显。管理智库成员多次获准采访全国两会、主持一批国家重点项目。管理智库现已成为国内有潜在影响力的智囊团。

管理智库展望。中国管理智库未来奋斗的目标是为打造中国特色新型智库献策资政、富民强国，目标如下：一是改变重硬轻软局面，提高管理智库在国家决策中的地位，管理智库推动决策科学化、民主化、法治化；二是管理科学国家队建设刻不容缓。中国管理科学国家队建设跟不上国家大战略发展的需要，尽快把中国管理科学研究院建设成为"政治上有影响、学术上有地位、经济上有实力"的新型研究院刻不容缓；三是向世界各国介绍和宣传中国管理经验。推动管理全球化，配合"一带一路"倡议，发起和组织"一带一路"管理和软科学联盟，扩大中国管理经验在国际上的影响力。邀请中国在联合国的高官组成国际智库团，为中国高层决策提供研究报告、开展顾问服务。

大力推进管理智库建设是建设中国特色新型智库的一项重要内容，是补齐中国智库建设的一项短板，也是建设社会主义强国重要的软力量，只要以习近平新时代中国特色社会主义思想为指针，我们一定能把中国管理科学和管理教育事业推向新的高度！

二、高校智库

从 1980 年算起，案例从美国哈佛大学引进中国已经有 40 多年了。长期以来，案例被局限于企业案例和 MBA 教学，大学是教案例的，但案例远离了高校管理，始终没有成为高校管理的一种资源和财富。中国模式的成功、中国特色理论的形成，使案例在中国有了新的发展前途，案例研究已经成为高校管理的新思维，在中国的价值有了新发现。

迎接高校智库时代。高校办出特色问题已提出多年，怎样突破高校特色问题？国家软科学研究计划项目"中国本土化企业与高校管理案例库组建工程"的研究实施，为解决高校这一难题找到了全新的"案例研究模型"。在中国特色高等教育管理模式研究项目的带动下，2010 年 7 月以来，全国有 48 所高校纷纷申请立项开展高校案例研究，特色院校案例研究得到广大高校师的生响应，产生了极大反响，这是事先没有预料到的。

我国教育进入大众化以来，对高校带来最大的冲击是转型，对于转型高校来讲，近 10 年校区规模已经扩大了，内涵也挖掘了，提高质量的口号也喊了多年，但那种自上而下部署任务的行政命令方式、一刀切的做法，越来越不灵了。高校转型需要寻求新的出路，这个出路就是通过特色院校的创建，开发和建设高校智库。

未来中国转型高校的发展，既要依据政策的指导，更需要依靠智库提供顾问服务，今后高校智库作用越来越大，高校智库的威力不是来自外部，而是来自高校内部的一种体制和机制的创新，关键在于驾驭全局系统创新的能力。总之，中国高校智库和特色院校案例研究方法的兴起，是转型高校发展内在需求与大众化发展客观规律相交叉的结果，也是一种必然的选择。

不照抄照搬，原创中国高校案例新成果。中国特色院校案例的研究，对于建设中国特色高教发展道路具有重要意义，这项研究不是照抄照搬，而是应对高教转型、建设高教强国的一项原创的自主创新成果。

中国特色院校案例研究具有国际化研究的价值，将美国案例进行中国化本身就是一个创新。20 世纪 80 年代，自案例从西方发达国家引进以来，我们曾把西方案例当作放之四海而皆准的管理圣经来对待，后来我们慢慢地发现：照抄照搬西方现成的案例就会出现水土不服的现象，为了解决这个问题，我们从 1982 年开始，进行了长达 40 年的中国案例研究实验，从此走出一条管理本土化中国道路。

这次特色院校案例研究突破了国内外案例传统的做法和范

畴，拓宽了案例在高校管理中的应用，这表明中国经济崛起和高教发展需要案例研究，案例在中国广泛推广和应用得到新的发展。

中国特色院校案例的兴起，也是中国从国情出发，对西方发达国家的管理，经过引进、学习、消化、吸收和创新的再创造，形成了中国高教软实力和中国高教道路。把案例研究引入高校教育管理之中，不但在中国是首次和原创，在国际教育史上也是一次大规模、有意义的尝试和探索，开创了国际高教史上案例研究的先河。

案例研究引入高教管理，对推动新教改具有全新的意义。案例理念被引入了高教管理，标志着我国高校案例时代的到来，实现了从企业案例向高教案例的转型；案例研究成为管理重要内容，进入高校管理微观层面，推动了高教科学管理的深入；特色院校案例也是推进新教改和建设高教强国的特区，具有示范的作用；高校案例为培训未来的教育家和管理学者，加强校际交流与合作提供了有力保证。

特色院校应首先迈进知识品牌高地。怎样研究和提升高校特色呢？应当从中国模式和中国高校发展道路的高度进行研究，将高校特色从专业特色的微观层面中解放出来，将其上升到院校整体思维上来。从这个意义上讲，中国特色院校创建是中国特色理论重要组成部分，是建设高校强国的一项基本建设。高校智库研究认为：当前我国应当全面实施创建特色院校的发展战略。

我国要提升特色院校研究的战略级别，不能将其局限于普通教育学范畴。特色院校案例研究是一个多学科相交叉、边缘和综合的科学，对系统科学进行整体研究显得十分迫切，要突出当前研究的重点和宗旨尤为重要。特色院校案例研究的重点是把高校

158

案例的定义、规范、标准、流程进行整体优化设计；特色院校案例研究宗旨是运用案例研究方法将"高校特色"提炼成为知识品牌，在这个框架下案例研究方法与高校知识管理之间架起了一座桥梁，案例研究能对特色院校提炼出来的知识进行起名、找魂和引路，高校案例研究就起到名副其实的高校智库的作用，使特色院校真正成为知识品牌的发现者、拥有者和受益者，运用知识和软知本管理高校成为可能。特色院校的知识品牌，其效应越来越多地得到社会的广泛接受和承认，给他们的质量、招生、就业、校企合作等方面增值，凸显高校的战略优势和核心竞争力。高校案例研究提炼出知识的作用，不但能科学解释高校成功的原因，而且还能为高校未来发展提供导航。

高校案例是新政领导追求科学的一种创新文化。中国特色院校案例研究运用的不是一般力量，而是调动院校领导团队的综合研究能力，这是近 10 年来我国不多见的高校软科学研究现象。

在过去大众化 10 年里，由于规模和外延不断扩大，校院长关注的重心是"上项目、搞学位、弄专业、要资金"；而现在的新政领导，开始对"知识、战略、人才、政策"发生了新的兴趣。对中国特色院校案例研究的热情和自觉性，来自他们多年积累起来的创新能量的释放，是对过去成功所带来的负面问题的冷静思考，是一种从过去"依靠文化向创新文化"的转变，是一种"依靠单项方法向系统方法"的转变，是从称呼百年的校院长向新锐领导新词的转变，这一切都来自他们对转型变化的深度观察和思考！

高校智库建设的理论方法。办高校智库说到底是一个坚持科学精神的问题。对来自一切束缚阻碍知识进步、影响社会前进的体制、机制、政策的问题，要敢于碰过去没人敢碰的问题，敢于找过去没人敢找的毛病，敢于说过去没人敢说的话，敢于提供具有原创性的成果和意见，这才是智库应有的品质！如果一切都是现成的，要智库有什么用！高校智库建设面临基本理论问题。当前急于给"高校智库"下准确定义，没有必要，也不可能。

高校智库的实质是什么。笔者认为：高校智库实质就是找出解决走向高教大国成功过程中不成功的问题，并把这些不成功的问题通过政策、战略、对策推进系统，转化为建设高教强国的软力量。加强高校智库理论方法的建设，要坚持理论创新、改革创新和战略创新。从辩证角度看，创新驱动的内容既是建设高校智库的内在因素，又是当前高校智库要研究和突破的课题，高校智库理论创新就是要正确处理全球化与本土化的关系。过去40年成功所总结的经验，或者说是不成功的问题，都源于不能正确处理两者关系。20世纪70年代，我国科技教育现代化背景下，教育成为改革的先锋。邓小平同志与美国总统卡特签署的第一个协定，包括建立中美科技管理大连培训中心，从此包括教材、案例、教学方式和方法及教学体制建设都开始全盘从西方引进，用来弥补我国教育落后的现状。后来，由于国情和发展阶段不同，管理的引进曾出现了照抄照搬、消化、吸收、创新不良的水土不服局面，严重影响了我国知识、方式创新和体制创新。比如从西方引进的洋案例都发生了严重水土不服的现象，都没有满足我国学科建设和人才培养的需求。我国高校管理学科、管理学院和人才队伍建设怎样体现中国特色，其中很重要的一项任务就是对西方理论进行消化、吸收和创新，坚持"以我为主、博采众长、融合提炼、自成一家"的原则，建立中国特色学科和学院"双一流"建设，不能再搞"高、大、上"名单了，应当加速本土化步伐，从内涵式发展上解决问题。全球化与本土化，关系着知识创新、学科创新、方式方法创新、体制创新等一系列政策与对策的问题，是建设"双一流"和高教强国的一个重要战略问题，也是当前高校智库重要的理论支撑，更是建设高校智库的必答题。高校智库改革创新就是要正确处理教育与经济的关系。

20 世纪 80 年代，我国开始出现经济决定教育，教育规律不能客观运行的现象，因此重新回归对教育规律进行再认识，这本身就是高校智库要研究的课题。教育服务于经济是没问题的，但是经济决定教育就出问题了。我国经济体制一直领先于教育，并时常出现经济决定教育的现象。当时我们强调"学会用经济方法管理经济"的思想，并在经济改革上提出"简政放权、承包责任制和推行厂长（经理）责任制"等等，在这种经济体制影响下，我国高校也跟着提出"扩大自主权"等从众的呼声。20 世纪 90 年代以来，由于出现亚洲金融危机，我国经济陷入萧条期，当时在经济方面提出"建立现代企业制度、股份制改革、吸引外资企业"等新政策。随后 1992 年—2000 年间，教育出现大规模合并，教育产业化口号被提出来，一批"巨无霸型高校"出现，合并综合化取代了专业特色化。中国经济总量已居世界前列，高校从1999 年扩招起开始进入大众化教育阶段，实现了高教大国目标。但同时追求数量导致了质量下滑、使教育失去了特色、内涵发展受制约等矛盾不断突显出来。

经济决定教育引发不少违反教育规律的现象。比如，"扩大教育自主权"是 20 世纪 80 年代提出的，到现在仍然还要求落实自主权，这种现象正常吗？实践证明，"扩大自主权"提法不科学，有个教育专家讲"双一流"建设应落实办学自主权，这种认识是模糊的。大家知道，"自主权"是企业行为，对国有教育来讲，从来就不存在"自主权"问题，按照教育规律来讲，所谓的"自主权"实质是一种"管理权"。如何落实"管理权"是高校改革当务之急。高校应制定综合管理纲要，可以具体到高校内部怎么管理、教育管理部门怎么管理、社会上怎么管理等等。这样一来，40多年议而不决的"老大难"问题很快就落地了。什么是"去行政化"？"去行政化"不是取消大学级别，而是指在教学、科研微观活动中，应当按知识规则进行管理，而不能用行政代替知识管理。如何回归教育规律？我们应当从基本理念重新认识，教育与经济是一种互促关系，如果经济决定教育或代替教育就一定会出现畸形发展。总之，这些关系及问题正是高校智库应该认真研究的问题。高校智库战略创新就是要正确处理大战略与小战略的关系。中国高校已完成了高教大国建设向更高水平迈进，在这个转折关头，确定"大战略"非常重要，因为"大战略"就是高校的总体战略，起到纲举目张的作用。

综上所述，战略定位直接决定高校智库研究的方向和总体设计及全局思考。全球化与本土化关系优化程度，决定中国特色社会主义大学水平高低；能否顺应教育规律，决定着我国教育可持续发展的能力大小；教育的战略定位涉及教育在全局中的作用层级。这三对矛盾具有鲜明的时代性，正是高校智库理论方法需要考量的基础问题。

三、学术期刊智库

我国学术期刊体制改革积累了十分宝贵的经验，这些经验为建设中国特色社会主义学术期刊发展模式提供了沃土。合作杂志、法人治理和科学管理综合改革模式是建设中国特色社会主义学术期刊理论重要的组成部分。

学术期刊治理模式。"合作杂志"是学术期刊市场化改革的逻辑起点。我国学术期刊市场化由最初国家补贴断奶、2011年转企改制、2014年认定学术期刊的"三进三出"，曲折过程与列宁在1923年遇到问题是相似的，列宁针对过渡新经济遇到的难题，通过"合作化"予以解决，列宁把"合作制"称之为社会主义制度。中国学术期刊改革逻辑遇到的仍是"合作制"问题，列宁"合作制"仍不过时，对指导我国学术期刊改革具有重要意义。

法人治理是推动学术期刊改革的关键。我国学术期刊改革发展缓慢的根本原因在于改革目标分散，没有形成统一的治理体系，而改革积累效果不突出治理能力不强，多年积累的深层次矛盾没有从根本上得到解决，国家治理体系和治理能力现代化，为建立杂志社法人治理结构指明了正确方向。

科学管理是加速学术期刊可持续发展的重要因素。中央多次强调报刊工作正确导向，坚持社会效益与经济效益相统一。长期以来，学术期刊"两效"问题没有得到根本好转，缺少加强科学管理的重要环节，加强科学管理是提高学术期刊社会效益和经济效益的重要因素。中国特色社会主义学术期刊发展模式还处在探索过程中，有许多新理论、新模式、新方法尚待突破，历史需要我国期刊工作者承担起建设期刊强国神圣使命和责任。

"合作杂志"是中国特色社会主义学术期刊重要制度创新。"合作杂志"体制的出现是学术期刊市场化改革一种必然，自1980年以后，学术期刊由于受市场改革的冲击，大部分事业单位为了规避市场风险，将杂志主办权实行转让分离，与科研单位、社会团体和公司等进行承办合作，形成了"合作杂志体制"。合作杂志运作方式：主办单位把"生产、发行和广告业务"，通过紧密型和半紧密型与承办单位合作经营。紧密型是指双方在"生产、发行、广告"方面寻求合作，这类合作一般以国有企事业单位为主。

我国"杂志半紧密合作"源于国家政策扶植。2012年，国家新闻出版总署在《关于支持民间资本参与出版经营活动的实施细则》中规定"在国有资本控股51%以上前提下，民间资本可以投资参股报刊的发行、广告等业务"，我国一批有眼光、有实力的民营公司参与了杂志"半紧密合作"，为我国学术期刊市场占有率方面作出重要贡献。我国合作杂志支撑了市场化的"三分天下"，创造出十分宝贵的经验，对推动深化改革具有重要指导意义。

紧密型合作杂志成功案例很值得研究。有一家合作杂志的主办方是科技类研究所，承办方是一家软科学研究所。该杂志20多年前一直亏损，1998年承办方合作之后于2001年杂志实现扭亏为盈；2008年把老刊更为新刊品牌；2012年对杂志进行知识产权保护。合作杂志成功秘诀在于"所所合作模式"，两所合作结成盟友，交换互补性资源，形成市场竞争优势，达成战略合作联盟。"所所合作模式"促进了合作杂志体制改革；建设高标准编辑出版实体；保护了学术期刊的知识产权。

合作杂志体制是实现中国特色社会主义"共有制"的形式。它是以国家杂志品牌为依托，国有资本占大头，混合利益体组成的共有制，合作杂志是化解市场化风险，推动学术期刊可持续发展崛起的新组织体系，"共有制"是我国学术期刊市场化形成的一种新型的所有制，它不是私有制，也不是股份制，是带有"集体特征"的共有制。合作杂志共有制是中国特色社会主义学术期刊制度基本特征，也是发展新时期学术期刊不可缺少的重要力量。"合作杂志"与"转企改制"不同，转企改制是体制内的一种翻牌公司，没有包括合作杂志创新部分，翻牌公司很难解决学术期刊发展难题。

"合作杂志"急需得到政策支持和法律保护。"合作杂志"是在政策边缘地带生长出来的新生事物，从现有期刊管理条例中无法找到生存空间，在主管和主办没有制定责任制的情况下，"合作杂志"很容易被扼杀掉。它需要在期刊管理条例基础上，制定学术期刊专门管理条例加以保护。进一步规定主管部门、主办单位的责、权、利，把"合作杂志"列入我国学术期刊管理序列，打造特殊政策保护的"合作杂志"。

"合作杂志"有力推动编辑部向杂志社独立法人过渡。"合作杂志"长期停留在编辑部体制，只能是处于体制不稳定状态。只有把"合作杂志"提升为杂志社法人，"合作杂志"的合法性才被固定下来。根据国情和中国特色，"合作杂志"双方不应按股份组合，而应按价值确定份额，形成事业共同体。"合作杂志"社应去行政化，实行无主管体制，可以直接在政府（新闻出版署或地方局）注册登记，每年进行年检，这类杂志社作为学术期刊改革试点之一。

理事会制度是推动学术期刊治理能力现代化的关键。多年来学术期刊体制问题，更多停留在"小、散、滥"杂志集约化程度不高问题的讨论上，很少从杂志社主体找原因，很少讨论杂志社法人设立、决策科学化和社长（总编）如何产生等治理问题。

目前，大部分杂志是编辑部体制，是主办单位的依附物，依赖国家事业单位体制惯性运行，编辑部本身没有自主权，社长（总编辑）多数由主办单位任命和指派，这类负责人普遍没有市场经营经验，无法承担经济亏损带来的责任。学术期刊上边无拨款、无编制，完全自主经营，自主解决学术期刊一系列决策问题。事业单位行政管理远远够不上，编辑部过渡到杂志社法人体制是大势所趋。中国改革的今天，应当把杂志社法人制度建设提到重要日程，以前改革着重点一直放在上层设计上，依靠上面推动下面，这种改革收效不大。当前学术期刊改革重心要下移，只有建设好杂志社并加强基础建设，学术期刊治理才真正落到实处。

杂志社法人关键是解决法人治理结构问题，引入理事会制度，把杂志社上升到法治管理的高度上来。杂志社法人实现治理能力现代化的突破口是建立杂志社理事会制度，理事会制度是杂志社法人的决策机构。学术期刊实行理事会制度，是由过去垂直管理转向法治管理，依法保障学术期刊可持续发展，改变主管部门一包到底的做法，主管部门与下属杂志社实行"管办分离"权力制衡机制，建立"决策、执行、监督"现代治理结构。理事会制度要求制定杂志章程，针对"指导思想和宗旨、组织体系、管理制度、发展政策、风险管理、终止和清产注销"立规，作为学术期刊管理的"宪法"。以章程为原则组成杂志社理事会，通过杂志社理事大会选举产生杂志社（社长）、总编辑，由总编辑聘任编辑出版机构的负责人。

杂志社实行理事会制度是治理能力现代化的需要，也是从根本上解决杂志社法人治理结构的根本制度建设。

科学管理是推动"合作杂志"发展的重要因素。学术期刊制度改革的落脚点是办好杂志社，杂志社既是市场经济主体，又是编辑出版的实体，也是学术期刊改革的基石。

理事会制度是解决杂志社法人治理结构、杂志社权力从哪里来又到哪里去的问题。怎样解决杂志社可持续发展问题，办好新型杂志社关键在于"科学管理"。杂志社科学管理归纳起来，就是树立一个目标，建立一个系统，制定五个标准。

建立"合作杂志"社制度体系，要以"组织先进、质量一流、效益突出"杂志社为目标。建立"自主决策、自组团队、自筹资金、自我经营、自负盈亏"的新机制。"合作杂志"社就是杂志社法人和独立承担社会责任的组织机构。

在目标基础上建立管理系统与管理五标准：组织管理标准。按市场竞争原则建立领导团队和管理体制；特色发展管理标准。特色办刊、科学定位。按宗旨和特色定栏目，栏目落到专业上。

按专业建立学术委员会和编辑委员会；质量管理标准。建立"质量、周期、效益"管理，长远规划与当前计划相结合，建立社会经济学术综合评价体系，建立"初审、复审、终审、一校、二校、三校"编审制；战略管理标准。扩大杂志社自主权，用好"战略、人才和品牌"的发展权；联盟管理标准。加强学术期刊文化建设，开展横向学习交流，促进期刊联盟，加强社际多边合作，推动"对口支刊"，开展增值服务和顾问服务。

科学管理是提高杂志社社会效益和经济效益的重要因素。五个管理标准是科学管理的重要内涵，科学管理通过提高管理标准能力水平，实现整个管理效能最大化，它与社会和经济效益形成良性互动，为建设中国特色社会主义学术期刊发展模式和建设期刊强国提供战略性资源。

学术期刊改革理论问题。创新型杂志是我国改革开放时代创刊比较早的杂志之一。为了实现建设新型的期刊智库目标，35 年来，创新型杂志历经了一条极其不平坦的改革之路，在办刊理念、知识创新、体制机制创新、方式方法创新上进行了一系列的改革，走出了一条成长型杂志发展的道路；展望创新型杂志未来改革发展还有许多困难，为了解决这些困难，创新型杂志社很重要的一项措施是成立编辑委员会，靠制度创新，依靠广大编委的聪明才智和参与管理，共同解决创新型杂志可持续发展问题。真正把创新型杂志建成"学术上有地位、经济上有实力、政治上有影响"的新型智库。

创新型杂志发展的历程、改革重点及作用。创新型杂志走出一条极其不平坦的改革之路，总的来说，创新型杂志历经了"趋势发展、市场转型、品牌创新"三个不同发展时期。

1981 年—1999 年为趋势发展期。1979 年，我国开始向西方学习管理，但是怎么学？学什么？西方管理的内容是什么？当时，国内很多人不是很清楚。1981 年，《管理科学文摘》杂志创刊了，它是继《经济管理》后我国第二本管理类学术刊物，比《管理世界》《中国行政管理》早了 3 年之多。为了满足国内广大作者的需求，该刊大量介绍发达国家的管理科学动态和成果，打开中国了解世界的一扇窗口，发行量一跃上升到 30 万份，成为国内最具影响力的管理类学术刊物，在推动管理科学研究和学科建设方面起到了先导作月。

1999 年—2008 年为市场转型期。市场经济决定着杂志的转型方向。20 世纪 90 年代末，很多杂志开始转型，1999 年《管理科学文摘》开始转型。转型面临着两个问题：一是遭遇两家同名杂志与之竞争，使《管理科学文摘》失去优势，杂志经营一度陷入低谷；二是文摘的性质限制了杂志的发展。针对这两个问题，我们避开竞争锋芒，把转型方向确定为"管理实践"领域，与企业案例研究紧密结合起来，开辟了新天地。针对文摘内涵过窄问题，引入了"广义文摘"的概念，积极拓宽杂志的发展空间，因此，该刊在转型期不但没有被竞争挤垮，反而转危为安，靠创新实现了成功转型。

2008 年—2016 年为品牌创新期。由于市场经济的进一步深入，本刊原有的理念、管理方式和组织形式与经济形势不相适应的矛盾逐步暴露出来，盲目引进西方现成管理出现了"水土不服"的现象，国内大量管理实践创新需要提升，政府决策科学和民主化亟待解决。这与 20 年前遇到的相同问题是管理学科建设问题；当今怎样认识和理解什么是中国管理科学问题？对此，需要在理论上有一个说法。我们认识到：管理不仅是知识和学科本身，管理涉及社会的方方面面，通过管理推动社会经济全面发展才是当务之急。基于以上认识，2008 年，《管理科学文摘》更名为《管理观察》杂志，一个涵盖反映国内外管理创新的新人物、新理论、新成果、新方法，适应全球化与本土化需求，引领管理中国化新实践的全新杂志品牌出现了。它标志着刊物从单一学刊向多学科的综合转变，科技期刊向经济刊的转变，是硬任务向软实力转变的一个质的变化，它适应了中国 21 世纪知识界和管理界对新型期刊的要求。

在我国非时政类期刊改革之前，期刊自主创新品牌不是一件容易的事情，但更难的是品牌坚持，特别是创新还没有成为模式之时，品牌建设是最具有风险性的。创新型杂志不会忘记在品牌创立初期走过的一段弯路，曾出现盲目追求数量、远离办刊宗旨的情况，受到有关部门的严厉批评，但我们没有气馁和逃避，而是以批评为契机，坚持"5 年整顿，5 年改革"，实现了 5 年大提高。由此才有了创新型杂志的全新面貌。

创新型杂志一直踏着中国改革开放的脚步往前走，在每个改革转折关头，都能自觉地推动改革、践行改革、创新改革。这是来自创新型杂志内在改革的基因。没有改革就没有创新型杂志的今天，更不敢谈论未来。

为建设新型期刊智库而进行系列改革。中央关于建设中国特色新型智库的问题提出来之后，创新型杂志把建设新型智库提上了日程。可以说，近 20 年来，创新型杂志改革就是朝着这个方向一直在努力。如何建设创新型期刊，依靠"编采发"传统运作模式，已经跟不上当前的形势了。创新型杂志的核心是"政治家、战略家"办刊，有了这个基本认识，建设新型期刊智库的议题就会自然而然地提出来了。新型期刊智库是当前改革创新的一个很重要的目标，也是一种全新的杂志发展模式。这种模式需要理念提升、体制机制创新、新技术应用等方面合力增效。

新型期刊智库的内涵与核心力量。什么是新型期刊智库？新型期刊智库就是一种"体制能应变、机制能造血、自主能创新"

的新型办刊模式。包括三个层面：大家的杂志。一批领先杂志创造出新鲜经验，能够解决大多数杂志转型怎么办的问题，为成长型杂志的生存发展提供经验的共享。决策的杂志。作为一个现代期刊，不但能为领导提供决策咨询，而且还能为决策的转化各环节提供政策支撑，成为服务整个决策系统的智囊团。跨促的杂志。杂志的经验和研究成果不能局限于服务本单位，应对其它行业、产业有所借鉴，还能与社会各界进行交流，达到共同发展的目的。

《管理观察》杂志具有财经类、建设性、研究型、智库化四个重要特征，有效地提升了创新型杂志核心竞争力，实现期刊智库的优势。

财经类：《管理观察》杂志更名前的视野仅仅局限于科技范畴，转为财经类杂志后，内涵大大拓宽了，涉及财政、金融、经济领域以及科技管理、工商管理、公共管理、文化管理和社会管理。我国管理科学经过 30 多年的发展，正处于一个实践创新和理论创新的重要发展时期，这个时期不仅需要学术研究，也需要引领时代的新人物、新理论和新信息。这不但拓宽了杂志内涵，也扩大了刊物在社会上的影响力。

建设性：不少人一提"观察"，就以为这是一本以批评、找毛病为主的杂志，其实这是一个误解。虽然观察始终处于信息的前沿，但不会停留在传统思维上，而是对信息背后进行深入分析，"找出为什么的原因"体现了建设性是批评的最高理念。所以，从建设性角度展示《管理观察》杂志的价值、意义和作用十分必要。

研究型：一个没有理论思维的杂志是不可持续的。研究是媒体的灵魂，媒体是研究的喉舌。只有跳出媒体，与研究思维相结合，才能产生别人没有的竞争力。创新型杂志将媒体发挥到极致，将研究发挥到无限，走出了一条守正出奇之路，被人赞誉为"既会编剧本，又会唱戏"的创新型媒体。

智库化：当今，创新型媒体局限于发布和传递信息远远不够了，为领导机关、社会团体、企事业单位提供决策服务更为适时。创新型杂志的智库化，就是按其办刊宗旨，适应全球化与中国化需求、引领管理中国化新实践的一种创新。办刊宗旨决定了期刊智库特色，体现在一种全新的软知识、软实力和核心竞争力之中。

建立"外联内活"新型体制。一个有效的管理，必须具有权威性、灵活自主、科学决策这三个要素。

创新型杂志从实际出发，坚持"外联内活"创新发展。外联主要是通过横向合作弥补杂志本身的弱项，实现优势互补，提升杂志的核心竞争力。近些年来，创新型杂志通过与"管理智库"比较好地结合，凸显了杂志的软实力。杂志与管理智库相连接，使媒体与研究、顾问和国际化结构性功能有机结合，这种结合不但起到了整合资源的目的，而且通过知识与活动的交叉，大大强化了杂志的能力建设，为形成和发挥新的核心竞争力、形成全新体制机制起到了重要的支撑作用。

内活是指实行"大杂志、小核算"的管理创新，改变杂志内部管理太死的局面。我们认识到，原来的"编辑部、发行部和专题部"三部体制已经不能适应市场的变化，所以在杂志内部大力推广"项目组"制度。"项目组"是负责"创新业务设计、转化和发展"的创新细胞，项目组在机制上"可多可少、能生能灭"。项目组人员不一定都是编制内员工，也可以外聘。项目组按照市场化进行考核和分配，是一种灵活有效的新型工作形式，大大推进了杂志的创新工作。

建立具有权威的编辑委员会。为了加强学术性，确保杂志的

171

质量，2016 年创新型杂志编辑委员会进行第三届改选，请院士出任创新型杂志编辑委员会主任，由全国重点大学、"985""211"学科带头人，41 位管理学院院长和教授出任委员。这些委员的加入，不但加强了学科和专业建设，而且也为提高杂志的学术水平提供了人才保证。

用网络技术代替传统代理制。创新型杂志是国内生产数量较大的杂志，解决稿源是头等大事。过去主要通过多头组稿、价格竞争、采取代理制来解决。这种方式不但造成混乱，也导致假网站层出不穷，给广大读者和刊物的信誉度带来严重的影响，对此，我们曾采取组织打假队、向上级部门求援、在网上发布公告等措施来应对，但效果都不明显。2013 年，我们下决心实行网络技术，采用官网征稿，收到了很好的效果，不但解决了稿源不足的问题，还大大提高了杂志的可信度，保证了稿件质量。

用制度创新不断提高杂志质量，保证出版周期。提高杂志质量和确保正常出版周期是期刊的两个重要目标。为保证目标的达成，我们先后制定了《杂志管理 30 条》《流程工作 5 条》《协同创新 3 条》等文件。

实行"主编、编辑部和责编"三级负责制。首先，落实责任制。旬刊责任到人，每个旬刊确定一名责编，责编对质量和周期负全责，并与效益挂起钩来；其次，用团队保质量。分工不分家，在"来稿审稿、稿件修改、专业软件检测、稿件合成"等方面充分发挥团队的作用；再次，主编对稿件实施"政治把关、终审把关、周期把关"。三级责任制做到了"职责分明、团队聚力、主编决策"，大家恪尽其职，把质量和出版周期落实到每一个环节和细节上。

严格流程管理。为了保证按期出刊，制定了杂志生产周期管理，按照旬刊的特点，规定了送稿时间、排校时间、出版时间、邮刊时间等具体时间的节点，确定节点负责人，为了强化流程管理，杂志社还设立了流程主任，负责全程统筹，对出版流程作业进行严格监督和考核。

实行"主办单位与编辑部"双向协同机制。为了确保质量和出刊周期，杂志社加强了主办单位对杂志的协同管理，主办单位对每期杂志进行"风险、质量、周期"评估和测试，形成旬刊检查报告，及时返给编辑部进行修改。这种协同机制，既保证了杂志的质量，也是主办单位对编辑部进行的动态管理创新，同时密切了编辑部与主办单位的关系。

《管理观察》等创新型杂志的影响和效果，既包括自身学术质量等方面，也有社会、政治方面的影响和作用。提高了编辑部改革自觉的意识，首先，改革成为办刊的一种工作状态，有今天的成绩全靠改革创新，没有改革，这一切都无从谈起；没有改革，我们就没有发展的动力；其次，增加了改革创新的能力。我们以领会中央精神和政策为主旨，结合自身的实际情况进行改革创新。创新型杂志影响力日益扩大，期刊的智库作用日益突出。知网、万方、维普、龙源四大权威信息机构的评价：据知网统计分析：全球收存的有 5086 个用户，分布在全球 21 个国家和地区，个人读者分布在 23 个国家和地区。国内有北京大学、清华大学，国外有南澳大利亚大学、法国国际大学、牛津大学、日本国会图书馆等著名大学和科研机构都有收存。据维普网统计分析：2012、2013、2014 三年被引用率之和为 0.0351，引用时间跨度为 4.102，这表明被引用率全面提高，学术影响逐年提高。维普网还表明，其引率为 0.9779，这表明学术交流广度、深度和交叉度都是领先的。据万方数据统计分析：基金论文发表率不断提高，由 2008 年更名前的 8.45 上升到 2015 年的 13.26。据龙源网统计分析：已进入影响力期刊百强（TOP100），成为全国党政机关阅读第 47 名，这表明期刊智库理念正在发生影响和作用。《管理观察》杂志被中宣部改革办列为重点调研单位。在创新办刊体制、机制和方式方面的改革经验，受到中宣部改革办的重视，专门致函科技部办公厅索取杂志改革发展情况。

《管理观察》获准 4 年采访全国两会。以期刊智库为定位，选准主题、服务两会，受到代表重视。2012 年以城市改革为主题的采编活动，2013 年以"职业教育兴国之道"为主题的采编活动，2014 年以"自贸区建设"为主题的采编活动，受到两会的重视，收到很好的效果。

杂志改革 35 年来，历经不少困难，也遇到不少问题。正是改革创新给了体制、机制的活力，学术、理论和政治影响力不断上升。

平台为王的时代对新闻媒体冲击很大，对以知识为主的杂志冲击不是很大，同时策应管理中国化思想的落地。

期刊智库很重要的一项任务是建立"影响因子"的中国标准。作为有影响力的杂志，不但要发表论文，关键是怎样制定评价中国科研成果的评价标准，与从西方引进的"影响因子"SCI 发生了冲突。期刊中"影响因子"在中国被捧过了头，已经被推崇到接近荒谬的地步。在中国，"影响因子"成为确定"核心期刊"的生死阀。在当前学术界的错误导向中，普遍将期刊"影响因子"看成理所当然的权威学术评估手段，视为一种"学术公器"，用于衡量个人、学术团体、研究单位，甚至国家的整体学术成果。据悉，某研究院对一篇发表于《自然》杂志上的文章，奖金是 25 万元人民币，某大学甚至开出了 30 万元人民币的高价。

令人遗憾的是，国内学术界对期刊"影响因子"的历史和背景不是很了解。"影响因子"（SCI）在国外是用来赚大钱的一家私人公司，最初由公司创始人尤金·加菲尔德使用"尤金·加菲尔德学会"开办，于 1960 年改名为"科学情报研究所"，听起来完全像一家政府科研机构。这个掩人耳目的做法，欺骗了很多中国学术界人。

国外"影响因子"评价方法，不适合中国实际情况，中国成果评价标准不能受西方 SCI 的左右，而应当独立探求"影响因子"的中国标准。对于怎样评价中国科技成果，国内学者有许多探讨，我国在 20 世纪八九十年代，提出"科学产品转让额问题"以及"科研释知率"的概念，是对这个问题最初的思考。中国对科研成果应当采取系统综合评价的方法，它是从三个维度考虑的，即"学术（理论）引入率 + 成果转化率 + 知识普及率"这三个指标的水平和能力。当然这个模型还要不断完善，但应当肯定的是，它更符合中国管理创新的现实。

探讨"影响因子"的中国标准，中国期刊本身要进行改革创新，改变过于崇尚学术论文的风气，回归到知识的本质上来，让人们知道推进科技进步并非仅有学术内容就行了，还要有转化、推广和普及等一系列社会活动。例如世界顶尖的《自然》杂志是典型的"两栖类"杂志，论文只占 1/3，而非论文占 2/3，栏目不都是学科这一套，在设立的 15 个栏目中，还有消息、读者来信、讣告、招聘、瞭望等一些非学术栏目。初看，这些都与学术无关，是离道的，但以上因素才是持续学术后劲的有机土壤。

《管理观察》杂志 2008 年改革之后，开始从单一的科技、学术类杂志向涵盖"人物、理论、方法、信息"的两栖类杂志转变，学术类内容占 2/3，非学术占 1/3，不但学术水平日益提高，而且在提高创新组织和个人的软实力、影响力等方面的作用效果突出。在"全国两会""期刊改革""期刊智库"方面的表现日益受到国内外关注。另一方面，也得益于改革趋势很符合国际上的"两栖类"潮流，正是我们探求"影响因子"中国标准在媒体上的响应。

第七章　中国企业本土化管理战略

幸福的家庭家家相似，不幸的家庭各有各的不同。对于企业来说，失败的企业并不都是因为经营管理不善，成功的企业同样也有其成功的共同规律。中管院对转型期我国 100 家企业（包括国有企业、乡镇企业和民营企业等各种类型的企业）成功的特点进行了比较研究。可以发现，在中国经济和社会的转型时期，伴随着经济生活市场化的进程，企业管理在适应环境变化过程中不断创新和寻求新的变革，管理的理论和实践都在不断进步。利用 20 年的案例研究，在这些基础上将案例提炼为 9 条企业成功的共性准则，并以这些成功企业为代表，研究概括出我国企业管理进步的四大共同机理。

一、企业成功的哲学

从管理境界来看，管理水平体现的是管理的境界，是管理理念的升华。越往高层次发展，管理的视野就越宽，哲理越强，管理的理论和实践越丰富。

水平演进，台阶上升。通过管理创新推动管理发展，使管理水平不断提高，这是成功企业发展的重要途径。从成功企业发展的历程来看，管理的水平有六个层级，这是一个逐渐向前推进、台阶式上升的过程。

台阶一：建立经营秩序。建立正常秩序是企业管理最起码的要求，也是企业正常运行的起码条件。它要求企业建立一些最基本的制度、规范和标准，要有一定的命令与服从的程序、信息渠道和领导权威。没有秩序，企业将一事无成。这种管理更多的是经验的管理，更多地强调管理者要有经验，有敬业精神。

台阶二：降低运行戎本。管理水平再上一个台阶，就是要解决好如何降低企业运营成本的问题。美国管理学家德鲁克认为，在企业内部说一千道一万，最终只有"成本"两个字。企业做任何事情都会发生成本，产品开发要成本，开拓市场要成本，职工培训也要花成本，成本在企业牵一发而动全身。

台阶三：选择发展目标。战略决策的失误是最大的损失。在市场经济条件下，企业间存在两种竞争：第一种是相互竞争，即力量相当的企业之间管理系统有效运作的竞争；第二种是战略竞争，即选择经营领域，谋求竞争优势地位的竞争，战略竞争决定着企业的前途命运。

台阶四：建树企业形象。企业要处理好公共关系，建立自己良好的公共形象，这是企业管理水平的高层次体现。市场经济是信誉经济，在市场经济中，企业形象好，可以财源滚滚通四海。建树企业形象，使企业能够正确有效地处理好与生产者、消费者、投资者、政府部门、社会公众等等的关系，能够得到社会的认同。华西集团在市场经营中提出"质量有价，信誉无价"的理念，坚持"以诚待人，以信为本，三守三真"，做到"三包两个信得过"，这是企业认识到信誉就是企业生命的真谛，是无形的财富。

台阶五：塑造价值观念。价值观是企业文化的核心，是企业职工形成共识的基础。只有在共同的价值观念的基础上，才能产生共同认可的行为规则，有了共同的规则，才能建立起真正有效的生产经营秩序。企业文化在企业发展中具有重要的作用，先进的企业文化是企业成功的法宝，能够凝聚人心、约束行为、激发热情，是企业管理系统的灵魂。海尔公司在 20 世纪 80 年代还是青岛冰箱厂时，一个厡户在 76 台冰箱中没有选中一台满意的，每台都有毛病，这件事引起了张瑞敏的高度重视，他把全厂职工集合起来，一人一榔头，把76台冰箱砸得粉碎，从此企业形成了一条理念："不合格的产品不出厂"。

台阶六：遵循经营伦理。企业的最高使命是对社会做贡献，利润是企业对社会贡献所得到的回报。企业经营可以归纳为三种境界：一是以我为原点，以钱为半径的钱商；二是以钱为原点，以思想为半径的贤商；三是以思想为原点，以社会为半径的圣商。这是三种管理水平，三种赚钱的水平。小本生意常常是钱商，钻进钱眼中赚钱的钱商多半赚不到大钱。而经营企业要有思想、有理念。君子爱财，取之有道，这就有站到消费者立场的感觉，想到消费者所要求的利益和愿望，贤商比钱商更能获得社会的认可。圣商则不仅仅把经营管理看成是经济问题，而且看成是伦理问题。完全站在用户、社会角度来经营，对社会文明进步承担责任，这是企业发展的需要，也是社会进步的需要。这种管理境界的提高，自中国改革开放以来，我们已有深切的体会。管理的进步，就是使管理从经济进入伦理，从企业走向社会，从"钱商"走向"贤商"，并向"圣商"趋近。

运用动力，适应变化。成功企业的发展之路，是充满曲折和艰辛之路。成功企业为了求得生存和有效发展，主动适应环境的变化，在管理创新过程中，迈过了一道道门槛，始终勇往直前。从成功企业的发展过程来看，企业在管理创新过程中至少需要迈过六道坎，超越每道坎所需要的管理创新的重点也不相同。在企业发展的不同阶段，管理创新有其侧重点。伴随着企业经营规模的扩大，影响企业发展的障碍瓶颈会不断发生变化：从技术局限、逐渐转变为营销扭曲、管理迷失、观念混沌、战略虚伪和无企业文化，它们形成了一道道坎。这就需要企业及时转变管理创新的重点，从追求营销成功，向追求管理突破、观念创新、战略成功、建设文化，以及构造企业文化强势转变。成功企业之所以取得成功，一个重要原因是在企业发展的不同阶段，能结合内外影响因素的变化，运用好创新的直接推动力。表现如下：

适应市场需求变化。市场需求变化是企业管理创新重要的直接推动力。市场需求处于永恒的变化中，谁能够适应或者领导这种变化，谁就是成功的企业，谁的管理水平就会提高，管理就会进步。成功企业通过管理创新，一方面适应需求，即满足现实的需求；另一方面创造需求，即满足潜在的市场需求。

适应竞争变化。适应竞争变化对企业管理逐步形成了直接的推动力。成功企业正是在竞争的博弈中获取创新的灵感，提高管理的品质。虽然企业竞争的成功可能会有多种原因，但本质上看，企业的竞争能力就是企业的管理能力，提高竞争能力就是提高管理能力。

适应社会文化背景变化。不同文化背景形成不同的管理。文化的变化必然促使管理发生变化。中国的现代管理已经悄然发生变化，正在形成以理性精神为准则，纳情于理，移情于法，情理法相统一的管理模式。成功企业的管理随着社会文化的进步而发生变革，使管理文化不断得到升华。

适应政策法规的变化。成功企业敢于开拓、大胆实践，善于根据经营所在地的政治形势、政策和法规来选择自己的经营行为，以便回避风险和捕捉机会，根据对政策、法规变化的判断来制定长期战略，创新管理思想并改变管理方式。

另外，成功企业管理创新的推动力还包括适应企业内部各方面因素。

夯实基础，强基固本。基础工作是管理之树长青的根基。企业管理的基础工作是否健全、科学、先进、合理；是否准确、可靠，直接影响企业实施现代管理的方式和手段。成功企业始终认为，管理水平要提高，基础工作要先行。企业在实施管理创新过程中，紧紧围绕着企业的"三个中心"，来加强企业管理的基础工作。

以市场为中心。企业以市场为中心来进行管理定位，来决定管理原则、管理方式和方法。成功企业以市场为中心的管理，是在充分研究市场潜在需求和现实需求、需求和供给、企业自身特点和市场变化等关系的基础上，明确管理目标，实施科学决策，调整经营策略，实现企业目标的过程。市场是企业管理的出发点和归宿点。

以效率和效益为中心。管理是以效率和效益为中心展开的。效益通常是指投入产出的关系，投入减少而产出增加，从一个较长的时期来衡量企业的经营业绩。效率是企业取得效益的过程和方法，是指单位投入与产出的比率。传统的效率概念是，只要产生的更多就是有效率，现代的效率概念是既要更多又要更好还要更快。成功企业积极适应市场，树立现代效率观念，从以企业为主体向以市场顾客为中心转变。

以人为中心。成功企业坚持以人为中心的管理，在管理过程中贯彻能级原则、动力原则、行为原则，在满足职工需要的过程中推动企业发展。在企业外部同样做到以人为本，设身处地为社会公众和顾客着想，满足社会的需要。

要素协同，整体优化。企业管理是一个复杂系统，企业管理各要素在各有分工的基础上实现有机整合，构成有机系统，实现要素之间的协同关系，结果使系统功能放大并产生新的功能。管理就是追求系统要素的协同，实现要素共享，以降低系统或子系统的运行成本，提高协同效益。我们对中国转型期的百家企业进行调查后，概括了企业成功管理的八个方面的要素。这些成功要素之间是相互联系、相辅相成的，构成了推动管理进步和企业发展的轮子。企业管理要依靠参量建立有序系统，并要促进他们之间相互竞争和协同合作，使系统从无序到有序再到更加有序不断进化。这就是我们所说的"轮子模型"。

这八个成功管理要素是：政策、诚信、人才、市场、科技、资本、权威、战略。在影响企业管理成功的诸多要素中，这八个方面的要素体现了中国企业在经济转型时期的管理特点和共同的规律性。在中国经济逐渐市场化的进程中，企业在市场竞争中走向成熟，从对市场经济的陌生甚至畏惧，到如鱼得水、发展壮大，学会市场经济中企业运作的基本规则。成功企业通常以政策为机遇，以战略为红线，以市场为先导，以诚信为准则，以人才为根本，以用活资本为纽带，以科技创新为动力，以权威领导为机制，同时以文化为牵引，以组织优化和品牌运营为基础，紧紧围绕培植核心竞争力这一中心，使企业从小变大，从弱变强。

在管理要素轮结构中，八个要素在不同企业、不同时期可能有不同的作用，企业不可能仅靠哪一个因素获得成功，而是把这些因素有机地组织起来，在企业核心能力的基础上，形成企业的综合竞争力。如果把这比作一个车轮，车轴是企业核心能力，轮辐就是这些要素。轮辐的外围构成企业的综合竞争能力。企业管理的任务就是系统地处理好这些要素，解决某些轮辐存在的问题，整体推进与这些要素相关的工作，使轮子能始终有效地向前转动，并且转得稳、转得快。

这八个方面要素是企业成功的八大准则，是成功企业的制胜之道。

二、审时度势掌握政策

国家制定的宏观政策是企业生存的生命线，也是企业发展的一项重要资源。政策资源与其它有形资源相比，对企业发展起着主导和领先作用。从 100 家企业成功的经验可以看出，这些企业都是在沐浴着党的富民政策的阳光下发展和壮大起来的，都是运用政策比较成功的企业。

政策资源，用活为本。政策是企业发展的资源。在计划经济向市场经济转变的过程中，价值规律这只"看不见的手"在调节着经济运行。为推进和规范市场经济行为，政府必然要制定一系列的政策和措施。这些政策具有方向性、针对性、灵活性和多样性的特点，因此应用过程中要因时、因地、因人、因事制宜。而价值规律的运用则表现为经济利益的强制性和竞争性的特点。成功企业正是实现了将市场经济规律与中国政策资源的内在统一，才找准了企业前进的基点。

星火公司在企业管理过程中，提出了政治经营的新理念。星火公司认为，在中国国情背景下，管理企业要突出政治领先，搞好政治经营。什么是政治经营呢？就是企业管理要适应政治环境，开发政策资源、参政议政。作为一个企业，首先要适应政治环境，企业要主动接受市场监管、税务、物价等部门的检查监督，把政府对企业的肯定和荣誉转化为商品信誉和企业的无形资产。适应环境，作为企业管理就是做好合法经营。企业总经理认为：利用政策资源，就是要利用政策多样性和差别性。利用开发区政策，不但政府认为企业响应了号召，而且企业自身也得到实际免税的利益。企业要参政议政，这主要是按指定的渠道，积极向国家提出发展企业的政策建议，国家采纳后，可以促进企业自身和更多企业的发展。

成功企业对政策资源的开发利用，使企业具有了相对稳定的发展方向，以不变应万变，适应了市场竞争。国风公司总经理有一句发自肺腑之言，他说成功"一靠政策，二靠政府"。政策是公开的，关键是对政策的敏感和领悟，是靠结合国家、企业的实际情况的灵活运用；政府是公众的，是政策的制定者，企业的行为如果站在政策的最前沿，那就是对政府工作的极大支持，企业因此必将得到政府的有力支持。与企业相辅相成，这是在任何一个国家都普遍存在的影响企业行为的因素。国风公司正是合理地运用了政策与企业发展的关系，通过支持国家的宏观政策，获得了政府部门对企业在税收、资金、投资项目和企业体制、机制转换等方面的一系列扶持政策，使企业驶入高速度发展的快车道。

吴仁宝曾提出"吃透两头"的政策观。他认为，企业一方面要吃透党的路线、方针、政策的精神实质，从而坚持原则，有处理问题、制定贯彻措施的基本立场，能够把握住发展方向；另一方面，要吃透工作的实际，吃透本部门、本单位的具体情况，从而开拓政策运用的创新性。吴仁宝认为，两头吃不透就会吃夹生饭，"不吃透上头工作没准头，不吃透下头工作没势头"。正是在"吃透两头"的政策观念指导下，华西在几十年的发展中，避免了在政治经济发展中的随波逐流现象，保证了企业健康快速发展。

企业健康地发展，是价值规律与政策资源在企业发展中实现动态平衡的结果。价值规律和政策资源的有效结合是企业成功和实现自我发展的内在条件，也是成功企业发展的一个基本模式。所以，任何一个行业，任何一家企业都离不开宏观政策的影响和作用。用活政策最有效的方式，是成功企业对政策原本思想的直接运用；而对于政策资源的运用，一般地说来，越接近原本思想，政策的丰富度越大，效果也越好。

领导班子稳，工作方法活。企业是一个"生物体"，任何企业都是有"寿命"的，其"寿命"长短，既取决于企业所处的政治、法律、社会和文化环境状态，也取决于企业领导和员工的经营战略、经营理念和企业文化。成功企业一般都具有雄厚的实力、灵活的机制、坚强的领导、优秀的人才。时代为这些成功企业提供了历史性的发展机遇，成功企业的未来之路将是光明而远大的。

审时度势，把握先机。政策就是机遇。我国宏观政策为企业发展提供了难得的历史机遇。成功企业的发展处于我国改革开放的转型期，政策和经济形势发展变化很大，政策资源十分丰富。成功企业都是在市场经营中把握好了政策机遇，找准了自己前进的基点和方向，才保证了企业的稳定成长和发展。

张瑞敏曾经说："在市场经济条件下，一个精明的企业家必须有三只眼睛，只有两只不行。要用一只眼睛盯住内部，最大限度地调动员工的积极性，不断提高产品质量；要用第二只眼睛盯住外部，最大限度地满足用户的需求，不断扩大市场份额；还要用第三只眼睛盯住国家宏观调控政策，及时抓住机遇加快发展企业规模。"张瑞敏就是长了三只眼睛的企业家，具有超前意识的指挥官，富于创新精神的设计师，在张瑞敏的带领下，广大员工在不断提高产品质量、不断扩大市场占有率的同时，不失时机地抓住各种稍纵即逝的政策机遇，发展海尔，壮大海尔。

万杰公司是抓住机遇的一个突出典型。万杰公司总经理认为：作为成功企业，不仅要有市场经济的理念，还要有敏感的政策观念。尤其是在形势瞬息万变的改革年代，只有密切关注政治，认真研究政策，才能摸准发展的脉搏，及时准确地做出反应。万杰公司正是依靠自己独特的政治眼光，认真研究和把握政策，成功抓住一个又一个发展机遇，把1981年资产不足百万元的漂染厂，发展到1997年拥有50亿资产、21家成员企业、科技含量较高的大型企业集团。

万杰公司在发展的过程中，曾遇到过两次国家银根紧缩，他们看准了国家经济形势，在银根紧缩之前筹足了企业发展所需的资金，为万杰公司成长打下了基础，争取了时间。万杰公司在国家扶持乡镇企业发展的阶段，能迅速捕捉到政策机遇，运用到企业发展中去；后来在国家推出扶持"三资"企业政策时，又迅速办起了合资企业，大力发展外向型经济。在国家扶持国有企业发展时，完成了原始积累的万杰公司又赶上了国有企业改革的"班车"，1996 年规范了两家股份制企业。1997 年，经国务院批准列为全国 120 家试点集团之一。万杰公司发展的历程具有普遍性和代表性，反映了成功企业成功的普遍规律。

抓住机遇，加快发展，对企业来说至关重要。那么，成功企业是如何捕捉机遇，用好政策的呢？主要有以下几个因素：

按经济规律发现机遇。机遇是客观存在的，机遇千载难逢，也稍纵即逝。究竟如何才能很好地发现机遇？成功的企业认为，在党的富民政策指导下，通过了解市场信息，认真审视市场态势，遵循市场的发展规律是发现机遇的最佳途径。企业很注重学习党的政策与文件，设立了市场信息情报点，及时向公司反馈市场变化信息。企业决策层对反馈信息分类筛选、认真分析，从中发现机遇。可以说，成功企业的发展在很大程度上得益于善于从市场和形势变化中搜集分析各种信息、捕捉机遇。

以超前的意识争取机遇。机遇往往与挑战并存，希望与困难同在。只有用敏锐的眼光，超前的意识，才能很好地把握机遇，化困难为优势，变风险为动力。如果优柔寡断，驻足不前，就会错失良机，使优势变为劣势。

以创新的思想把握机遇。成功企业解放思想，清除陈旧观念，增强社会主义市场经济的新观念；发扬敢闯敢试、敢为天下先的精神，及时把握市场给企业提供的良机，积极地争取一些"政策性贷款"，以解决企业发展资金不足的问题。像梅雁公司，主要是利用省有关部门对"菜篮子工程"的倾斜政策，通过"拨改贷"的指标解决的。

以科学的方法捕捉机遇。日趋激烈的市场竞争，必然反映在捕捉机遇方面的角逐。成功企业认为想捕捉机遇，不但要有"火眼金睛"，善于趋利避害，还必须有胆有识，敢于快速决策，先于别人快速启动，并以更快的节奏、更高的效率使之转化为生产力。

捕捉机遇有两种：一是抓住机遇；二是造势捕捉机遇。如花园公司就具有一种造势捕捉机遇的特殊能力。花园公司经常同中央部委、同乡会交流并建立长期协作关系。1995 国际食品节原定没有花园公司的产品参展，企业得知信息后，想尽办法挤了进去，最后企业的产品被评为 1995 国际食品节金奖，从而一举成名。企业还利用东阳市在京举行经贸洽谈会的机会，促成了北京大兴与花园公司项目签字仪式，然后广泛宣传，从而赢得了两地政府的支持和外部资金的介入。同时，抓住时机申请获得了企业进出口权，为打开国际市场创造了条件。

不断学习赢得机遇。能否抓住机遇、用好机遇，取决于人的素质和能力。机遇偏爱有准备的头脑，而绝不会恩赐懒汉和懦夫。成功企业不断学习市场经济的有关知识，提高自己的业务素质和驾驭市场的能力，增强预见性、科学性和主动性。企业在创造良好学习氛围的同时，还邀请一些懂技术、懂管理的专家担任顾问，对企业求发展的方向性、原则性、战略性等重大问题进行咨询和指导。

以严谨的态度用好机遇。成功企业的经营者在机遇面前，头脑冷静、措施得力、方法科学，绝不让机遇失之交臂。在实施决策之前，企业也总是深入调查研究，全面分析，科学论证，着力找准自己的位置和突破口，具体又科学地安排企业的发展战略，把机遇用好用活。

政法相揉，稳定发展。成功的企业，不仅是用活政策的典范，同样也是守法经营的楷模。我国正处于由计划经济向市场经济转变的转型期，法律也在不断发展和完善，以法治国和以德治国已成为我国的基本治国方略。从百家企业成功经验中可以看到，这些企业之所以运用政策比较成功，有一个重要原因，就是注重将政策和法律紧密地结合起来，做到政法相揉，在认真贯彻和遵守国家法律法规的基础上，用活、用足、用好政策，以此确保企业持续、快速、健康和稳定发展。

实践证明，在政策与法律的关系上，谁能找到结合点，谁能结合得好，谁就能成为成功的企业者。在市场运作中如果忽视了国家政策，或者不能正确把握政策尺度，不守法经营，就容易造成决策失误，导致经营失败。在我们研究成功的企业案例中，多数企业能够严格地按照《公司法》等有关法律法规要求规范运作，实事求是，从实际出发来理解和贯彻政府的方针政策。能够从广泛的政治关系中去理解和把握所面临的经济问题、管理问题和技术问题；并特别注意研究和预见政府政策对本企业的直接和间接的影响，预见自身根据市场规律和政策资源所作决策的长远的政治后果。

成功的企业都十分重视讲政治，讲法治。企业普遍认为企业不是赚钱的机器，而是社会经济的细胞。细胞是依附于生命体生存与新陈代谢的。企业要依存所处的社会环境与政治体制而生存和发展。政治与法治、政治与经济、政治与企业的经营管理关系，并不是在中国特定国情条件下才存在的，全世界的企业都处在政治、社会环境与国家的政治体制下生存与发展的，只不过各国的企业家理解、掌握与处理政治与企业管理的表现形式有所不同而已。

成功企业的经营者特别强调要学理论，提高自身政治思想与理论政策水平，增强政治敏锐性和鉴别力。在学习过程中，企业很注重理论联系实际，着眼于解决企业发展和管理过程中的实际问题，做到解放思想，实事求是，与时俱进，开拓创新。并坚持以理论武装企业党员干部，努力促使广大党员职工进一步增强贯彻党的路线、方针、政策的自觉性与坚定性，从基础和整体上提高企业员工队伍的综合政治素质。例如，梅雁公司总经理就认为，企业家的行为并不单纯是经济行为，企业家是负有社会责任和历史责任的。企业家把几十、几百、几千甚至几万、几十万人聚集在一个企业内，生产价值几百万、几千万、几亿、几十亿的产品并将它们推向社会，它所产生的社会影响甚至历史影响是很大的。有社会责任感和历史责任感的企业家必须去了解政治、了解国家甚至世界的政治、社会的发展变化。中国的企业家必须坚持社会主义制度，用科学的思想指导企业改革与发展，做到遵守国家法律，守法经营。

成功的企业按照国家有关法律法规和公司章程的要求，建立规范的法人治理结构，还要注重加强精神文明建设，弘扬优秀的企业文化。同时，始终坚持树立双重效益观，使经济效益与社会效益相统一。企业以高度的政治责任感和事业心，通过资产关系纽带，建立和完善现代企业制度，在开拓创新中不断提高企业的核心竞争力，使企业始终行驶在健康发展的快车道上。

三、诚信赢得客户

在我们所研究的 100 家企业中，企业走过了一条从无到有、从小到大的道路。回顾企业多年来所走过的历程，成功的基本经验很多，其中最根本的就是把社会主义的特色与市场经济有机地结合起来，做到诚信经营，使企业不断发展和壮大。

至诚守信，理念卓越。诚实是做人之本，守信是立事之根。诚实和信用，被儒家视为"进德修业之本""立身之道"和"立政之本"。自古以来就是人际交往中最基本的道德准则。诚实守信，对企业发展来说是一种精神，是宝贵的无形资产，更是管理价值的有效提升。诚信是一个企业生存和发展的根本。当前，我国发展市场经济的过程中最缺少的，也是人们最关注的热门话题就是诚信。

成功的企业都十分注重加强以诚信为核心的企业文化建设。企业在长期的生产经营和市场运行中，将诚信作为处理人与人之间、企业与企业之间、企业与社会公众之间关系的基本行为准则，成功的企业始终认为，以诚信为基础的管理是企业在日益激烈的市场竞争中战胜竞争对手、立于不败之地的有效管理办法。企业一直加强职业道德建设，诚信待人，诚信经商，注重在管理上造就一种友善、互助、信任、协作的人文氛围，营造一种团结向上、上下亲和、自立自强的企业环境。同时，通过员工手册、光盘、网站、企歌、内部简报等，加强企业文化的建设和传播，对内对外强化企业形象，从企业的实际出发，形成以诚信为核心的独具特色的企业文化。

成功企业普遍认为，把自己的产品推销出去，并不是企业的真正成功；只有当企业把自己的信誉推销给用户时，这才算是一个成功的企业。企业的信誉是企业最为宝贵的财富，良好的信誉是企业最有价值的永久性的资产，它所产生的效益是难以估量的；成功企业以诚信铸就品牌，以信誉争取市场。企业坚信自己产品的高质量，热忱为顾客提供优质的服务，想顾客之所想，急顾客之所急，为顾客排忧解难。他们这种诚信行为，既赢得了顾客的赞誉，也赢得了企业的声誉。讲求诚信的企业，老百姓需要，市场需要，员工也需要。诚信，是企业生存与发展的根本，也是成功企业在激烈的市场竞争中做强做大的制胜秘诀。

工友集团多年来坚持奉行诚信至上的"工友"精神，始终以全面质量管理为主线，把具有现代企业特征的生产经营管理贯穿管理工作的各个过程。在公司上下树立起"质量是企业的生命""质量在我手中、用户在我心中"的质量意识，将 ISO9001 国际质量认证标准贯穿于生产全过程。从原材料进厂到产品出厂销售的全过程，每一个零件、每道工序都进行认真检验，严格把关，重点控制，以确保产品质量逐年提高。工友的企业精神是自尊、自强、勤俭、拼搏，诚信至上的企业价值观，正是其企业精神的核心和本质内容，决定了企业的价值取向和行动准则。"工友"精神在为社会做贡献的同时，也为企业带来了巨大的经济效益。

太锅公司总经理是一位富于战略头脑的企业家，他经常对员工说："我们企业艰苦创业，一步步走到今天，虽说已有 40 多年的历史，但还不能说是常青树，还需要永远保持创业时我们所形成的那些可贵精神和宝贵品质，其中最重要的一条就是诚信。只有讲诚信，取信于人，取信于社会，企业才能持续、长久地发展。"保持科技优势、品质优势、满足消费者对产品需求的同时，不仅以货真价实的高品质产品吸引广大消费者，而且也以其优良的售后服务赢得广大消费者的心。

成功企业以至诚守信为核心，加强企业文化建设，不断转变员工的观念。在全体员工中普遍形成了"人人爱企业，个个做贡献"的良好氛围。同时培养了员工的主人翁意识、良好的敬业精神和道德观念，造就了一支训练有素的职工队伍，很多企业经营者成为党代表、人大代表、政协委员和劳动模范、三八红旗手。这无疑是成功企业快速发展、长盛不衰的一个重要原因。

以诚经营，以信养誉。"守法经营、信誉第一"。这是成功企业一贯坚持的经营信条。企业将抵制不道德的行为，看作是自己的责任，不断加强企业自身的管理，建立起了银企之间、企业与企业之间、企业与顾客之间良好的形象和信誉，极大地提高了企业的社会知名度。

在现代市场经济条件下，质量、服务、信誉、品牌既是道德范畴，也是效益范畴。成功企业普遍认识到诚信虽然不像物质产品那样会给企业带来直接的利润，但它是企业的一种资源，是企业经济发展的一种无形推动力，对企业的长远发展有着巨大的促进作用。企业十分重视诚实经营，讲究信誉，在给消费者带来好处的同时，也给企业苔来利润。正如用友公司总经理所说："我们公司卖的不仅仅是电脑软件，卖的更重要的是诚信。"永济电机厂厂长也说："我们不仅是卖产品，更是卖信誉"。在实际经营过程中，他们都一致提出了诚信经营的主张；有的企业提出了"承诺制"，有的企业实施了"透明经营制度"，还有的企业采取了"全过程无忧虑服务"等措施。他们认为，全社会企业诚信经营的实现，是通过一个个企业来完成的，企业必须建立诚信经营的自律机制。具体地说应该做好如下几点：

认真制定诚信经营准则。成功企业通过制定明确的诚信经营准则，使企业明确自己的社会责任和社会使命，明确企业应该为国家、为客户、为职工做些什么；使职工明确什么是诚信经营，怎么做符合诚信经营准则，怎么做违背诚信经营准则。这些企业在制定诚信经营准则时，都注重从人性的要求出发，让职工愉快地接受企业的诚信经营准则，把企业的诚信经营准则转化为自己的自觉行动。同时，成功企业严格按照《公司法》《证券法》和有关法律法规的要求，规范公司运作，许多上市企业都制定了《公司章程》《股东大会议事规则》《董事会议事规则》《监事会议事规则》和《经理工作细则》，建立健全了各项管理制度和公司治理制度，并在日常工作中不断完善法人治理结构。这些都为企业的诚信经营提供了组织保障和制度保障，保证了公司生产经营的蓬勃开展。

企业家群体注重率先自律垂范。组织诚信与个体诚信是协调统一的，最重要的就是企业家群体的自律垂范。在成功企业里，企业诚信经营准则是由企业家群体制定的，同时也是由企业家群体率先执行的。对于这些企业诚信经营准则，他们并非只说不做，更不是说一套做一套。梅雁公司总经理在谈他对企业家如何理解时说：我觉得做企业家并不难，企业家只是一个称号而已。企业从某种意义上说，就像是一个家庭，所谓企业家就是把企业当做家，领导者就应该像管理家庭一样管理企业。如果是别人逢迎你才叫你企业家，那你就不能叫做企业家，而应该叫"企业枷"。这个枷是枷锁的"枷"，而不是家庭的"家"。在一个家庭里，不仅有夫妻关系，还有父母和子女。对于企业来讲，国家就像是父母，股东就像兄弟姐妹，家里的人当然要有诚信。他还经常对员工说，老百姓赚钱不容易，要让老百姓手中的钱花得值得，绝不能做坑害老百姓的事。盼盼公司总经理的经营理念中，诚和信占据着非常重要的地位。他的人生信条就是："说老实话，做老实事。"踏踏实实做事，堂堂正正做人，即是他从事经营活动的出发点，又是他经营上获得成功的重要保证。他常说："我不骗人，人不骗我。"可以说，自从走上经营之路，就要以诚实和信誉去结交越来越多的用户和同行。

加强诚信经营教育。教育是实现诚信经营的有效手段。成功企业在发展过程中，为了有效实施诚信经营，十分注重在企业内部实施诚信经营教育，丰富职工的诚信经营知识，提高诚信经营水平，以将企业自身建设成为一个诚信型的组织。成功企业认为诚信经营教育的内容应当结合企业的实际而设计，通过案例等形式告诉职工应该做什么，不应该做什么，而且把诚信教育看成是企业的一项长期性工作，努力做到持之以恒，贯彻始终。

建立诚信经营的奖惩机制。成功企业为了形成良好的诚信经营环境，特别注重建立赏罚分明的机制。例如，在提拔、奖励管理者和职工时，将他们的诚信经营业绩、诚信经营行为和诚信经营信仰作为重要依据。反之，当企业管理者和职工违反企业诚信经营准则并给企业形象和企业利益带来损害时，给予必要的处罚。成功企业还注重从组织上保证诚信经营奖惩机制的实施。有的企业建立了独立董事制度，具有比较完善的董事会议议事规则。独立董事在监督公司经营管理、提高公司绩效、保护股东权益等方面发挥了更多的作用。独立董事制度的实施进一步规范了公司董事会运作，提高了董事会议事的质量和效率，随着时间的推移和配套措施的不断完善，独立董事制度必将对进一步强化企业诚信理念发挥出更大作用。成功企业在多年的发展中，内抓质量，外塑形象，赢得了来自社会、市场等各方面的高度评价和赞誉。这无疑是成功企业进一步发展最宝贵的无形资产。成功企业的信誉主要包括三个方面：

企业声誉。成功企业一贯严格按照有关法律法规的要求规范运作，绝大多数被评为"全面质量管理达标企业"、省市"先进企业""重合同守信用单位"等光荣称号。企业始终坚持以诚信开拓市场，并向社会公开宣言：诚信，是企业的名片。成功企业坚决反对商业欺诈，严格履行合同，做到有约必履、有承必诺。成功企业时刻遵循国际化规则来运作和竞争，靠自己先进的技术、优良的品质、一流的服务、良好的商誉、雄厚的资金和品牌实力，在激烈的竞争中求得不断发展。企业以德凝聚人心、以德凝聚客户、以德回报社会。如今成功企业的商誉具有极高的含金量，成为客户心目中的"金字招牌"。成功企业在市场竞争中充分发挥其自身"老字号"品牌的作用，这无疑为成功企业未来的发展奠定了牢固的基础。

产品声誉。成功企业的产品一直以质量高、服务优在用户心

194

目中树立起了良好的形象，并得到了社会和有关各方的认可和表彰。

个人声誉。每一个成功的企业背后，都有一位成功的企业家。成功企业的发展是员工们在他们的带头和带领下脚踏实地干出来的，在成功企业获得良好的社会声誉的同时，这些企业家们得到了社会各界的高度评价。许多人被选为党代表、人大代表或政协委员，还有的人多次获国家、省、市劳动模范、优秀共产党员、技术标兵等各种称号。

在激烈的市场竞争中，成功企业笃守诚信，勇立潮头，求得生存，求得发展，树立起良好的品牌形象。

诚信为先，力量源泉。成功企业最终的竞争力取决于企业在一系列价值中如何进行价值选择。诚信理念才是企业竞争力的动力源，企业的信誉才是企业唯一经久不衰的竞争优势。成功企业在长期的生产经营中，始终将诚信看作是企业的核心竞争力。核心竞争力作为企业所独有的能力，总是随着环境的变化与实践的深化，不断丰富和升华。过去把成本降至最低作为企业管理的追求。随着经济的发展，追求成本降至最低，逐步转化为追求价值增值最高。因为降低成本空间有限，而价值的提升，则不可限量。应该如何提升？成功企业认为首要的就是以诚信树商德。

成功企业认为，要想做到最优秀，最具竞争力，必须在企业核心价值观上下功夫。技术、高科技可以学，制度可以制定，但包括企业全体员工内在追求的企业文化、企业伦理层面上的东西却是很难移植、很难模仿的。从这个意义上说，企业理念才是最终意义上的第一核心竞争力，而企业精神、企业信用、企业商誉是企业理念不可或缺的基本要素。成功企业在创业之初就不以赚钱为目的，而是把消费者的利益放在第一位。企业坚信：唯有诚信至上，企业才能百年不衰。

　　成功企业十分注重诚信，强调要加强企业的无形资产的运营。从产品经营，到资本经营，到信誉经营，这既是经济发展规律的客观要求，更是企业经营境界不断提升的必然结果。未来的竞争不仅仅是产品的竞争，还是品牌的竞争、信誉的竞争、商业道德的竞争。产品总是有生命周期的，而品牌的生命力和道德的感召力是无限的。成功企业认为，企业的职业道德，不仅是对企业过去业绩的总结，更是其创造未来的极其重要的无形资产。提高企业员工尤其是企业经营者的道德水准和信用，是对企业未来的投资，是企业长盛不衰之源。

　　"以诚感人者，人亦以诚而应"。20 世纪 80 年代初，万向公司通过经销商开拓了出口市场。近些年，随着海外公司的建立，很多客户找到万向公司要求直接供货，企业都没有答应。因为企业和经销商有约定，经销商开拓的客户，由经销商自己经营，并且，给经销商和他们自己的营销公司同样的价格，以确保营销公司的利益。万向公司在美国、英国、德国、加拿大等 7 个国家建立了 11 家公司，海外营销体系日益完善，但是，集团和经销商的关系与合作仍然十分密切。在亚洲金融危机的时候，一位东南亚客户请求他们帮助，在旧货款支付未收回的情况下，要求他们发新货，而且时间特别急。万向公司不仅加班加点，按时为东南亚客户发去了产品，还让利给他们，东南亚客户很受感动。现在，客户的形势好了，不仅还清了货款，还把之前本来在其他国家采购的产品，转为到万向公司采购，两家的合作非常愉快。从某种意义上说，以"信誉"为基础的合作，比以资金为基础的合作更为高级、更为持久、更为深入，也更有效益。

　　成功的企业认为，诚信作为企业的核心竞争力，不仅体现在企业对外关系上，同样也体现在企业内部。企业在执行一项决策时，首先让员工相信，这个决策有利于大家的共同利益，同时，经营者也相信员工，双方互相信任，既有利于科学决策，也利于迅速行动。决策科学了，执行速度加快了，必然会提高企业的竞争能力。万向公司总经理曾经说过："人无信不立，企业无信不长。办企业，与其说是一种职业，不如说是一种追求，在经济一体化的今天，企业不仅要把产品变成商品，而且，还要把人力资源、管理、文化等等生产要素转化为商品，如此一来，企业生产的就不仅仅是产品了，更是一种品牌，一种道德信念，一种无形资产。"

21世纪的发展，已经不再是单纯的经济增长，而是社会的总体进步，是人类文明的全方位提升。企业道德，已经变成企业社会责任的一部分，遵守道德规范，已经从一种美德，变成一种必须。长期以来，成功的企业一直坚持以诚待人，以德服人，"为顾客创造价值，为股东创造利益，为员工创造前途，为社会创造繁荣"，从而实现企业持续、健康、稳定、快速发展。

四、质量决定市场韧性

"只有疲软的市场，没有疲软的企业"。在斗智斗勇的商战中，作为企业、商家，如何才能使自己的市场营销富有竞争力？成功企业在长期的发展过程中，积累了不少成功的实践经验，概括起来，就是坚持以市场为导向的营销观念创新，做到市场领先。

市场导向，观念创新。成功企业进行营销观念创新，在引导顾客、创造客户价值方面，要树立"顾客永远是对的"的营销观念。成功企业都是在我国转型经济期发展起来的，成功企业都较早地抛弃了过去计划经济时期的"工厂就是上帝"，企业"坐在家里等顾客"等陈旧的经营观念，面向市场、转变观念，适应市场经济运行机制的要求，按市场需求组织生产，真正做到市场引导企业。坚持树立"顾客就是上帝""顾客永远是对的"意识，企业"主动上门找顾客"，积极主动地争取每一位顾客，用过硬的质量吸引人，用周到的服务感动人，用良好的信誉影响人。如太锅公司总经理对销售人员规定的一条准则是："推销产品不准送礼，不准拉关系……，要靠自己过硬的产品质量，靠太锅的企业形象"。

及时了解反馈，进行质量跟踪。组织工程技术人员登门了解新产品临床效果及反应，对用户的意见、要求，及时给予明确答复和处理。把握市场发展变化趋势，以市场为导向，不仅意味着从市场的现实需要出发，更要注意发掘市场，把握市场未来。市场需求并不都是随时显现的，机会常常是潜在的。善于发现和控制市场的潜在需求，准确预见和把握市场的变化趋势，是成功企业稳操胜券的长久发展的前提。企业始终把收集、处理从市场反馈回来的信息当作一件大事来抓，不定期地向消费者散发各种调查表，征询用户意见，了解用户需求。并将这些来自市场的"声音"迅速反映在新产品的设计上，新产品在功能上有了很大改进；赵家堡公司在现代经营中，认为市场信息是企业最重要的资源之一，企业经过反复实践与探索，建立起了与本企业经营相匹配的高效率的网络化信息系统。它像一个错综复杂但又井然有序的立体交通网，灵敏地感应着市场的微弱变化，各种信息通过该系统快速传递，大大增强了企业生产经营活动对瞬息万变的市场的适应性，有力地推动着赵家堡公司的蓬勃发展。赵家堡公司依靠建立在东北、华北、西北等地区的40多个销售点，以及常年流动的100多位推销员——"雷达兵"，构建起企业直接面向市场的巨型信息窗口，为企业及时、高效地从市场上捕捉信息、反馈信息提供了根本保证。

引导顾客，创造客户价值。引导顾客的核心是紧跟市场，创造客户价值。在激烈的市场竞争中，市场营销由过去的质量竞争、品牌竞争转向服务竞争，谁能为客户提供最佳服务，谁能为客户创造价值，谁就赢得客户，从而赢得市场。成功企业从顾客需要出发，不断进行营销观念创新，在为顾客提供良好服务的同时，为客户创造价值，成为提高经营管理水平、保证企业在市场竞争中获得竞争优势的关键。成功企业注重树立人本理念、方式和方法，并将其运用于为客户提供优良服务和创造客户价值的过程之中，教育和引导业务人员在工作中，自觉运用以人为本的经营理念、方式和方法，把每一项业务都看作相对独立的经营管理过程，真正做到尊重、关心、爱护每一位客户，在感情沟通中加强相互之间的理解，让客户较容易地接受种种业务宣传，从而进一步扩大企业业务，提高经营效益。

选择市场目标，这是事关进入市场的企业生死存亡的重大问题。成功企业的一切经济活动都是围绕目标市场进行的，企业将市场目标的确定当作是企业实施经营战略的首要内容和基本出发点。正如梅雁公司所说："企业的任何产品都应该永远走在市场的前面，去引导市场，引导顾客，做到比别人领先一点。"梅雁公司的引导市场战略，就是有意识地将消费者的需求导向引导到更高层次的产品特征上，使竞争在更高层次上展开，提高了行业的进入门槛，使新进入者知难而退；另一方面，给行业内的现有竞争者施压，避开单纯的价格竞争。例如梅雁 TFT 液晶显示器导光板项目列入 2001 年国家火炬计划，首批成果带点阵高亮度导光板的结构及工艺已达世界先进水平，获得国家专利。年产 1200 吨超薄电解铜箔项目为公司又一个高科技项目，它采用国内外最先进技术，主要生产 18um 以下的电解铜箔等等。梅雁公司在高科技领域不惜巨额投入，目的就是通过提高产品的科技含量，使竞争对手难以模仿。从而真正引导消费者的需求，为企业赢得广阔的市场。

超前行为、干字当头。成功企业一般都是有远大理想和抱负的企业，为了实现将企业做大做强的目标，企业始终坚持不断前进，超前行动，这是成功企业坚持市场导向，勇往直前的内在动力。这些成功企业首先是在市场经济的实践中干出来的。我国企业大规模地进入市场是近些年的事情。而那些起步早、发展快的企业，往往是率先进入市场，与市场经济及时接轨的企业。如万向公司在市场竞争中经历了产品的竞争、生产要素的竞争和产权市场的竞争三个阶段。在竞争中屡战屡胜，成为市场竞争中的佼佼者；工友公司主动面向市场、适应市场，走出了一条准确把握市场脉搏、重视科技开发以及生产品种灵活机动的三位一体的发展道路。花园公司将企业充满曲折、希望和辉煌的征途描述为认识市场、把握市场和驾驭市场的三个阶段，根据市场需求进一步发展经济和调整经济结构，按照"先做市场调查，后决定生产项目"的程序进行生产定位。

意识超前，整合营销。再完美的产品——即使是上帝的杰作，也需要营销手段，尤其是在买方市场的今天。成功企业坚持市场导向，整合营销战略，通过企业与消费者的沟通以满足消费者需要的价值为取向，确定企业统一的促销策略，协调使用不同的传播手段，发挥不同传播工具的优势，从而使企业的宣传实现低成本策略化与高强冲击力的要求，提高产品知名度，加快企业产品的销售。

大销售观。成功企业树立大营销观念，积极开展全面的营销。如中大公司就是将"大销售"观作为一个重要战略推行的。"大销售"这三个字看似简单，但却蕴含着一套中大人独特的营销理念。中大公司总经理说：所谓"大销售"，是加大产品综合销售的力度，包括"全员""全销""并重"三层含义。"全员"

即是集团全员销售。"全面"即是全面销售中大的产品。"并重"是指国际国内销售并重。

打一场促销总体战。成功企业在长期的生产经营中，始终把握正确的促销策略，不断完善营销体制，积极组建销售公司。许多公司在全国各地建立了销售点，形成日益完善的销售网络。成功企业的超前促销策略，集中表现在其营销手段上。成功企业围绕基本促销目标，将一切促销工具与活动一体化，打一场总体战，如同现代战争将空军（广告）、战略导弹（有冲击力的社会公关活动）、地面部队（现场促销与直销）、基本武器（产品与包装）等一切消费者能够感受到的"武器"整合为一体，把企业的价值形象与信息以最快的时间传达给消费者。如恩威公司总经理认为产品从生产出来到占领市场，要唱三部曲，即让消费者知道它——了解它——接受它。前两部曲都是"赔钱曲"，只有第三部曲才是"赚钱曲"。但是不赔钱不可能赚钱；钱赔得越多，就赚得越多。基于这种思想，恩威公司把"赔钱曲"唱得有声有色，通过举办各种活动，促进销售。

邱家水产公司为适应现代市场经济发展的要求，采取了系统的营销方式方法：一是利用各种新闻媒介和企业的对外交流，树立企业形象，促进产品销售；二是加大广告宣传力度，产生必要的广告效应；三是通过对主导产品进行鉴定，使生产技术先进、质量上乘的产品更容易被消费者接受。采用这些方式方法的结果，使公司的优质名牌产品逐渐被广大消费者所认识，从而达到开拓市场的目的。邱家水产公司有机地利用营销组合，如同赤、橙、黄、绿、青、蓝、紫七彩构成的阳光倍加绚丽一样，发挥每一个促销方式的优点，使各种促销方式相互支持、相互配合、相互促进，形成整体促销优势，迅速占领了市场；华西公司在市场经营中，总结了市场营销"四要诀"。即：薄利多销现销；厚利欠款不销；勤进多跑快销；库存积压减少。市场营销"四要诀"，是经验的概括，也是有效经营活动过程之中的效果显现。古井公司是我国著名的酒业集团，为了克服一般经销商因担心降价而不敢多进货的顾虑，借鉴银行"保值储蓄"的做法，富有创意地提出"保值销售"的策略，大大消除了经销商的顾虑，调动经销商均衡进货和扩大进货的积极性。"保值销售"的本质是工商（厂家和经销商）共建"蓄水池"，"商"出地皮，"工"出钱，其具体含义就是在一年之内，只要商家购买古井公司的酒，无论是厂家降价，还是国家政策往下调价，所造成的降价损失，均由古井公司承担；反之，如果厂家提价，或国家政策往上调价，获得的升值收益为商家所有。这就解除了商家的后顾之忧，放开胆子进货，从而使古井酒销量大幅度上升。

网络营销。成功企业在营销战略上，非常注重紧跟时代步伐，运用先进的科学技术手段和方法，开展网络营销。成功企业审时度势、果断决策，从把营销网络作为战略资源的角度，排除患得患失的顾虑，大力推进网上交易，不失时机地铺网建点，使企业借助品牌效应，用较少的投资，得以迅速地拓展市场。如兖矿公司注重强化市场部、营销网络、营销队伍"三大工程"建设，努力建立起"集中统一销售"，变"一点销售"为"多点销售"，覆盖华东和东南沿海的销售网络，构建直接参与市场竞争的煤炭运销体制。加强煤炭运销的统筹管理，以铁路运输为主线，以公路、水路运输为补充，开辟从生产到消费的煤炭运输通道。同时他们积极发展企业电子商务，在继续完善矿区内部局域网建设。控股中国煤炭商务网的基础上，以煤炭营销和物资供应为重点，将物资供应和煤炭营销由传统的采购、销售方式，逐步过渡到电子商务化，实现全过程网络化管理，实现生产及储配装运实时监测和综合查询，实现异地办公、网上企业宣传及信息的

202

发布，并带动非煤产业逐步应用电子商务。

正泰公司抓住机遇、因势利导，经过近4年的不懈努力，初步构建了覆盖面广、延伸度高，有销售公司194家、特约经销处254家的营销网络。表现在：继续扩展市场，填补市场空白点。继续扩展包括三个方面的内容；一是区域扩展，就是对目前还未设置网点且市场开发潜力比较大的区域进行网点铺设，其主设方向是中西部市场和边陲城镇、边贸市场；二是商域扩展，主要是发挥现有营销网络的潜在能量，延伸集团公司的扩大联合战略；三是领域扩展，是指销售领域的扩展，集团公司已形成生产规模的家用电器、通信设施、成套设备以及节能灯等产品，为营销网络增加了品种，扩大了销售领域。另外，要加大直销的力度，主要目标是国家大中型企业和电力及有关设计部门，要加大攻关力度，积极争取正泰产品获得这些单位的销售入网证。营销的触角在发达地区要延伸到县及县级市。在突出强化营销管理和加强营销队伍建设方面，通过系列培训和指导，健全机构、充实力量、提高营销人员科技、法律知识与技能、转变经营观念、完善营销人员的激励和约束机制、提高营销人员的整体素质，努力朝着单纯销售型向营销服务型转变，由被动跟随型向主动开拓型转变，由感情联络式的管理向制度制衡式转变，以切实提高正泰集团的市场拓展能力和市场占领能力、抗衡能力，形成稳固的顾客群。

完善的营销制度。"没有规矩，不成方圆"。成功企业的成功在相当大程度上取决于营销的成功，而营销的成功又依赖于完善的营销制度。成功企业在长期的营销活动中建立了一套比较完善的制度规范。主要如下：一是市场调研和分析制度。公司设置专职的市场调研人员，定期进行价格趋势分析、销售分析，不定期地进行竞争对手分析、区域市场分析，根据需要进行产品开发、市场开拓的调研和方案规划。市场调研人员搜集和整理市场信息，及时反馈给相关部门，为营销决策提供依据。二是营销计划的执行、控制制度。年度营销计划在市场调研和销售预测的基础上提出。年度计划分解形成月度计划，同时依据市场调研人员提出的销售分析报告，分析存在的问题并调整策略。三是用户投诉处理制度。成功企业通过建立客户投诉处理流程，对所有用户投诉都记录存档，并按照分析投诉原因、制定改进措施、及时反馈结果的流程处理用户投诉。投诉处理制度推动了公司产品和服务质量的改进，改变了公司投诉处理难的状况，在一定程度上提高了用户满意度。四是营销人员的激励制度。如漳州香料总厂为调动营销人员的积极性，实施了营销"责任田"责任市场营销法，包括建立责任营销网、建立与责任市场相对应的销售小组、实行"三包""三保"考核等，责任市场营销法实行的是新的内部激励制度，体现了鼓励有效劳动和多劳多得的分配原则，调动了业务人员的积极性。

质量是金，星级服务。"用诚信铸就品牌，以质量打开市场，以服务赢得客户"，这是成功企业很早就提出的口号，成功企业始终重视产品的质量，始终力求给顾客提供优质的服务。用他们的话来说就是：产品是"米"，离开了产品，再好的营销手段也是"无米下锅"。成功企业树立大产品观念，十分注重全方位提高管理的能力与服务的水平。

成功的企业都很清楚一点：质量是维护广大消费者利益的根本保障。这种保障体现的是一种对历史、对人民负责的态度与精神。湘泉公司一直坚持质量第一，高质量的名牌产品是靠严格的质量管理来支持和保证的。向管理要效益的同时，首先是向质量要效益。质量管理被列为湘泉公司一切工作的重点，贯穿生产经营的各个环节。坚持进行"三全"：即全员质量管理；全过程质量管理；全方位质量管理。如盼盼公司生产的盼盼牌防撬门是社会公认的质量免检产品。了解情况的人得知消息后都说，这块"免检牌"应挂在盼盼公司的"质量宪章"下面，因为质量免检产品是"质量宪章"的产物。"质量宪章"实际上是盼盼公司颁发的《质量管理制度》和《处罚方法》两个文件。这两个文件是盼盼公司质量管理的最高法律文件，被视为质量管理大法或宪法，平时公司上下都把这两个文件简称为"质量宪章"。"质量宪章"的基本规定是：生产工人交接上下道工序产品时，必须按有关质量标准实行严格的自检和互检。若自检忽略，导致不合格工序产品流入下道工序的，下道工序互检发现后，应及时返回上道工序。上道工序按本车间内返修规定加倍罚款，并赔偿下道工序工人的工时费和材料等损失；如果下道工序没有发现质量问题而使用上道工序有质量问题的产品，由本道工序赔偿上道工序工人的工时费和材料等损失。

"最好的广告是满意的顾客"。成功企业一直坚持大产品观念，认为服务是产品的一部分，服务的好坏直接关系到产品质量的高低。企业根据用户需要确定产品质量标准与服务标准，如上永公司所提出的"用户的需要，就是我们的质量标准"的经营理念。认为用户的需要是检验质量的唯一标准，也是检验服务的唯一标准。为使这一观念在全公司得以贯彻执行，上永公司建立了一套严格的管理模式、规范的 ISO9002 的质量管理系统、可靠的产品质量保证体系与服务质量保证体系。生产过程的每一道工序都严格把好质量关，坚决杜绝不良品出厂；在产品使用过程中，一旦出现"质量"问题，本着对用户高度负责的精神，在较短的时间内尽快为用户解决"质量"问题。

古井公司利用服务管理的手段，一边调整内部管理机制，按市场竞争的需要强化管理，建立有效的委派系统和研究机构，如市场信息研究室，市场调查报告文库等，对市场售后情况及时了解，并采取相应对策，生产出最能满足消费者意愿的产品，使企业竞争力得到增强；一边深化外部市场建设，提高服务质量和效率，对各地售后服务进行检查，连续几年搞"市场建设服务年"，并设置专门机构，及时处理顾客意见，使企业的生产和消费者的需求有机结合在一起，实现了企业最佳经济效益目标。

焦化公司始终把"制造优质产品、提供优质服务"作为公司经营宗旨，将服务态度与服务质量作为考察经营业绩的重要指标。在认真制定和逐条落实售前、售中、售后服务具体措施的基础上，又推行上门服务的"一条龙销售服务法"，即根据用户分布情况，将全国市场分为七大片，每片设专职业务员，在用户中巡回服务，实行"推销产品、催收货款、处理纠纷、开拓市场、收集信息"五大任务包干。同时，将售后服务与质量跟踪结合在一起。"售后服务、增进感情、切磋技艺、共同提高"，是公司分析人员实施质量跟踪的宗旨。也就是说，质量跟踪，不仅是为了监控到达用户手中的产品质量，避免和解决与用户之间质量问题造成的纠纷，而且也是一种售后服务。既是服务，就要有感情投入，就要开展技艺交流，以达到相互了解、相互信任、相互学习、共同提高的目的。

为顾客提供星级服务，这是成功企业一贯的追求。在积极延伸企业市场营销触角的努力中，成功企业既改变了过去只等客户来订货的"坐商"积习，也不满足于在营销地发展代理商的推销方式，而是到外地建立了办事处，改"坐商"为"行商"，变"浅销"为"深销"，积极到国内外各目标市场去开设自己的产品销售点，派专人到各个目标市场去经营，向国内外消费者进行"面对面"的经营，这样不但直接强化了自己产品的宣传、推介力度，而且及时搜集到各地消费者的最新需求，增强了经营的针对性，确保营销具有更强的针对性和更大的攻击力，提高了产品

206

的市场营销效率。如永济电机厂就提出："认真做好每一件事情，满足用户每个需求。"通达公司的指导营销思想是"宁可企业受损，决不让用户吃亏。"其宗旨，就是决不让用户因企业的产品蒙受损失。他们要求全体员工始终想着用户，无论售前、售中、售后都要坚持一条龙全程服务，做到产品销售到哪里，服务就跟踪到哪里。售前体现重视用户要求，以产品质量为中心；售中体现对用户诚实，以帮助为中心；特别是售后，要一心想着用户，对购置者一如既往地履行服务责任。

绿色潮流，名牌促销。树牌子就是树企业，牌子响企业就会兴旺。名牌是企业形象的缩影，对企业来说，是一笔巨大的无形财富，来之不易。只有通过"加倍投入"和争创一流才能创造出来。每一个著名企业的成功经验背后，都有一部自己的名牌创业史。

名牌是企业的金字招牌。优势商品必须有品牌，品牌反映了商品的品质和档次。而叫得响的品牌——名牌，依赖于过硬的产品质量和优秀的服务。现代营销中，在消费者心目中，名牌就等于高质量和上乘服务。有了名牌，企业就有了好的形象，同时也就有了市场，有了效益。所以品牌策略在营销中发挥着重要作用。成功企业在创建名牌的过程中，逐步形成了自己独特的名牌观。他们认为："名牌效应"实质上是消费者在选择商品时，对名牌商品或名牌企业产生依赖感、安全感和可靠感与忠诚感；名牌不是空洞的标牌，而是以企业良好的信誉、上乘的产品质量和丰富的品种、花色、款式作为物质基础的。不注重产品质量，单靠狂轰滥炸的广告宣传，即使创出所谓名牌，也只是昙花一现。

成功企业基于对名牌的正确理解，积极实施科学的名牌战略。如花园公司根据自己对名牌的理解去实施本企业的名牌战略。在创业初期，他们并没有刻意为创"牌子"而花费不必要的巨额广告费用，而是统一领导对名牌战略真正内涵的认识，并把这种认识通过大讨论、大宣传，教育公司每一位职工，使名牌战略深入人心，把创名牌当作一项系统工程来抓。在企业内部管理方面，紧紧把提高产品质量和效益作为中心工作来抓。首先，制定严格的产品质量标准，采用进口包装材料，以保证达到85%的精瘦肉在常温条件下，保鲜3个月以上的保质期标准；其次，加强职工培训，以提高其技术水平、操作水平和质量意识；最后，逐步建立健全质量保证体系，加强质量监控，使产品质量达到企业的内控标准。在对外业务工作和产品销售过程中，重合同讲信誉，树立企业形象。通过多年的努力，终于创立了自己的"名牌"。

铸就绿色品牌，引导绿色消费。绿色营销是市场经济和社会发展的一种潮流，要求企业在营销过程中充分体现环境意识和社会意识，制定有利于环境保护的市场营销组合策略。成功企业虽然不一定是本行业实力最强大的企业，但企业在长期的生产经营活动中，积极适应市场潮流，在营销全过程和各层面中重视环境保护，提高绿色意识：

树立绿色营销观念。成功企业认识到绿色革命和可持续发展是人心所向、政策所归和时代形势所需，积极理顺企业当前利益与长远利益、局部利益与社会整体利益、经济利益与社会利益和生态利益的关系，树立企业长远发展和与自然环境协调发展的观念。同时，通过教育和培训，使企业内部从普通员工到最高决策阶层在绿色理念上形成统一的认识，重视和提高企业的绿色文化。

开发绿色产品，是企业实施绿色营销的支撑点。成功企业积极生产绿色产品，即生产中对环境污染很小的、符合有关规定的、有利于资源再生的产品。如海尔公司集团均有很高的市场占有率。事实证明，谁拥有绿色产品，谁就会拥有市场。

开展绿色促销。顾客的信任是通过企业提供令人满意的产品与有效的沟通建立起来的。成功企业通过绿色产品促销宣传，建立与消费者之间的沟通。可以通过举办绿色产品展销会、洽谈会的形式，通过有影响力的宣传媒介和公关活动、宣传企业在保护生态环境方面的实际行动。扩大企业的影响面，树立绿色企业的良好形象。

加强绿色销售服务。成功企业注重将绿色销售服务贯穿于整个销售过程，尤其是售后服务。既满足消费者的绿色消费需求，也要节约能源和资源，回收利用和循环再生，减少污染和二次污染。建立良好的销售服务网络，负责绿色产品的销售、服务、咨询、维修和回收。

变名牌优势为市场优势。名牌的价值在于科学地运营，不断铸就名牌，运营名牌，将名牌优势转化为企业的市场竞争优势，这是成功企业走向成功的一条重要准则。名牌，通俗地说是叫得响的品牌。在现代社会的消费者心目中，名牌等于高质量和上乘的服务。有了名牌，就有了市场，也就有了效益。名牌依赖于过硬的产品质量和优质的服务。成功企业绝大多数属于本行业的名牌企业，名牌策略在这些企业的营销中发挥了重要的作用。

由于成功企业的产品大多数属于本行业中的名牌，市场对这些企业产品的需求长期以来不断上升。成功企业要想满足市场需求，就得增加对市场的供给。这就需要扩大生产规模，拓宽销售渠道，获得更大的市场份额，形成市场优势。然而，企业自身的资源是有限的，无论是原料设备、人员还是销售渠道等有限的资源都制约着企业去创造更大的利润。成功企业则通过自身名牌这一宝贵的无形资产，通过联营、兼并等多种途径，扩大生产，以满足市场需求。在我国市场由卖方市场转为买方市场的激烈竞争中，名牌的作用越来越玥显。名牌作为成功企业的制胜法宝，给企业带来了巨大的利润。成功企业在长期的市场竞争中，充分利用市场优势，运营品牌，努力将已有的"名牌优势"转化为"市场优势"。

得利斯公司在抓质量的同时，辅之以名牌促销策略，积极开展各种促销活动。企业下大力进行人员推销和非人员推销，大力宣传，做广告，利用营业推广和公共关系为自己的低温肉制品创品牌。他们的营销策略达到了预期的效果——创出了自己的名牌。随之而来的就是销售额大增，利润快速上升，名牌优势得到了充分的显现。

五、人才是企业兴旺的重要资源

得人心者得天下，得人才者得天下。市场经济的本质是人才的竞争。在现代市场经济条件下，企业人力资源管理和开发存在的问题很多，集中表现在：留不住优秀的人才，即使留住了，也不能充分发挥他们的积极性。如何通过市场建立完善的人才运营制度，吸引和留住优秀的人才？怎样才能充分发挥人才的积极性？随着知识经济的日益逼近和我国入世后市场竞争的不断加剧，这一问题显得越来越突出。成功企业在创业初期和发展历程中，通过不断调整和完善人才战略，建立了能留住人、吸引人、让人充分发挥才能的有效机制，使企业拥有了一批优秀的人力资本，他们将自己的智慧、能力、创造性汇聚在一起，如同江河汇集成大海，将成功企业像旭日一样从海平线上托起。

广开门路，招贤纳士。成功企业的经验表明，想办好企业，关键是领导，根本是人才。选好人才重要，用好人才更重要。中富公司总经理说："人才就是企业的钱财"。百泉中药厂厂长说："引进一个人才就等于引进一笔财富。"为了把具有高素质、懂业务、善管理、重奉献的人选拔到重要工作岗位，成功企业采取了一系列的措施提高人才的素质，广开门路选聘人才。

企业获得优秀人才，有两条基本途径：外部引进和自己培养。成功企业选拔人才的原则是德才兼备，他们建立了一套比较科学的选拔机制，进行企业组织分析和制定用人规划。在企业人才薄弱且经济快速发展时，人才引进将占据主导地位。成功企业长期坚持"引进外来的，培养自己的"，并特别强调引进外部优秀人才，外聘不见外，有效满足了企业跨越式发展需求。成功企业从无到有、从小到大、从弱到强的发展过程，既是人才引进的过程，也是人才引进的结果。成功企业能够吸引人才的原因是多方面的。从外部环境来讲，随着我国改革开放的深入，特别是社会主义市场经济的建立，市场在人才配置中逐渐发挥了基础性的主导作用，人才流动加快，为企业引进人才创造了有效的人才供给。从企业内部因素分析，成功企业在具体实施人才引进的过程中，主要有以下几个方面：

明确企业的人才需要目标和选才标准，有的放矢。企业发展和管理水平具有阶段性，不同发展阶段和管理水平需要不同的人才；而人才具有层次性和差异性，不同人才要求的企业发展状况和水平不一样，选才首先要考虑人才与企业发展阶段的匹配性问题，只有两者相互匹配，才能最大程度发挥人才的作用，促进企业的发展。成功企业的选才标准不仅具有时间上的动态性，还具有空间上的差异性。在成功企业内部，各个子公司、各个部门的人才需求和选才标准也不尽相同，所以，对具体的岗位和具体工作内容，要进行具体分析，标准过低、过高都不行。在人才选用方面，成功企业建立健全了人才选用的激励机制，能从最快速度吸引优秀的人才，最大程度释放人才的能量，挖掘人才的潜力。例如丛林公司总经理就有选人的高招——"智力重要，知识比智力还重要，觉悟比知识更重要"。他欢迎大学生到企业工作，但对于分配来的，他却予以拒绝，用他自己的话说就是"我自己就是泥饭碗，怎么能保证你的铁饭碗？"他只接受自愿到公司来捧"泥饭碗"的大学生、工程技术人才，而且不保证固定的工资，多少视贡献大小而定。双向选择，去留自由。公司随时都可以解聘，职工亦可随时离职。

创造一个开放的人事管理体系。成功企业对引进的人才不是"叶公好龙"，而是能引能用，形成了"能者上，平者让，庸者下"的用人原则，在人才选聘和选拔中"举贤避亲"，营造了一个没有裙带关系的公平的人才竞争环境。引进人才后，要给人才一个施展才能的机会和舞台，发挥其应有的作用。源安堂公司用人原则是："荐官唯贤、任人唯能""楚才晋用、他才我用"，任人唯贤，任人唯才，天才大用，小才小用，不求全，只求一技之长，不拘一格。对各种人才每年定期进行考核，做到物尽其用，人尽其才。

具有让人才发挥才能实现自身价值的体制优势。成功企业大部分出身于乡镇企业，与国有企业僵硬的计划体制相比，具有灵活的优势。成功企业进行了产权制度改革，建立了规范的公司制的现代企业制度，使企业体制更加灵活，也更加规范，为企业人才实现自身的价值提供了更加广阔的舞台。例如中大公司的用人之道是：对任何人都是论现在不论过去；论水平不论文凭；论称职不论职称；论贡献不论资格；论能力不论级别。在中大没有铁饭碗，不吃大锅饭，没有铁交椅。做到能者上，庸者下，不存在平级调配，在用人方法上无定式，挑选、招聘、请进、借用、兼职都采用，中大领导者认为，只要更加有利于中大的发展，采取什么样的用人形式不重要。

主动出击，不断创新人才引进手段，通过各种形式和渠道选聘人才。成功企业不断扩大人才招聘的范围，有国有企业的，有政府机关的，有大专院校的。在地域上，成功企业可以去全国各地甚至国外招聘人才。人才招聘方式不断创新，通过报刊、网络等广泛传递和收集人才招聘信息，参加人才市场、人才拍卖会，委托猎头公司等；在选聘人才方面，定期举行成功企业专场人才招聘会，同时广泛发动集团内部的力量收集信息，推荐人才；将人才引进的责任落实到人。

建立一套比较系统、科学的选聘操作系统。通过这一套操作系统，对选聘对象进行严格、公平、科学的考核、筛选等。成功企业先进的人才引进策略，筑巢引凤，吸引和凝聚了一批又一批优秀人才，改善了企业的人才结构，也极大推动了企业的发展。例如，国华公司在干部选聘过程中，始终坚持德才兼备的原则，以德为首。这些年来，公司引进和选拔了一批年轻有为、事业心强、懂经营、会管理的干部到关键领导岗位上。负责人说："有才有志、一心为厂的咱们拱手欢迎，提拔重用；怀里揣茄子，有二心的，或损公肥私者，本事再大，咱也不要。"在干部考评过程中，他们坚持按"德、能、勤、绩"标准考核，彻底打破过去那种"班子人员年年研究，人才年底提拔"的办法，而是按生产经营需要随调随补。对于人才，发现一个培养一个，成熟一个启用一个。根据能力及经营业绩来安排岗位，做到人尽其才，才尽其用，这极大地调动了员工的积极性，提高了管理质量，也提高了工作效率。

高瞻远瞩，大力开发。职工的心，企业的根。成功企业比较重视通过对员工进行培育、灌输、引导等方式，加强企业文化建设，强化员工的企业文化理念，以新文化的支持力和价值观的牵引力共同奠定具有自身特色的企业精神支撑体系。

企业在工作中尊重人、理解人、关心人，特别注重把群众利益放在第一位，努力为职工办实事，尽最大力量改善职工的生活条件，同时开展多项健康向上的文体活动，丰富多彩的活动活跃了职工的文化生活，增加了企业的凝聚力和向心力，有力促进了企业的健康发展。对于人才，成功企业总是求贤若渴、选贤任能、诚心相待，以共创未来。熟悉成功企业的朋友们称赞成功企业领导班子：有重才之心、识才之慧、用才之略、容才之量，吸引众多的人才聚集到这些企业。一些高等学府、研究所的专家学者、科学界的能人志士纷纷加盟这些企业，使企业如虎添翼。有的成功企业重视和发挥高级技术人才的作用，集团设立首席专家制，定期进行评选，评出各专业的带头人。首席专家享受终身待遇，经济上每个月发给补贴。另外，对拔尖的专业人才进行重奖，不断摸索和完善激励约束机制。

成功企业还组织举办各类专业学习班，聘请中外著名的专家教授传、帮、带，并根据这些人的专长特点与企业的产、学、研、销的实际需要，给予课题，委以重任，使之在实践中锻炼提高，增长才干。成功企业多年来培养和造就了一支专业知识和操作能力过硬的人才队伍，为企业持续、健康发展奠定了牢固的基础。成功企业为了适应市场经济的发展，不断加大改革力度，特别是加快企业在劳动、人事和分配制度方面的三项改革，从体制上吸引人才，从机制上用活人才，从制度上留住人才，从而把握住了员工的心，使整个企业就像是一个温馨的家，提高了员工对企业的忠诚度。人才是企业最大的资本，为优秀人才创造一个和谐而富有激情的环境，提供一个充分交流和发挥自我的空间，实现了成功企业与个人的良性互动，协同创新，这是成功企业的传家宝。齐心协力、团结一致、勇于开拓、主动进取是成功企业的生命之源。

培训是给予员工的最大福利。智力投资，本小利大。成功企业认为，人才培养的机制与能力是一个企业实力大小、成熟与否的重要标志，是核心竞争力。成功企业的发展是一个企业不断扩大规模和打造实力的过程，也是其探求人才培育机制和能力，实现不断"充电""造血"的过程。海尔集团作为我国特大型企业集团，是一个比较成熟的企业。虽然企业仍然要从外部引进人才，但是，企业自身已经具备了很好的人才培养机制和能力，企业需要什么样的人才，自己就可以培养什么样的人才。在海尔集团，人人都是人才，这是海尔竞争力的源泉。成功企业在我国企业中，较早地开展了员工职业生涯发展规划的设计和制定。如在永济电厂，员工进入企业后，与企业一起制定未来较长时期内个人在职业发展方面的设想和计划，包括自己的目标和各阶段的具体目标，以及需要企业提供或创造的条件（如培训、教育、岗位安排等）。职业发展规划的设计，使员工清楚自己未来的发展目标和努力方向，也使企业充分了解员工的发展需求。成功企业开展的员工职业发展规划设计工作，真正将人才培养纳入系统的制度化轨道。

开展多层次、多形式的知识教育是成功企业人才培养的重要手段。常用的人力资源开发方式包括：在岗培训、项目培训、组织开发项目、半脱产或脱产进修、联合攻关、召开研讨会等。针对不同的开发对象，采用不同的方法和手段，进行有针对性的开发；企业要发展，关键靠人才，一流的人才造就一流的企业。成功企业特别注重人才的培养，寻求建立良好的人才培养机制和能力。

中大公司始终坚持以人为本，把实施人才工程战略放到企业发展战略规划的首要位置。八方招贤，广纳人才，有计划地招才，有针对性地聘才，有重点地找才，以培养跨世纪人才为目标，努力造就一批适应市场竞争需要的高水平的科技人才、优秀的管理人才、善于竞争的营销人才、精于操作的技工队伍。坚持品行好、行动快、责任心强及服从、贴心的用人标准，不唯资格论贡献，不唯级别论能力，不唯文凭论水平，与众多高校科研单位建立了密切的联系，采取专家工作室制度，设立"清华中大博士后科学基金"和中大公司博士后科研工作站，为中大的发展提供了强有力的人才和技术支撑；中富公司是成功企业中重视人才培训的一个典型。企业每年都聘请有关商品、检验、财会、法律、质量管理、计算机应用以及生产技术方面的专家来公司讲学。提高各方面工作人员的素质。每年年初，集团公司举办厂长、经理总结学习班，在总结往年经验的同时，学习管理知识。聘请国外专家讲课，示范操作先进机器。

中富公司企业生产用机器设备都是从国外引进的。每一次引进新型设备，公司都聘请国外专家来企业讲课，帮助年轻的技术人员装机和调试。选派技术工人到国外学习和接受培训。1996年，集团公司先后派出12批60多人分别到法国、美国、加拿大、德国、日本、意大利等国。东百公司围绕"全面提高企业职工素质，服从服务企业经营发展"这一职教目标，认真制定职工教育培训长远规划和短期计划，建立健全了一整套保证职教目标实现的规章制度。制定职二教育条例，长、短期培训的制度，以及相关考核制度、奖惩制度。保证员工每年有不少于10天的培训时间，中层以上领导干部培训时间不少于20天，从而使教、学、用、考、奖走上有章可循的道路。

开发员工的智力实际上是开发企业的未来。成功企业十分重视对内部专用性人力资本的培训，在内容、时间、资金、师资和场所等方面应统筹规划，合理安排。科学有效地开发造就适应市场竞争需要的跨世纪员工队伍。成功企业就像是培训人才、造就人才的摇篮，是员工培训的"黄埔军校"，是一个充满活力的学习型组织。他们实施了"青苗工程""夕阳红工程",给人才提供了广阔的发展空间,使他们看到了自己的希望,并和企业结成利益共同体,一起携起手来,共创企业辉煌灿烂的明天!

企业管理不能见物不见人。企业管理离不开人,人的管理是企业管理的核心。在市场经济中,"以人为本"应该涵盖两个层面的内容:人才兴企,企兴人才。人才和企业是积极互动的关系。企业主动吸纳、造就和使用各种人才,依靠人才推动企业不断迈上新的台阶;同时,企业的发展不断给人才以回报,使人才的人力资本得以增值。成功企业以"创造明天的企业,造就未来企业人"作为自己的企业宗旨,体现了人才与企业的这种辩证关系。可以说企业的成功,首先是他们"以人为本"兴企方略的成功。

在成功企业,企业经营者的主要职责就是进行知识管理,既要以知识和创新作为人才取向标准,吸纳人才、选拔人才、培养人才、用好人才,并且还要以知识创新作为价值取向标准来评价衡量人才。同时,要激活人力资源,为挖掘、使用、共享新知识,运用和发挥集体智慧,创造良好的环境和条件,以便获取更大的创新能力、竞争优势和更高的经济效益,从而推动企业持续健康成长。

在价值观上,成功企业以"客户为中心"的价值观统一全员思想,选拔和引进一批市场意识强、服务意识高的专业化人才。在令行禁止、发扬奉献精神的文化中注入创新和个性化内涵,建立"团队＋个性化"式的精神支撑体系,提倡"尊重个性、协同创新"的企业文化。

完善机制,统御人才。成功企业特别注重"才就其位",敢于用才,营造适合人才发挥才干的环境,让人才去干富于挑战性的工作,努力做到"人尽其才"。成功企业敢于用人,而且敢于

"小才大用"，在使用中培养人才。如亿达公司总经理认为，企业应敢于小材大用，即当某个人基本上具备成功企业的选人条件和标准时，就应该大胆使用，不必太苛求，因为人是能动的，可塑的，有潜力可以挖掘的。小才大用能激发人的潜能和热情，而这正是干好工作的有力保证。同时，大胆用人，敢压担子，给人机会，也是培养和造就人才的最好方式。成功企业的很多管理人员就是大胆使用培养起来的，如在梅雁公司，一批30岁左右的年轻人担任了集团总经理、董事会秘书等重要职务，成为我国上市公司一道独特的风景。想发挥人才的作用，就要营造合理流动和公平竞争的用人环境。成功企业制定了科学的用工体制，有的甚至实行了全员选聘制，每年签订用工合同，这样保证了人才在企业与市场之间，以及企业内各部门和岗位间的合理流动，使真正的人才在岗位上发挥出更大的作用。

科学评价人才的业绩，对人才给予合理的激励是人才充分发挥才能的重要条件。诚怡公司总经理说："我的用人原则是只看能力，不看学历；只看现在，不看过去；只看结果，不看卖力。"为了科学评价人才，成功企业制定了考核管理办法和有关制度。考核分为招聘录用考核、试用转正考核、晋升调配考核、工资资金考核；考核内容分为德、能、勤、绩（素质结构、智力结构、能力结构、绩效结构）四个方面；考核方式采取面议、评议、评分等方式；考核时间分为试用期、半年、全年和不定期。同时，成功企业推行绩效挂钩的利益分配制度。有的企业中高层管理人员可拥有企业股份；经营者实行年薪制；而普通员工则实行工效挂钩的结构工资制。通过这些利益分配机制和考核评价体系，对人才形成了合理激励。

"择人而任事，不求全责备""量人之才，随长而用"。在成功企业，尽量把每个人的性格、爱好与其所从事的工作恰当地结合起来，使英雄有用武之地。人员任用的标准是德才兼备，人员任用的原则是因事择人、用人所长、容人之短。为了判断人员的德才状况、长处短处，进而分析其适合何种职位，进行严格的考核，对人员的政治素质、思想素质、心理素质、知识素质、业务素质等进行评价，并在此基础上对人员的能力和专长进行推断。人员考核是"知人"的主要手段，而"知人"是用人的前提和依据。在成功企业里，谁能挑大梁就用谁，谁能建功立业谁就是英雄好汉。在配置人员时，主要考虑两个方面的问题：一是人岗结合，将员工安排到工作岗位上；另一个是人与人的优化组合。成功企业特别重视内部员工个人成长和职业生涯的发展，注重对员工的人力资本投资，切实健全培养机制，为员工提供受教育和不断提高自身技能的学习机会，从而具有终生就业的能力，同时注培养使员工把个人的发展同企业的前途和命运紧密地结合在一起。成功企业通过实践锻炼和各种专业培训提高内部人力资源的素质，以适应国际竞争的需要。

在百泉中药厂，员工都明白，人是企业发展中最为重要的因素，人才作为劳动力的精华，在企业发展中，其作用尤为关键。基于这一认识，百泉厂实施了人才战略，即结合企业的发展战略需要，不失时机地采取多种方法，开发、引进、使用和培养人才，根据个人的实际才能，通过市场方式把人才安置到最能发挥才智的岗位，并对其劳动给予合理回报，从而实现人力资源的有效开发和合理使用。在利益关系上，企业给特殊的人才留出足够的空间。企业有一个利益分配体系：工资、奖金、住房等等。企业对高级人才、必需的创新人才，在利益方面留有一定的空间。给专业人才留出足够的"个性空间"——有些具有特殊才能的人才，他们精通自己领域的专业技能，但有时个性明显。对于专业人才不能求全责备，而是要用其长、容其短。

三孔公司，处处都可以感受到"好像有一只看不见的大手"，把每一个人的潜力都激发出来。在这里，看不到人浮于事、效率低下、萎靡不振的通病。不论是工人、大学毕业生、技术人员还是管理干部，人人身上都能焕发着一种高昂向上的活力，都显得生机勃勃。这只看不见的手，就是三孔集团的人事管理制度。在三孔公司人才战略思想指导下，通过人力资源合理配置这一过程，使人人都能找到最适合自己的岗位，最大限度地释放内在潜能，从而使企业充满激情，充满活力。像百泉中药厂和三孔公司这样成功企业的人才管理策略都非常值得我们去思考。企业永不停歇地去发现问题，甚至不惜一切代价对人才的求贤若渴、爱才如命，视人才为企业的生命线，通过完善的机制，使人才引得进，留得住，用得好。

依托事业，激励将士。不信任是最大的成本。成功企业在发展过程中，都努力实行信任管理。公司对员工更多地提供价值观上的满足而非单纯的薪酬满足。有的甚至将"我们信任我们的员工"之类的话作为企业的价值观。在许多成功企业里，员工被称为合伙人，同事之间因信任而进入志同道合的合作境界。企业最好的建议来自内部员工，而把每个创意推向成功的也是这些受信任的员工。这也许正是成功企业从小到大、快速发展的秘诀之一。

成功企业注重人力资源的合理开发，把信任作为企业最好的投资。用人不疑，疑人不用，既然把人才请来，就要充分信任，放手使用，让他们最大限度地发挥才能。在成功企业，很难见到所谓怀才不遇的人，因为他们所要的条件都给你了，英雄不可能无用武之地。企业也不可能因为保守公司秘密而对员工进行技术封锁，从而导致员工在生产过程中不得要领，会带来更多的残次品，导致企业的生产成本加大，这样的负面影响比泄露商业秘密带来的损失可能会更大。特别是对知识型员工来说，认为只能"激励"，而不能"压榨"，信任也许是最好的选择。相反，如果对员工不信任，将会成为管理中最大的成本。金轮公司在长期的经营管理中一贯奉行的管理"走、教、放"管理方法，所谓"放"，就是在"走"（走动管理）和"教"（教育培训管理）的基础上，实行放权管理。放权管理是一种民主参与的新管理，表现为对员工的巨大信任，可以大大提高员工的工作积极性、创造性和责任感，使群体成员之间关系融洽，能较好地完成工作目标。

古语说："士为知己者死"。成功企业的信任必然会对员工，特别是企业内部的人才产生巨大的凝聚作用，促使他们为企业的发展而尽心竭力工作。"事业平台制"依托事业留住人才，这是成功企业在留住人才和激励人才问题方面一条成功经验。企业特别注重保持优秀的管理人才、技术人才以及某些特殊岗位上人才的稳定，通过建立事业平台，来维护这些人才对成功企业的热情和忠诚，减少和避免人才流失，激励他们为企业的发展努力工作。

成功企业依托事业留人，所依托的事业是成功企业蓬勃发展的共同的事业。为留住这些资本性人才，成功企业充分了解和掌握这些人才的需求，为他们实现自身价值和人力资本增值提供条件。同时，成功企业的跨越式快速发展为优秀人才提供了许多展现才华、实现自我的机会。成功企业还注重对人力资本的权力与地位进行激励。企业通过加强建设来设立共同愿景，塑造企业共同的价值观，建立心灵契约，留住人才。创造了一整套平等、自由、开放的管理理念，其核心就是以人为本的价值观。正如梅雁公司总经理所说："对于成功企业公司来说，最重要的是人，而不是钱。只要最优秀的人还在，钱就会失而复得；而失去了人，成功企业的发展源泉也就枯竭了。"在成功企业里，人力资源比货币资本更为重要，建立了比较完善的人力资本管理制度，从而激发企业员工以更强的动力，在更广阔的范围内围绕企业目标进行创新活动，在自身人力资本价值不断增值的同时，实现企业价值最大化。通过各种途径，塑造企业文化，培植企业的核心价值观，坚持用事业凝聚人才，用待遇吸引人才，用情感亲和人才。使企业人力资源管理活动更能鼓舞人的情感、激发人的智慧、维系人的忠诚、调动人的积极性、挖掘人的内在潜力，从而使企业在激烈的市场竞争中立于不败之地。

挑战是最好的激励。成功企业在进行人才管理时，综合运用事业激励、物质激励、感情激励等方式，建立了富于挑战性的机制，引导员工以自己的全部力量为实现组织目标而努力。成功企业激励的手段是多样化的。在分配上，采取按生产要素、按贡献参与分配的原则，主要包括薪酬、股权、红利、福利、工作条件、工作内容丰富化等。在对激励的中心内容——薪酬结构进行设计时，设计的依据一般综合考虑"绩效、能力、态度"三个方面，对于不同的岗位应给予不同的权重，对于高级管理层有的还考虑股票期权等长期性的激励手段。而且，在激励手段方面，十分注重公平性和相对稳定性，既要达到内部公平，又要做到外部公平。通过公平的分配体制，实现个人利益与企业利益的高度一致，使员工感觉到有创造、有奉献就有回报，真正实现个人与企业的共同发展。

青油公司自 1995 年起，作为管理局的改革试点单位，面对千头万绪、纷繁复杂的改革重任，选取劳动工资制度改革作为推进集团公司全面改革的突破口。对公司内部原有的分配制度进行了大刀阔斧的改革，各主要的生产岗位基本上取消"发工资"的概念，转"发"为"挣'，变被动的"领取"为主动的"挣得"。

222

在全公司职工中树立了"挣收入"的观念，改"发工资"为"挣收入"，打破了原工资制度中固定工资框架约束，把个人的有效劳动及其被市场的认同程度作为其获取报酬的唯一依据，把市场竞争机制引入企业内部工资制度改革之中。此举不但解放了长期被旧的分配制度所束缚的职工责任心和竞争意识，而且调动了职工的工作积极性，提高了企业的经济效益，有力地促进了其他配套改革措施的顺利开展，实现了深化国有企业改革的两个根本性转变。

成功企业还积极开展激励制度创新，较好地处理了企业内部股东与经营者之间的"委托—代理"问题。如三毛公司在建立上市公司的激励约束机制方面的一个重要创新就是运用净资产增值方法。这是我国第一家采取这种激励方法的上市公司。这对完善上市公司治理结构、实现股东与经营者的目标趋同、降低代理成本、控制经营者的道德风险都具有十分重要的现实意义。三毛公司的股权激励方案是我国上市公司中为数不多的股权激励方案之一，其地处西北内地，对促进西部大开发、吸引优秀人才、建立合理完善的人才机制以及在内地上市公司实施长期激励方案方面有着很好的示范带头作用。

在成功企业，企业经营者的主要职责是进行知识管理，既要以知识和创新作为人才取向标准，以吸纳、选拔、培养、用好人才，并且还要以知识创新作为价值取向标准，来评价衡量人才。同时，还要激活人力资源，为挖掘、使用、共享新知识，运用和发挥集体智慧，创造出良好的环境和条件，以便获取更大的创新能力、竞争优势和更高的经济效益，从而推动企业持续健康成长。约束机制是反向的激励措施。成功企业认为，在市场经济中，对人才的激励和约束是对等的和相辅相成的：一个是"正向"的，即应有足够的回报使被激励者乐于付出所有的努力，达到激励的要求；另一个是"反向"的，即玩忽职守和不称职者应能够被及时地淘汰。企业认为，不受制约的权力会产生腐败。企业的约束机制也和激励机制一样，都是企业内部制度和外部市场竞争等多方面因素共同作用的结果。企业既要从市场外部环境上进行约束，又要注重内部考核，完善公司治理结构、发挥党组织、工会等的监督作用。

长期以来，成功企业重视人力资源的管理和开发，研究出一套有效的引人、用人、育人、留人的政策和办法，从而全面提升企业的核心竞争力，才使成功企业插上科学用人的翅膀，腾空而飞。

六、趁势扩张盘活资本

"资本是企业的血液"，而资本运营则被称为"企业快速成长的魔方"。成功企业抓住了资本价值这个根本，实现了企业由实物管理向更高层次价值管理转变的质的飞跃，使企业在最短的时间内，以最快的速度，实现最优的战略性飞跃，获得了超常规的高速发展，如同滚雪球一般，越滚越大。

观念领先，机制高效。高效的资本运营机制。成功企业的资本运营战略可以说运用比较成功。这首先在于企业建立了一个高效务实的资本运营机制，能充分分析企业的优势和劣势，以长远持续发展的眼光，制定企业在市场、原料、投资、规模、产品开发等方面的资本战略目标。并能做到与时俱进，不断更新，在动态管理中适应变化。

许多成功企业在运营资本时，有一条成功经验就是适时采取了集中性的资金管理制度，对整个公司的人、财、物实行统一管理，以最大限度地聚集、运用资金，走集中式的发展道路，促进了企业的腾飞。例如，国华公司于 1996 年采取了集中银行制度。

集中银行是公司的投资中心、结算中心和财务控制中心。集中银行组织机构的设置和其职能的发挥，为公司在其所属范围内实现资源动员的计划和资源配置的市场导向的高度一致，提供了组织保证；为其在所属范围内平衡收入分配，协调不同产业的发展，整体效益最大化创造了条件；为企业走向市场，起着投资主体、风险主体和信誉主体的作用，既有利于减轻下属企业涉足市场所承担的风险，又能规范其经营行为。

我国有许多公司，特别是一些上市公司，筹集了大量资金后不知如何有效管理和使用。同这些企业相比，成功企业有自己的一套资金运营秘诀。如绵药公司的"统存统贷法"为我们提供了宝贵经验。"统存统贷"是企业内部银行在开户银行设立的一个户头，各核算单位的存、贷款均在内部银行分别开户，分户管理，核算一律使用内部银行结算凭证，通过内部银行结账。内部银行是企业信贷、结算和资金筹集的中心场所，实行"存贷款统一，有偿使用，余缺调剂"的管理原则，改善了资金结构，减少了资金占用，加速了资金周转，提高了资金的使用效率。

在资本运作中，从资本筹措到项目建成投产的全过程，固然是非常重要的阶段，但能否按预期取得投资回报，最终还要看生产经营的结果。因此，完整的资本运作机制，必须包括投资的回收环节。成功企业为顺利推行资本回报率的管理方式，注重对员工进行提高资本意识方面的教育，使大家在理论上清楚等量资本获取等量利润的原理。在资本运营的实践中不断总结经验，并逐步形成一套有效的资本运营管理方式。腾飞公司为解决资金紧张、周转速度慢等问题，采取的做法是：发挥集团的整体优势组建了财务公司。财务公司隶属于企业集团，行政上受集团公司的直接领导，是集团的控股公司。是在中国人民银行批准的业务范围内从事经营活动，在业务上受中国人民银行的领导、管理、协调、监督和稽核，同时，还要接受财政、税务、审计等部门的监督检查。财务公司财务管理工作纳入企业集团财务管理的范畴。财务公司主要经营范围是：办理集团内部各成员单位的信托、存贷款、投资业务、金融租赁业务、票据贴现和有价证券抵押贷款业务、债券担保、签证及咨询业务等。财务公司成立后，各成员企业的资金都存在财务公司，生产经营中所需的资金，也可向财务公司直接贷款。集团财务公司的形成，弥补了单一、呆滞的融资方式，并成为企业集团内引外联资金的融资中心。

预警免疫防范制度。企业同人体一样，自身抗体的强弱往往决定着机体的健康程度。成功企业一般都建立起了比较完善的内部审计和稽查制度，即建立了一种领导重视、员工支持、自我防范、纠错查弊的"免疫基因"和一套预警系统，通过审计和稽查，为经营决策提供依据，维护财经纪律及本单位的合法权益，以达到提高经营管理水平和经济效益的目的。预警系统对依法治企、保护企业资财安全以及反腐倡廉等都具有重要的意义。如胜利钢厂审计处就把"一审二帮三促进"作为工作思路，即立足于审，着眼于帮，以达到促进企业管理、提高经济效益之目的。立足于审，以事实为依据，以法律为准绳，公正合理地把各种违背财经纪律问题查清楚；着眼于帮，在工作中，主要体现在以下五个方面：一是帮助被审计单位整改违反财经法规、违背"两则、两制"的问题，使胜利钢厂的财务管理工作更加规范；二是帮助某些管理干部提高知法守法的认识，提高财务水平，依法经营，避免犯经济错误；三是帮助被审计单位解决一些悬而未决的问题。有些单位通过审计，把有关情况反映给总厂领导，使一些长期挂账的问题得以妥善处理；四是帮助被审计单位澄清一些误解。例如有人怀疑某单位或某人有经济问题，但通过审计后，问题得以澄清；五是帮助被审计单位总结推广某些方面的管理经验。

内部审计制度化是企业管理的一项重要的免疫防范工作。成功企业建立起来的内部审计制度，有效保证了资本运营的有序进行。企业同时加强内部审计人员的教育和培训，要求内部审计人员坚持原则，遵守法纪，忠于职守，秉公办事，谦虚谨慎，严守机密，如有弄虚作假、营私舞弊、串通违法、泄露机密等行为，将视情节轻重追究责任。科学有效的预警免疫防范制度，在成功企业的发展过程中确实起到了保驾护航的作用。

合理调配资金，提高资金效益。一个企业的资本运营工作就像"一盘棋"。成功企业的经营者就像运筹帷幄的"军师"，要胸怀全局，全面筹划，合理调配。在保证正常周转的情况下，将其余的货币资金分离出来进行短期投资，按照"安全性、效益性、变现性"的原则，以债券为主，进行短期投资，收到了良好的投资效益。中富公司较好地抓住了集团公司管理的"纲"，对集团公司所属企业实行人、财、物统一管理，达到了纲举目张的效果，树立了管理的成功范例。优化配置集团公司的人、财、物、信息等资源，在更大的规模内开展生产经营活动，共同对外参与市场竞争，增强抵抗风险的能力。中富公司通过对人力、资金和生产半成品或原料等实物资产的统一管理，实行集团公司的统一部署，充分挖掘了集团内部的各种资源潜力，增强了集团公司所属企业统一参与市场竞争的集体力量，真正体现了集团公司的整体优势及规模上的协同作用，实现了 $2+2>5$ 的效果，从而实现了组建集团公司的真正目标。

财务风险防范制度。成功企业按照建立现代企业制度的要求，不断完善财务制度，加大监控力度，谨慎理财，减少失误，确保公司在稳健的状态中扩张资本，扩大规模，不断提高经济效益。如东建公司实行财务风险防范制度，主要表现如下：一是实行会审核签，避免决策失误。该公司先后制定并实行了《重大经济事项由总经理、总会计师会签制度》和《项目立项、论证、评审、审批程序的暂行规定》等制度；二是限额应收账款，减少坏账损失；三是规范融资担保，控制债务风险。为控制融资风险，合理有效地运用融资资金，公司总部在事先调查预测的基础上，制定全年融资计划，分解下达至各子公司并列入考核指标。按照规定程序开展有计划融资；四是委派财务主管，加强财会监督。该公司总部挑选部分优秀财会人员经过理论培训和轮岗锻炼，以"双向选择"的形式，委派到下属子公司担任财务主管，协助子公司经理当家理财，同时赋予财务主管代表公司总部行使监督职责的必要权限。公司总部对财务主管实行"以岗定薪，一岗一薪"和"一司两制"的工资制度，财务主管的工资虽然由子公司开支，但公司总部根据其在子公司的工作业绩采用与所在子公司的其他人员不同的标准，借此防止财务主管为谋取个人利益与子公司共同作弊，有效加强了财务主管的岗位责任。

善借财势，巧妙筹资。"巧妇难为无米之炊"。在市场经济条件下，资本是企业经营必不可少的要素。企业生产规模扩大，资本也必须相应扩大，因此，资本筹措是企业取得成功的重要环节。成功企业相当大部分属于乡镇企业，其在资本筹集方面与国有企业相比要困难得多，但他们克服了重重困难，千方百计通过多种渠道进行资本筹措。成功企业在长期的发展过程中，十分重视资本筹集的作用。资本筹集战略在成功企业发展战略中具有重要的地位和作用，资本筹集同企业的人力资源战略、技术发展战略等一起构成成功企业完整的战略要素，有力地支持了企业经营绩效的提高和经营战略的实现。

对于已经运转的企业来说，筹措资本的过程中，首先是自有资本的收益，即企业利润。通过企业利润再投入加快企业发展。

228

成功企业始终十分重视这一渠道，尤其是在发展的初期，公司坚持艰苦创业、勤俭节约的方针，把公司大部分上缴的用于扩大再生产。如邱家公司是一家以水产、养殖为主，从事多种经营的乡镇企业集团。邱家公司在其经济组建初期，特别是在发展非渔产业的进程中，始终坚持自力更生、自我积累、聚沙成塔的稳健方针，一步一步成长壮大起来。企业从实际出发，发动员工，群策群力，摸索出了一套正确处理企业内部积累与分配的关系、蓄积自身能量的办法，有效地适应了企业经济条件的变化，将资金调度由被动转为主动。邱家公司首先提出了自我积累、蓄势而发的模式，并将此概括为：低分派，富积累，扩股金，多储备，快折旧，蓄能量，增实力，图发展。

资本筹措除自有资本的扩大以外，还有一个重要方面就是借用他人资本，即通常所说的贷款。许多成功企业在实行股份制以前，企业发展所需的资金，在很大程度上依靠贷款。在贷款问题上，可以从一个侧面反映出公司领导人在企业发展中的战略眼光。例如，许多成功企业采取的贷款方式是租赁的方式。此外，成功企业在发展中积极争取一些"政策性贷款"，例如梅雁公司对综合养殖示范场的投资，主要是利用省有关部门对"菜篮子工程"的倾斜政策，通过"拨改贷"的指标解决的。

多年来，成功企业一直把资本筹措工作当作大事来抓，利用各种可以利用的政策，解决了企业发展的资金需求。在企业看来，资本筹集战略并不等于人们平常所说的简单意义上的企业筹资策略和技巧，而是基于企业的整体战略目标、站在更高层次上对企业筹资进行总体规划和决策。

成功企业在实施资本筹集战略方面的成功经验，主要表现在以下几个方面：

及时把握资本筹集的时机。资本筹集的时机是指对企业资本筹集有利的一系列内外部条件的组合。成功企业经营者认为，资本筹集的时机把握好坏对于企业资本筹集战略实施的成败具有重要的影响。这需要企业从内部和外部两个方面来考虑资本筹集的时机：一是从企业内部来看，成功企业的资本筹集战略是为了服从于企业总体经营战略的需要，能满足企业投资的要求，做到既不超前于投资需要，以免造成投资的闲置和浪费，又不落后于企业投资的需要，以免企业好的项目因得不到资本的支持而错失良机；二是从企业外部来看，成功企业经营者认为，金融市场的价格是处于不断变动之中的，同样的股市融资，在股市高涨和股市低落时企业获得的资金价格往往差别很大。所以企业资本筹集就不能仅仅从企业自身的需要出发，还要考虑到当时金融市场的表现状况。

科学确定资本筹集的规模。成功企业经营者认为，融资对企业投资的支持不仅应该是适时的，而且也应该是适度的。在长期的资本运营的过程中，企业在注重把握资本筹集时机的同时，也十分重视科学地确定资本筹集的规模，合理确定企业对外部资金的需求量。企业认为，再好的投资项目，如果没有充足资金的支持也无法实现。因此，企业对投资项目精打细算，在此基础上确定企业对外资金的需求量，在综合考虑相关国家政策、法律法规、资金市场状况以及企业偿还能力等方面因素的基础上，来确定企业资本筹集规模。

正确选择资本筹集的方式。成功企业认为，资本筹集方式的选择是资本筹集战略的核心问题。在选择资本筹集方式时，能充分考虑到资本筹集对企业所具有的双重影响，既能筹措资金，又能形成良好的产权制度和法人治理结构，通过资本筹集来提高这两方面的效率。

成功企业在发展壮大过程中，一般都缺少政府资金的支持，所以企业特别重视开展负债经营。企业负债经营有三种类型：第一类是"借鸡下蛋"。这类企业实施负债经营的直接目标，是通过举债让非自有资产投入全面营运，为企业获取额外效益；第二类为"借粮喂鸡"。这类企业实施负债经营的直接目标是借非自有资产搞技术改造，实现内涵扩大再生产，使举债之"粮"养壮原有之"鸡"，将不下蛋的"鸡"变为下蛋的"鸡"，即扭亏为盈；第三类是"借蛋孵鸡"。这类企业实施负债经营的直接目标是借非自有资产搞项目建设，实现外延扩大再生产，使举债之"蛋"变成本企业能额外下"蛋"的鸡（即能额外生财的新"鸡"）。例如，金轮公司考虑到缺资金、缺技术、缺人才的状况，经深思熟虑后，决定采用第三种类型"借蛋孵鸡"，走外延扩大再生产之路，先抓住改性塑料这个好项目，快速投入，快速生产。企业借资 2500 万元办起改性塑料厂，主要发展能快速见效、快速收回资金、偿还债务的项目。

　　企业资金融入效率是指企业的资本筹集能以较小的风险和较低的成本来支持企业实现战略的能力。成功企业在这方面所坚持的主要原则如下：一是有效原则。成功企业在选择资本筹集方式时，首先考虑的是能够支持企业经营战略的实现，并以此为基础，对企业的资本筹集战略进行优化。二是规避风险原则。成功企业人认为，不同的资本筹集方式，具有不同的追偿效力和风险能力，在进行资本筹集时，企业都是经过深思熟虑，以尽可能地将资本筹集的风险降到最低限度。三是经济原则。成功企业在进行资本筹集时，要结合企业的投资利润率，优先考虑那些成本较低的方式。总之，成功企业在进行资本筹集时，比较好地处理了债务资金与资本资金的关系、不同类型的债务资金之间的关系以及不同种类的资本资金之间的关系，有力地促进了成功企业的持续、快速和健康发展。

择优扶强，用活资本。投资是企业的重要功能，也是企业集团实现快速发展的重要手段。然而，投资又是一把双刃剑，企业如果在发展过程中，缺乏明晰、正确的投资战略，盲目无序地投资，就会导致衰败，不会做大做强。成功企业在发展中坚持战略制胜，择优扶强，科学进行战略决策，用活资本，进行最佳投资选择，使企业多年来业绩稳定增长。成功企业的最佳投资选择体现了以下几个特点：

认真分析市场环境，选准投资项目。成功企业在选择项目时，首先，认真进行市场调研和分析工作，在此基础上，实行择优扶强的投资战略，选准投资项目。如亿达集团长期坚持"不求最大，但求最好""不办小、微、亏企业"的投资战略，为企业持续、快速发展奠定了基础。成功企业的实践说明，要使资本的运作与管理取得预期的效果，不仅要把握好投资决策的环节，找准项目，而且要在项目的实施过程中，善于运用各种投资技巧，使每一个投资项目都得以顺利进行，这样才能给公司带来可观的投资收益。

洞察经济风云，选准最佳投资时机。翻开成功企业多年的发展历史，可以看到这样的现象：企业在经济发展过程中，每一次向新台阶跳跃，往往都发生在全国经济发展降温时期，人们称之为"成功企业现象"。这种"成功企业现象"，可以概括为：善察经济风云，敢于逆流搏击，选准最佳投资时机。这是成功企业的思想，现已成为成功企业集团公司领导班子把握经济发展时机的"温度计"。

成功企业认为，同样一个投资项目，在不同的时机实施，其投资效果大不一样。从成功企业的发展历程来看，企业的几次大规模投资都发生在全国经济发展降温的时期。企业之所以在经济发展的"低潮"时期实施投资项目，这是建立在对经济发展规律认识的基础上所做出的选择。他们认为，经济发展是高低起伏不断进行的，经济过热以后必然降温，而降温到一定程度又会升温，从而转入新的经济发展高潮。成功企业的基本对策是"冷时不冷，热时不热"。企业在经济发展处于低潮时期"投入""高潮"时期产出是最合算的。据此经验，成功企业十分注重观察国内外经济风云的变化，抓住每次经济潮落时机，避实就虚，逆流搏击前进，创造了投入越快越好的小气候和经济跳跃发展的机会。例如梅雁公司的客都宾馆就是经济降温时以低廉的价格购买的地皮，并乘着钢筋、水泥等建筑材料价格较低的时候开始建造的。宾馆开业以后，国内外一连串的大型会议在梅州召开，加上宾馆的设施当时在梅州算是比较好的，因此宾客盈门，几年时间就收回了投资。1990 年前后是我国经济正处于治理整顿的期间，而梅雁公司则是加速发展的时期，灰砂砖厂、养殖场、客都商场等企业以及珠海西区投资项目都是在这一时期实施的。正是由于这些企业的兴办，为成功企业的起飞奠定了坚实的基础，邓小平同志南巡讲话以后，我国经济出现了新的高潮，梅雁公司属下的企业都取得了明显的投资效益。

建立科学的投资决策程序，进行投资项目的可行性论证。投资决策是整个资本运作的中心环节，也是企业成败的关键。因此，成功企业的经营者们非常重视投资决策环节的工作，深入市场调查分析，认真把握国家的产业政策，充分利用来自各方面的信息，在反复比较、筛选的基础上，做好投资项目的可行性论证，最后做出决定。由于他们多年来在投资决策环节上，始终坚持科学性与预见性相结合，因此在投资选择上，避免了大的失误，几乎所有投资的项目都获得了成功。

对拟投资的项目，成功企业的经营机构，本着有利于企业产业结构的调整，着重于高效技术发展的原则，反复进行严谨的、科学的可行性论证，然后交董事会集体决策、定夺。保证了决策的科学合理性，避免了盲目性，为投资的成功奠定了基础。在项目论证中，成功企业还创造了许多切实可行的方法。如红光医疗器械厂就在实践中提出了"反可行性"分析法。反可行性分析法是与可行性分析相对而言的。是在可行性研究基础上，运用逆向思维的方法，对已经形成项目的可行性（或不可行性）报告进行调查、分析与研究，从而得出新的结论。反可行性分析法的特点就是可以在市场技术方面做进一步的开发和研究，进行更深入和广泛的论证，消除可行性分析（或不可行性分析）中估算的误差并找出未发现的潜在因素，避免可行性分析（或不可行性分析）中由于认识上的偏颇和不全面导致出现人为的错误，从而确保结论的准确性，使决策更符合客观实际，从而有利于提高决策者的分析判断能力，提高决策水平。

扩张资本，灵活经营。在企业的发展壮大过程中，资本扩张是一种关键性的要素，企业的任何重大战略意图无不首先表现为资本的扩张或调整。多年来，在许多企业局限于生产经营、业务经营，习惯于围绕产品和业务决策而运转时，成功企业经营者对资本运营已经驾轻就熟，取得了一个又一个成功。成功企业人把企业看成是一个资本的集合体，把产品或业务看成是价值的载体，通过业务经营等多种手段，尽量缩短物质留在企业业务环节的流动时间，使静态的资本存量在运动中不断增加。同时，企业面对风云变化的国际国内形势，积极搞好资本营运，合理地筹措资本，有效地运营资本，提高资本营运的效率和效益。此外，成功企业认为企业管理与资本运营是一体的，可以互相促进，并在实践中将企业管理与资本运营密切联系起来，实现了成功企业的快速扩张。

成功企业实现资本运营和扩张的模式有许多模式：一是主辅

分离，活化资本。把各类服务组织、辅助性和其他具有较强独立性的生产部门分离出来，盘活现有资产，培育新的经济增长点。如许多成功企业将资本大量地投入高新科技企业的同时，分离了多家传统服务型企业。二是兼并。即以购买方式承担债权债务，兼并劣势企业，发展新产业群，促使低效益企业生产要素向高效益企业流动，实现产业结构和产品结构的调整与优化，提高资源利用率和规模资本效益，形成新的资本发展优势。三是资产重组。通过改善所有制结构，建立和完善资本运营者的监督机制，提高资本运营的质量。同时，通过改制，吸收社会闲散资金，促进资本运转。四是合资合作。企业与外商合资、合作、联营，借外力扩大资本存量，努力既运营国内资本又运营外商资本，通过引进外资提高企业的科学技术和经营管理水平，促进企业走向国际市场，参与国际竞争。五是参股。以企业的部分资本参与其他股份制企业，让企业已有的存量资产充分发挥作用。六是租赁转让。通过出租或转让企业的闲散资本，使闲散资本的潜在价值发挥出来。七是运营无形资产。创建企业名牌，管好用活企业信誉、商标和品牌等无形资产。八是联合。通过资产转移、产权联合，促使分散资本向聚合资本聚集，进行优势互补，形成具有较强实力的企业集团。

成功企业充分重视资本运营，严格按照公司法的要求规范运作，明确并保证决策、执行、监督三者之间形成各自独立、权责明确、互相制约的关系。使企业生产、营销、技术开发、财务控制、融资等功能齐备，与资本运营的功能协调，形成整体优势，实现低成本扩张和资本收益的有机结合，同时也实现了企业经济实力与品牌优势的有机结合。成功企业把企业扩张与资本经营看作是企业永恒的主题。但没有一成不变的固定模式，既充满了挑战，又充满了机会，也充满了智慧。在企业扩张和资本经营中实现企业不断成长和壮大，这无疑是成功企业家天生的追求，也正是通过自己的不断创新、脚踏实地工作实现了这种追求。

七、科技驱动创新发展

"科技为先，创造未来"一直是成功企业发展的宗旨。在企业发展过程中，技术创新始终占据核心地位，企业明白拥有了高新技术产品，就可能获得市场先机，从而占得市场的制高点，使企业保持强大的发展后劲。多年来，成功企业正是凭着自身卓越的发展创新，逐步拓展出了一条充满蓬勃生机的发展道路，促使企业取得了累累硕果。

超前技改，营造优势。欲善其事，先利其器。"科学技术是第一生产力"，向科技要效益，以科技进步促进生产力发展的思想已成为成功企业的共识。成功企业一般在创业初期，科技含量方面比较低，客观上无法与更加现代化的企业相比，这就决定了企业在主观上必须付出更多的努力。科技更比黄金贵。成功企业认为，科技是无价之宝。企业光有干劲不行，还必须重视科技、依靠科技，向科技要产量、要效益，把科技进步作为各项工作的重中之重。过去企业大发展依靠"革命加拼命"，现在则主要依靠"科技加管理"。

1995 年，界河金矿的工作要点中有这样一段话："突出科技进步、实施科技兴矿，向科技要效率、要效益战略。运用先进技术，重点抓好专题技术研究，重大技术难题有所突破，并能取得科技成果。"界河金矿人是这样说的，也是这样做的。为搞好科技进步，企业采取了许多措施，如成立科技协会，制定知识分子、科技人员管理办法等。科技为界河金矿带来了巨大的经济效益。对界河金矿人来说，科技才是真正的金矿，是取之不尽的金矿。工友公司为了使自己成为现代化、国际化的企业集团，在实

236

施名牌战略中坚持以科学技术为先导，不断提高产品的科技附加值，提高产品的工艺水平和科技水平。1998 年，公司技术开发中心被山东省批准为省级企业技术开发中心，有多项产品获得国家专利权。先后起草制定了《台式木工多用机床精度行业标准》《台式木工多用机床制造与验收条件》《台式木工多用机床产品质量分》等多项行业的标准，为该行为做出了应有的贡献。

建立灵活高效的技术创新机制。"三思方举步，百折不回头"。这可以说是对成功企业发展高科技产业，进行集约化经营的一种生动写照。企业在进行高新技术经营之前，总是要进行认真、缜密的调查和研究，客观地对企业的优势、不足以及环境提供的机遇和挑战进行评估，特别是在投资时，十分注重服从于和服务于企业的总体战略。成功企业在技术创新机制方面的优势主要表现在：

灵活的决策机制。成功企业很多属非国有企业，具有较完全的经营决策自主权，不像国有企业那样，有较多来自行政方面的干预。成功企业的经营者，具有强烈的事业心、创新意识和决策能力。他们可以根据市场和技术的变化，及时开发新产品、调整自身产品结构或促使产品更新换代的战略决策，使企业适应技术日新月异、市场瞬息万变的生存环境。

资产的高度支配机制。成功企业根据市场形势调整经营方向的时候，经营者能够利用其在资产方面的高度支配权，充分调动企业的全部资源，集中于某个全新的经营决策，将其付诸实施，千方百计、不遗余力地进行技术创新，以实现整个企业的转向。如梅雁公司依靠灵活高效的技术创新机制，根据国际、国内的宏观经济形势，结合公司所处的环境和自身特点，不断对公司的产业结构进行调整。从传统的建筑、交通运输等产业，逐步向以水电能源为基础，以建筑、工业制造业为支柱，以电子信息、生物工程等高新技术为龙头的大型企业集团方向发展，极大地提高了企业的抗风险能力，也极大地增强了企业的市场竞争力。

自由、宽松的内部环境。成功企业都是在市场竞争的风吹雨打中发展和壮大的，其宽松和灵活简便的作风非常利于技术创新的开展。成功企业内部环境还表现为经营者灵活的用人制度，量才使用，做到能者上，庸者下，平者让，特别注重将优秀人才破格提拔到关键的工作岗位上，同时及时更新企业的人才结构，为企业技术创新提供宽松的环境与自由的氛围。

大力增加科技创新投入。开展科技创新的前提是资金基础。长期以来，成功企业立足高科技前沿，不断增加科技创新投入，以促进开发核心技术，加速形成企业的核心竞争力。企业常年坚持"非高科技优势项目不上"的原则，如果产品在技术上不领先一步、质量上不高人一筹、成本上不低人一块就决不投资。企业特别强调在前沿技术、精品技术、垄断技术上下功夫，逐渐加大科技投入和开发力度，不断提高集团技术密集的质量。如海尔、兖州煤矿等企业就是如此，它们不断增加对科技资金和技术改造及设备更新资金的投入，以加大产品的技术创新力度，有效推进技术改造，使设备的技术性能赶上或超过国际先进水平。

成功企业在始终坚持依靠科学技术的前提下，不管规模大小，都保证科技投入和技术改造不减少。对科学技术的引进推广、运用和实施采取"扶上马，送一程"的工作方法，创造了成功企业发展史上一个又一个辉煌。正如宝禾公司杨总经理所说的："具体说，就是要注重科技的投入，人才的培养，科研的攻关，新技术的引进、推广和运用，尽快将先进的科技成果转化为生产力。"

协同创新，组织优化。成功企业在其成长和发展过程中，实施了"借鸡下蛋"的科技发展战略，将自主创新与模仿创新、引

238

进创新相结合，技术创新与技术改造相结合。有相当一部分企业建立了自己的研发中心，有的甚至将企业的研发中心设到海外。这些研发中心进行跨单位、跨部门、跨地区的合作研究，形成了有效的企业与科研机构、大专院校以及科技中介组织相互依托、联手开发、协同共进的技术创新机制，确保成功企业在市场竞争中的核心能力优势。

成功企业根据市场的需求生产一代、开发一代和研究一代。大力开发有自主知识产权的生产技术和有较高附加价值的名牌产品、新产品，成为进入市场的有力武器。如梅雁公司广东梅县TFT显示器有限公司第一期工程投资人民币2.3亿元，建成了具有自主知识产权的背光源用带点阵高亮度导光板全自动生产线一条，采用先进技术、工艺和设备，开发了多个品牌的高科技含量、高附加值且试销对路的梅雁螺旋藻系列新产品。投资近亿元，养殖面积达12万平方米，集选种、育种、养殖、加工、质检、研究开发、销售等各种功能于一体，成为国内最大的螺旋藻企业之一。梅雁公司为了加强技术创新研究，发展高新技术产业，并在梅县建造"梅县高新技术园"，用于发展电子信息、生物工程等高校技术产业。

成功企业在引进国外先进设备和技术的同时，立足于消化、吸收和创新，以形成自有的核心技术，走出了一条"引进—消化—吸收—创新"的成功之路，并且有不少企业在设施设备、工艺技术和高科技开发方面已领先于国内，有的已经达到世界一流水平。

成功企业在强调自主创新的同时，也特别注重借助科研院所、高等学校的技术力量为企业所用。在与国内大专院校、研究院以及相关行业建立长期、稳定的产、学、研合作关系的同时，组建、形成高层次的企业科研发展顾问团，定期召开科技研讨会，采取请进来、走出去的方法，邀请有关专家学者参与对企业新产品的开发与研究工作，推动企业技术创新。在成功企业中，菱花公司可以说是将自主创新与产、学、研合作开发的典型。该公司为了推动企业科技创新，形成了一整套人才培育、开发、引进、应用的系统办法，被集团称之为"智力工程"。总经理却更喜欢用他自己的"专有名词"——育脑、借脑、扩脑。

"育脑"，就是立足企业生产特点，培育自己的"土专家""土博士"。多年来，菱花公司先后投入巨资与山东高校联合，在山东省乡镇企业中第一个办起了职工大学和成人职工中专班。企业的"土专家"硬是凭着自己的力量攻克技术难题60多个，其中4项填补了省内空白，2项填补了国内空白，每年为企业增加效益数百万元。

"借脑"就是求贤方能，广揽专家。早在谷氨酸发酵事故发生后，菱花公司就动起了"借脑"的脑筋。菱花公司先后和十余家大专院校、科研单位"联姻结亲"，建立了紧密的技术合作关系；聘请了包括德国卡斯博士，美籍专家王淑亮先生在内的国内外知名发酵专家、高级工程师、经济师等32人组成"高级智囊团"，定期到公司"会诊"。凡涉及重大决策，公司都要请"高级智囊团"进行科学论证、把关、定向和精心策划，并通过他们引进先进技术十多项，年增效益1000多万元。

说到"扩脑"，菱花公司老总自豪地说：1000余名来自国内各大专院校的大学毕业生占全公司员工总数的46%；仅1994年、1995年、1996年三年就有近800名大学生汇聚到菱花公司旗下。其实，比起待遇和生活条件，菱花公司并没有什么特别；大学生们相中的是这里宽松和谐的工作环境，鼓励创造、崇尚科学的氛围和可以充分发挥自己专长的广阔空间。

与科研院所、高等院校结成长期较为牢固的合作伙伴，让外部的某些科研工作与本厂的技术进步结合起来，也可以算作是一种扩脑形式。菱花公司与科研单位研究员率领的生物传感器课题组"义结金兰"。"菱花"一旦在生物监测方面有了技术上的问题需要帮助，研究所会立即派出科研人员前去排忧解难；课题组每当研制出新仪器时，也总是愿意拿到菱花公司进行试验。科研人员把菱花公司当成自己的试验基地；菱花公司也把课题组当作可靠的技术咨询中心和知心朋友。

　　流程再造，结构重组。精兵增效，集约管理。企业的科技创新与企业的组织结构紧密相关。杰出的企业无不重视运用组织技巧，使用人相对减少、效率相对提高。这些的成功企业规模都很大，小则上千人，多则上万人，年产值在几百元到几十亿元上下。这些企业的管理人员都很少，特别注重精兵简政，建立起精简高效的企业经营管理组织结构。组织形式和系统简单明了，上层管理人员尤其少，没有复杂的矩阵结构，所有这一切，决定了企业决策快、成本低、效率高。例如：赵家堡公司上万名职工，集团管理人员不超过 100 人，所占比例不足 1%。华西公司的组织结构，对外是三块牌子，即村党委会、村民委员会、集团公司，对内实际上是一套班子。对外三块牌子，主要与上面的机构对口，便于参加各种会议对号入座；对内一套班子，便于集中统一决策，抓大事，便于两个文明一起抓。机构精简，不人浮于事，办事效率高。集团公司下设八科一办，即财务科、生产技术科、动力设备科、外资科、宣传科、审计科、人事科、质管科、总公司办公室。科室的正副科长及紧密层企业的厂长大多是三套班子成员，而且多数是身兼多职，有不少同志既是党委成员，又是村委会副主任，集团公司副总经理，还是企业的厂长或科室干部，这就叫华西公司的一专多能，一身多职。华西公司的组织机构建设和人员配置，做到了企业规模相对大，但组织机构和用人相对减少。这与一些企业机构人满为患形成了鲜明的对照。在华西没有闲职、闲人。无论是集团公司还是基层单位，不存在坐机关的概念，高效、精干、简朴贯彻到底，没有大型企业常见的官僚主义和人浮于事的弊端。

组织创新是企业向现代企业制度转制的关键。多年来，成功企业向组织管理要效益、用科学促发展，不断随着环境变化而改变管理模式和经营方式，尽可能与市场和国际接轨。在企业内部实行市场化和形成经济关系，并把管理层和操作层分开，逐渐打破传统的模式。在组织运作和管理上，逐步形成了董事会领导全局、党组织保证监督、公司管委会民主决策、法人实体自主经营、职代会民主管理的新体制架构。在这个架构之下，企业决策与经营分开、公司总部管理与自身经营分开。公司所有的重大问题都通过董事会决策。由公司董事会成员和各子公司法定代表人组成集团管委会，作为民主决策机构，对有关股份公司自身建设和发展的重大事项进行审议。各企业法人自主负责日常经营管理，对此公司总部不干预，也不乱插手。

成功企业不断面向市场，从实际出发，进一步建立和完善企业产业结构、盈利模式、竞争机制、风险控制和财务控制等现代企业管理制度。如探索职工持股、期权期股、技术入股等多种分配方式，建立有效的激励机制。在实行期权股方面，学习借鉴国内外的成功做法，制定出了相对合理的方案，并在实践中不断完善提高，努力将短期激励与长期激励结合起来。

重构价值链—业务流程再造。在现实中，不少企业的组织臃肿、迟钝，因而效率低下、缺乏竞争优势。面对越来越激烈的国际竞争，就必须进行企业的组织再造。成功企业立足于从根本上赢得市场竞争的优势，以"流程导向"替代原有的"职能导向"，将企业改造成为一个精简、敏捷、灵活、有创造性、高效率的组织结构，提高了组织整体的综合效能，努力在第一时间满足顾客个性化的需求。成功企业对业务流程进行根本的重新思考和彻底地重新设计，再造新的业务流程，大大提高适应市场的速度，使组织更富有弹性，较好地解决了企业的运作效率问题。

江钻公司奉行"协力、创新、奉献、卓越"的江钻公司精神，在长期科技创新、组织优化的基础上，从 1995 年开始了CIMS 二期工程，进行业务流程重组，重新调整设备布置方式，在改进设备、改进工艺的同时，对生产现场进行改善，进行业务流程的重组。将原来以工艺为对象的专业化设备布置方式变为以产品为对象的专业化设备布置方式，将牙轮车间的设备布置重组为3 条单元流水线（局部生产线）。局部生产线中按加工的工艺顺序布置设备，形成流水作业方式，各工序之间的工件转运也从以前用叉车在各设备间的"穿梭"变成采用单元流水线生产线滚道转运工件的方式。流程再造极大地减少了工件的运输距离、节约了作业时间、缩短了产品的生产周期，取得了明显的效果。同时经过业务流程再造，改善了原来只能按大批量进行生产的运作方式，目前牙轮车间最小批量为 2 只，实现了生产的柔性化，增强了生产系统的应变能力，进而提高了企业的竞争能力。

1999 年海尔公司为配合国际化战略的实施，在全集团范围内对原来的业务流程进行了重新设计和再造，并以"市场链"为纽带对再造后的业务流程进行整合，大大提升了海尔公司的跨国经营竞争优势。组织结构调整以前，海尔公司为传统的事业本部制结构，集团下设六个产品本部和八大职能中心（规划、财务、人力、法律、营销、技术、文化、保卫）。每个本部根据具体的产品不同分设产品事业部，各事业部分别设有规划、财务、劳保、销售、法律、科研、质管、文化、设备、检验等职能处室。他们和事业部下属的职能处室是传统的行政关系。产品本部和事业部是行政隶属关系；产品事业部是独立核算单位，和下属职能处室是行政隶属关系。在这种组织结构下，集团是投资决策中心，本部是经营决策中心，事业部是利润中心，分厂是成本中心，班组是质量中心。这样形成的业务流程是纵向一体化的结构。

海尔公司根据国际化发展思想，对原来的事业本部制的组织结构进行战略性调整：把原来各事业部的财务、采购、销售业务全部分离出来，整合成商流推进本部、物流推进本部、资金流推进本部，形成核心流程，实行全集团统一营销、采购、结算；把集团原来的职能管理资源进行整合，形成创新订单支持流程 3R（研发、人力资源、客户管理），和保证订单实施完成的基础支持流程 3T（全面预算、全面设备管理、全面质量管理），3R 和 3T 支持流程是以集团的职能中心为主体，注册成立独立经营的服务公司。在整合后的业务流程中，全球的商流（商流本部和海外推进本部）搭建全球的营销网络，从全球的用户资源中获取订单；物流本部利用全球供应链资源搭建全球采购配送网络，实现 JIT 订单加速流；资金流搭建全面预算系统，形成直接面对市场的、完整的物流、商流等核心流程体系和 3R 和 3T 等支持流程体系。商流获得的订单传递到产品本部、事业部和物流本部后，物流本部安排采购配送，产品事业部组织安排生产；产品通过物流的配送系统送到用户手中，用户的货款通过资金流依次传递到商流、产品本部、物流和分供方手中。这种横向网络化的同步的业务流程，实现了企业内部和外部网络相连，使企业形成一个开放的系统。流程再造后，每一个业务流程都有直接服务的顾客，与"市场"零距离，使员工直接面对市场和顾客；每一个流程具有高度的决策自主权，每一个业务流程的经营效果都可以用货币计算。与此同时，建立了流程的岗位负债经营机制、业绩评价体系和价值分配体系。

244

业务流程再造使海尔公司最大限度地整合市场资源，把员工的创新力发挥出来，加快了对市场的应变速度，实现了海尔公司三个"零"的目标，即：质量零缺陷、服务零距离、流动资金零占用。

信息导航，把握关键。诸子百家，为我所用。"出海看天气，经营看信息"。信息是市场经济中企业发展的战略性资源，信息就是财富。没有信息或信息不准，对决策者来说，就是无本之木，无源之水。成功企业一般都建立起了比较完善的信息机制，为企业的决策和发展定期或不定期地收集信息，提供服务。

兖矿公司为了适应知识经济发展的需求，在信息化建设方面，大力发挥国家级技术中心的作用，不断加大科技投入，不断进行科技创新。兖矿公司重点开展以"年产 700 万吨高效洁净煤示范矿井建设"为核心内容的"十五"攻关，最终目标使工作面的年产达到 600 万—1000 万吨，回采工效达到 800 万—1000 吨/工，确保兖矿公司综采放顶煤技术继续保持国际领先地位。同时将 ERP 系统（企业资源规划）的研究列入兖矿公司博士后流动站研究项目，提出企业实施 ERP 规划的方法和理论框架，提出具体的 ERP 实施规划和对策。培育和完善信息收集、传递、反馈体系，以信息系统为核心，促使企业管理模式由生产型向创新型和知识型的转化。万国公司期望建设的管理信息系统是一套具有证券行业特色和自身特色，满足公司特殊业务需要和发展需求，融先进技术平台与成熟应用方案于一体，将国际公司的科学管理机制与适合中国国情的管理模式结合起来，具有高性能、高可靠性，界面友好美观，操作便捷、易用高效的证券企业管理信息系统。系统应当能够直观、科学、准确、适时地反映经济数据，为公司的经营管理提供决策依据，增强公司经济效益，提高公司现代化管理水平，从而全面提升公司的市场竞争能力。

成功企业在发展中，紧紧抓住关键环节，依靠面向市场的创新机制来促进企业的发展。其中，他们特别注重资源开发，强化技术和人才，来保证企业的创新。功企业开始不都是靠高技术和知名专家来发展的，他们更多的是采用适用技术、中间技术，有些还是一般技术，正是这些不可思议的事实，提供了大量的企业利润，乃至趋近了"半壁河山"。一流科技人才在成功企业创业初期也是难请到的，企业更多的是靠原单位三四流的专家和技术人才，靠的是"星期六工程师"，靠的是"三老"余热的发挥（即退休老技术工人、退休的老工程师和退休老教授）。

成功企业还十分注意选用连接技术、人才、智力的新型方式和方法。其高明之处是，借脑发财，先攀亲结友，接着请专家和能人，最后与高校联合，找知识作为后台。上风公司就是通过和上海交通大学合作，由学校出技术，企业出条件，责任共担、收益分成的固定合作形式，组成了"产、学"联合体。正是智力的联合使成功企业借脑发财进入了高级层次。这种联合是一种可靠、有效的双方受益的好形式。成功企业在技术创新过程中，形成了新的技术价值观。这就是说，人们不会为技术掏腰包，而是为技术带来的效益掏腰包。一项技术成果效益的背后，并不是纯技术的作用，是技术与人、产品与文化之间相互作用而产生的。

这些成功企业一般都是边搞技术开发，边培训人才。技术和生产需要什么知识，他们就办什么班，就请什么教师。初级阶段的人才培训具有急用先训、立竿见影的功效。高级阶段的成功企业，正是通过系统组装技术使培训系统化、制度化、多样化。企业立足于通过培训使技术活化，把教授和专家的知识从头脑和书本中解放出来，变为他们操纵机器，占领市场的武器。活技术、活人才、活信息和活管理这"四活"正是成功企业智能开发的新目标。在成功企业里，建立一条生产线，开发一项新产品，等于建立一个新型的学校，虽然学员文凭不高，但他们对办工业当工人有新鲜感。新鲜感带来了对知识如饥似渴的追求。

重奖英才，激励创新。人才是技术创新的保证，市场竞争、产品竞争、企业竞争，归根结底一句话，那就是人才的竞争。人才是科技进步和发展的重要资源，要加快科技创新，开发高科技产品，关键在于人；对于科技人才，成功企业总是求贤若渴、任贤举才。许多成功企业的领导班子都有重才之心、识才之慧、用才之略、容才之量，从而使众多的人才聚集到成功企业；为了发挥高级技术人才的作用，成功企业舍得花大代价。有许多企业设立了首席专家和带头人制度。首席专家享受终身待遇，定期发给补贴。另外，对拔尖的专业人才进行重奖，不断摸索和完善激励机制；许多成功企业还举办各类专业学习班，聘请中外著名的专家教授传、帮、带，并根据这些人的专长特点与企业的产、学、研、销的实际需要，给予课题，委以重任，使之在实践中锻炼提高，增长才干。这些企业多年来培养和造就了一支专业知识和操作能力过硬的科技队伍，为科技兴企奠定了牢固的基础。

八、多谋善断有效管理

企业家精神，是现代经济运行不可缺少的要素，这已成为公认的事实。经济学家乔治·吉尔德在其著作《企业之魂》中写道："企业家至关重要的作用同科学家相似，他们创造的是一个全新的市场或理论。在这一方面，企业家仅仅受到他们自己的想象力和说服力大小的限制。像画家一样，面前放着一块空无一物的画布；像诗人一样，面对一张未写一字的白纸；像具有创造性的艺术家一样，在奋斗过程中为世界带来了全新的东西"。在成功企业创业和发展历程中，可以清晰地看到这种企业家精神，它像一条红线贯穿在企业的创业发展历史中，构成企业成功的最基本的因素，这也是成功企业的灵魂。

艰苦奋斗，实业报国。"火车跑得快，全靠车头带"，成功企业的成功，更多地归于企业家的创造，归功于权威领导。从成功企业超常发展历程和整个经营管理的经验看，成功企业领导们的首要品格就是胸怀产业报国理念，始终保持艰苦奋斗的作风。

艰苦奋斗是我们中华民族的优良传统。成功的企业家们凭着一颗振兴民族工业的雄心壮志、勤奋好学的聪明才智、坚毅开拓的创业精神，一步一步地走过来，一个阶段一个阶段地干出来的。尽管在创业初期，他们或许没有学过多少高深的理论，但他们有一个强烈的意识，那就是事业是干出来的，创造一番事业就要发扬艰苦创业的精神。这种精神是对市场信息综合分析和预测而形成的，是深谋远虑的结果，是危机意识、使命感、责任感的体现，是对企业、对事业的高度负责精神的体现，是造福桑梓、致富乡亲的一往情深，是对振兴民族工业的热情和忠诚。

大港公司始终倡导"创业、创新、创效、更高、更实、更强"的企业精神，认为：要创业必须发扬自力更生、艰苦奋斗的精神，开拓新领域，开发新市场，创建新功业。必须以企业为家，无私奉献，与企业共呼吸，与油田共兴旺。必须发扬严密组织、细心实施的作风，学科技兴科技，靠科技兴油兴企。必须抢抓机遇，指挥果断，以一流的标准、一流的作风、一流的产品、一流的服务闯国内外市场。中富公司总经理向来视事业为生命，扎根企业，艰苦奋斗。在他看来，一项事业，干得人如不全心投入，倾心尽力，则这项事业是不会成功的。办企业更是这样。只有下决心扎根企业，将自己的命运与企业的命运紧密联系在一起，用他自己的话说，就是将自己摆进企业，企业才会兴旺发达。他要求全体中富人"团结、扎实、积极、深入"，从我做起，从小事做起，扎根企业，以事业为重，培养对企业的深厚感情。

248

总经理一直说，中富之所以能够成功，靠的是"眼力、胆识、毅力"。其中毅力就是事业心，就是大家的齐心合力，就是坚韧不拔的拼搏精神和百折不挠的坚强意志。事业心是成功的基础。总经理说到做到，他自己就是一个有高度事业心的典范。他之所以能够带领中富人不断取得成功，与他的高度的事业心是分不开的。他办企业自始至终，倾尽全部精神，呕心沥血地做每一件事。他出差坚持不住高级宾馆，不到高档酒楼吃喝，不坐头等机舱，不游山玩水，始终保持着艰苦奋斗、勤俭持家的优良传统。

成功企业的带头人不仅是高瞻远瞩、运筹胜算的优秀企业家，更是心存实业报国理念的拳拳赤子，他们带领企业从小到大、从弱到强、走向辉煌的历程，也正是他们志存高远、实业报国的人生价值得到实现的历程。正如他们所讲："没有国哪有家！"在他们的心目中，国家和中华民族的利益始终是至高无上的。"国家兴亡，企业有责""天将降大任于企业也"，他们始终将国家利益、公共利益置于企业利益之上。实业报国是一个成功企业的崇高选择，更是成功的企业家们人生价值的最高体现。

成功的企业家们都很注重讲政治，对企业家来说，最大的政治就是要把企业搞好，如果企业经营不好，破产了，导致许多员工下岗，那企业家怎么去代表人民群众的利益？对不起人民群众，对不起父老乡亲。宝龙集团许健康在总结企业"为什么能做大，为什么要做大？"时说：为了回报祖国、回报社会、回报员工。这是企业家的使命，也是企业发展的永恒动力。在成功企业，以这些企业家为代表的企业经营者们，始终坚持为人民服务的根本宗旨，胸怀大志，脚踏实地，身先士卒，善于把国家利益、集体利益与职工利益有机地结合在一起，统一在一起，为公司的发展，为股东和职工的利益，殚精竭虑，尽心尽责地工作。

恩威公司总经理在企业管理中独创性地提出了"无为思想"，

其核心内容是采用清静无为的思想管理企业，以顺其自然的原则处理企业面临的问题，像疏导流水那样开导职工。"无为思想"在企业管理中的运用可以集中体现于"治大国如烹小鲜"这句话上。寓意深刻地揭示出治理者就必须小心谨慎，认真严肃，不能随心所欲地变换指令，坚持"以不变应万变"。恩威总经理认为"服务于社会，造福于人类"的根本宗旨，在任何情况下都不能改变。例如，当无锡出现假"洁尔阴"后，恩威采取断然措施将市场已售出的、未售出的真假"洁尔阴"全部收购回来，虽然公司损失数千万元，但杜绝了假货烂市，维护了消费者和医疗机构的利益。

三孔公司总经理在 1996 年就明确提出三孔人的使命是："酿中国最好的啤酒，做消费者信赖的品牌。""满足消费者日益变化的消费需求，为社会发展做出贡献。"当问及为什么确定这样一个使命时，总经理解释说："三孔的发展是追求'顾客、股东、员工、社会四满意'，其中我们把顾客满意当作企业立足之本，生存之本。"他认为企业发展若单纯为了挣钱，追求利润最大化，那么这个企业就一定不会做大。三孔人是"社会人"，企业是"社会的企业"，他们将企业的发展与社会发展相协调，注意保护环境，不断加大对环境建设的投资力度，同时积极开展捐资助学、捐资解困等工作，尽可能地回报社会。

一个企业家的精神风貌是可以从多方面反映出来的，包括对待父母、乡情、社会责任等等方面。梅雁公司总经理在家乡就是出名的孝子。工作再忙，他每天回家总要先去看望和伺候母亲。他说："一个连父母都不孝的人，我是不与之交朋友的，养育自己的父母都不孝敬，心里还能有别人？"总经理在叶帅的家乡——梅县雁洋镇出生、长大，过去这里是一个穷山村，乡亲们祖祖辈辈过着贫苦的日子，盼过好日子望眼欲穿，总经理深知贫困的滋味，他希望能有那么一天，为乡亲们脱贫做出贡献。1984 年承包工程队，按合同可拿到 2.5 万元奖励。他准备把这笔钱拿去家乡建水库，使家乡尽快脱贫致富，开始时，他母亲说什么也不答应，觉得建水库历来是政府的事。后经总经理反复耐心劝导，母亲终于被说服了，高高兴兴支持儿子的决定。这些年身居城市，心系农村，坚持为发展家乡文化教育事业和公益事业捐资出力。梅州属于偏远山区，经济不发达，以前政府办的学校硬件设施比较落后，无法适应现代社会的发展。为了振兴家乡教育，梅雁公司通过决议，决定用自有资金 1.2 亿元投资建设梅州市梅雁中学。这些年来，从未间断过捐款。他捐款不留名，甚至把不留名作为捐款的条件。总经理经常说：我们梅雁要做社会的企业，不仅仅是市场的企业。要从社会发展的高度而不仅仅是市场竞争的角度来探索企业的发展道路，并在此过程中寻求实现企业自身的社会价值。广东省一位政协委员在参观梅雁后，激动地写下一首诗词："昔日上市谈何易，股海翻腾显实力。科技为先创未来，梅雁效益众得益。"这是对梅雁公司的真实写照。

胆大敢闯，多谋善断。商场如战场，在兵不血刃的商战中，搏杀有时比硝烟弥漫的战场还要激烈。所以，商海竞争更需要胆识和魄力，需要事先通盘谋划。成功的企业家们被人们称为"拼命三郎"。在长期的市场经济大潮中，他们带领企业抓住机遇，顽强拼搏，使企业一步步走向成功。

敢为人先。成功的企业家是智多星，又是敢于先吃螃蟹的人。足智多谋，敢冒风险，这是他们的一个重要的共同品质。他们从事的事业都是风险事业，总是做别人没有做的事，开历史之先河。在企业经营活动中，风险和利益总是成正比的，风险越大，承担风险所获得的利益也越大。成功的企业家深知这一点，他们都有超人的胆识和强烈的责任心，在事关企业发展的关键时刻，总是敢于承担风险。也正是这样，抓住了机遇，实现了企业的快速发展。

兖矿公司总经理在带领企业深化改革，实现超常、跳跃式发展过程中，提出了"撞南墙精神"和"蚯蚓理论"。总经理说，改革是对以往经济管理体制的否定，没有现成的路可走，完全靠探索前进，作为先行者，在战略上需要有"撞南墙"的精神，当开路先锋，不怕困难，不怕挫折，大胆地试，大胆地闯。但同时也要讲究方法和策略，采取"蚯蚓"战术，遇上石头等阻力较大的地方就要曲折前行。虽然曲折，只要是在前进，土壤就会松动。两点之间直线最短，但在现实生活中，曲线往往更容易到达目的地。在这一理论的指导下，兖矿公司的改革总是坚持小步快走稳步推进，取得了很大成功。

成功企业都是在改革中发展的，这些企业的企业家们都具有敢担风险的精神。都具有敢于创业，敢于创造新局面，消除不确定性和不明确性的企业家精神。花园公司总经理就是这样一位具有敢担风险的企业家。1981年10月初创企业时，国内政治经济环境对于私人集资兴办企业很不利，花园人对于如何办好企业心中无数，对市场一无所知。当时，许多人对私人集资兴办企业的举动嗤之以鼻，期望着看一场"好戏"。然而，总经理凭着一股一定要改变花园村面貌的满腔热情，克服了重重阻力，说服了原村党支部书记，带头集资兴办了花园村有史以来的第一家企业。其风险之大，可想而知。1982年底，因当年亏本3.56万元，许多合伙人纷纷退股，导致企业生存危机。当时企业前途非常渺茫，有人劝他关闭企业，不要去做"白日梦"。花园公司总经理经过冷静思考，认识到只有不怕风险，不断前进，才能取得最后胜利。他果断地承担了全部责任，对那些退股的合伙人说"你们退股，我没意见，我会连本带利返还给你们，凡亏本部分全由我

252

个人负责。"他是这样说的，也是这样做的，显示了一个优秀企业家强烈的风险意识和敢担风险的精神。

创业之路，是艰难困苦之路，更是充满风险之路。不敢冒风险，不能战胜风险，就不可能获得大的成功。从实践来看，正是"初生牛犊不怕虎"的敢冒风险的精神，使得成功的企业家们敢于负责，敢冒风险，有胆有识，做出了一系列关系企业全局和长远发展的重大决策，才使企业快速发展，登上一个个高峰，铸就一次次辉煌。

勇于点燃创新之火。创新是企业生产力发展和经济效益增长的源泉和动力，是企业永葆生机和活力的关键所在。按照现代经济学关于经济增长的理论，创新有丰富的内涵，是一项系统工程。就微观而言，其内涵包括思维方式和思想观念、原材料、能源、技术设备和工艺、产品、产品质量、生产方式、组织管理及市场开拓等方面的一系列创新。而创新的关键在于企业家的创新精神。创新是企业家的天职。企业家既是创新者又是创新活动的领导和组织者，是否具有创新精神，直接决定着企业的创新和发展。

隆庆公司自成立之初就把在企业内树立敢担风险的创新意识作为首要任务。隆庆公司总经理认为"改革就是创新，就是敢担风险"。他敢于运用逆向思维并勇于创新，走出了一条全新的道路。他要求集团各企业的主要领导要具备"三敢三不怕"的精神，即树立敢想、敢闯、敢试的精神，树立不怕得罪人，不怕犯错误，不怕被人误解的精神。他认为在改革创新中必须破除"出头的椽子先烂"的陈腐观念，建立超前思维和大胆决策的精神，即使一时不被人理解，也要坚持勇于创新的观念。他们面对众多的国有企业的老大难和历史问题时，按照"只要符合三个有利于"的标准，勇于创新，大胆试、大胆闯。通过企业重组、资产重组、分配与用人制度的全面改革，在较短的时间内首先改变了企业领导层的精神面貌和思想境界，并且以此为坚实基础，使整个集团很快扭转了困难局面，创造了辉煌的业绩。

创业难，守业更难。难在什么地方？难在开拓、创新和发展上。中富公司总经理在办企业中，始终坚持"开拓、搞活、创新、发展"的方针。他认为，勇于开拓才能搞活企业，敢于创新才能发展企业。他坚信，只有不失时机，抓住机遇，依靠眼力、胆识和毅力，看准市场，大胆投资、运用高科技手段，不断进行产品、管理和人才的创新，才能最终求得发展，壮大自己。他反复强调要善于学习新知识，不断否定自己、超越自己，方能使企业在激烈的市场竞争中立于不败之地。总经理和他带领的中富人在实践中正是具有这股勇于开拓、敢于创新的精神。可以说，总经理和中富的创业史，又是一部不断自我超越的创新史。

在现代市场经济条件下，企业唯一持久的竞争优势，就是具备比竞争对手学习得更快的能力。企业家成功的一条重要经验就是根据市场竞争的需要，坚持进行组织结构的创新，不断增强企业的学习能力。在干口学，学中干，学得牢，用得活，各种知识融会贯通，在几十年的企业创业和发展的工作重负下，他们一直没有放松学习，与企业一同成长。企业超常发展，首先来自他们自我智力开发的超常进步。知识的积累又为企业上新台阶做好了前期储备，二者相互促进，相辅相成。

成功企业的企业家不仅是一流的学习才子，也是一流的教育家。在企业学习型企业的建立中，他们言传身教，身体力行，发挥着使整个企业都成为高效组织的关键性作用，处处展现出自己作为教育家的风采，有的甚至将能否培养下属、培育新人，作为考核部门经理业绩的一条重要标准。建立健全适合本企业发展的学习制度，是企业领导者分内的职责，也是其领导艺术、管理水平的综合体现。他们将自己比作是一个筑台工，筑好舞台，为员工的才能发挥创造条件，从而为整个企业的发展提供全方位的服务。

为了适应市场经济的新形势，古井公司总经理用严格的学习来要求自己，逐渐形成了强烈的自我超越意识，形成了自己独特的"自我突破论"，他说：人总要寻找新鲜的东西去突破自己，一个企业不突破自己，就会萎缩以至垮台；一个人不突破自己，就要落后，就要被时代、被历史所淘汰。确实，古井公司总经理的人生轨迹是一个不断发展、不断突破的过程。总经理的学历是与酿酒风马牛不相及的蚕桑专业。在毕业后的十几年里，不论在什么地方，干什么行当，他从未放弃过学习和思考。他对自己的学习要求十分严格，无论工作多忙，总是坚持读书。古井公司总经理没有专职秘书，他认为，在现代知识爆炸的时代，知识日新月异，想当好一个企业家，就要眼观六路，耳听八方。他捕捉一切业余时间读书看报，正因为具备这种不断进取和自我突破的精神，才使得古井公司从一个名不见经传的中型企业成长为"共和国 500 强工业企业"之一。总经理的"自我突破论"告诉我们：一个企业的兴衰是一个不可回避的现实，唯有正视现实，不守旧摊子，不做故步自封的落伍者，勤奋学习，敢创新业绩，才能使企业趋兴避衰，永领风骚；才能使一个企业家真正成为搏击市场风浪的弄潮儿，实现更高层次的突破。

学习、学习、再学习，是成功企业培育企业团队精神和提升企业竞争能力的重要手段，也是成功企业保持旺盛生命力的根本保证。只有在不断学习的过程中，才能培育出真正有胆有识、敢于冒险、勇于创新的永久动力。运筹帷幄，决胜千里。成功企业的企业家们不仅拥有勇于创新、敢于冒险的精神，而且多谋善断，都是具有雄才大略的人。他们是真正的和平时代的将才。

张瑞敏作为海尔集团的创始人，早就提出了"只有淡季的思想，没有淡季的产品'。任何一个产品可能都有一个淡旺季，如何来对待淡季呢？如昊认为这个淡季就应该卖得少，肯定不会去创造一个新的市场。如果在淡季中寻找一个属于自己的市场，可能就会把淡季变成旺季。在海尔企业集团发展的进程中，张瑞敏高瞻远瞩，提出了联合舰队的模式。中国的企业集团，更多的是一列火车的模式，前面是一个车头，后面来一个企业挂上一个企业。这个车头不管有多大的动力，因为挂的企业太多，最后会使火车速度减慢下来，以至于停下来。而联合舰队的模式，简单地说，即所有的单位都要服从于旗舰的指挥，但是又要发挥各自的主观能动性。可以这么说，允许要求各自为战，但不允许各自为政。在这个前提下，集团在发展、壮大的过程中没有出现问题。张瑞敏的这种联合舰队模式无疑是海尔做强做大的法宝。

万杰公司总经理有着"风险投资家"的美誉，他高超的决策能力对万杰的发展起到了决定性的作用。因此，人们在称赞总经理超人胆略的同时，对他高超的决策能力发出由衷的赞叹。尤其在集体决策中，出现不同的意见是正常的，也是经常的。在各种意见面前，究竟应该如何决断，往往是考验决策者的关键时刻，而万杰公司总经理总能做出果敢的决断。几次重大的决策，都是在有许多不同意见的情况下果断做出的。但对万杰的发展，却起到了关键的推动作用。总经理高超的决策艺术，表现在万杰发展的全部过程和方方面面。兴建村办医院、幼儿园、老年公寓，实行早餐会制度，进行民风民俗改革，实行现代企业制度，办教育、引人才……，每一个决策，都显示出他的突出能力。这些助力万杰抓住一个又一个机遇，获得一次又一次成功。

惜才重义，以德治企。社会主义市场经济转型期，由于体制、机制及观念等不健全，这就意味着，当中国的企业家要比西

256

方国家资本家的难度大，企业经营者们除了要面对市场外，更要面对复杂的社会、政府、金融业等多方面错综复杂的关系，每个环节都必须理顺，企业才能有得以生存和发展。成功的企业家们自有其高超技艺，其诀窍就是做市场经济中的"义商"，将"义"作为处理并完善生产关系的最佳切入点。

义字当先。成功的企业家们深悟中国传统文化中"义"字的精髓，一身豪气，一身刚毅。他们认为，作为一个经营者，要了解并调动企业及可能参与企业活动的人的积极性，首先经营者自身必须有情有义，以义待商，以义交友，以义取利，以义聚才。他们的"义"字植根于中国传统文化深厚的土壤中，传承了传统文化中仁义、仗义、大义等精粹部分；这种"义"是讲原则、讲道德、讲道理的义，是以推动社会进步为使命为己任的一种义，是以"诚""信""义"为整体，以事业为目的，以"人本主义"为基础的义。"要做事，先做人"，"既讲利，更讲义"。成功企业家的"义"融入政府的、社会上金融的、税务的、企业与企业的各种活动，丰富的实践经验和超人的智慧促使企业在市场大潮中如鱼得水，游刃有余。

诚义待商。"无义不成商"是成功企业家们对社会主义条件下从事企业经营活动的重要的实践总结，也是企业经营思想最重要的组成部分。从而形成了国风企业在社会主义市场经济下，互惠互利、互相支持、共同发展的兴企经商方式、本质与特色。

以诚待商。成功企业家们信奉"要做事，先做人"。以诚待商，一视同仁对待顾客，客户无论大小都不摆架子，凡承诺之事就必须办到、办好，这形成了他们开发市场的主要特征，也是最大竞争优势。

优质务商。"精诚所至，金石为开"，成功企业正是利用诚义感动了市场，请来了长期合作的商人、顾客。企业产品应当以质量取胜，必须形成产品质量—服务用户—赢得市场—提高企业劳动效率—企业效益—社会财富—企业无形资产—企业产品销量上升，才能长期占领市场。

大智助商。成功企业用诚义请来商人，寻到市场；以优质稳定市场、稳定客户；以高超的营销技巧，运用有效的市场战略帮助经销商，使商人能够多销快销，扩大市场份额。

精诚请商，成功企业的商界朋友越来越多；优质务商，成功企业的经销商信誉更高；大智助商，成功企业产品的经销商销售成功企业产品更积极、更坚定；诚义待商，成功企业的商誉在产品涉及的行业内外名不虚传，销售量越来越高。

成功企业的企业家们在长期的生产经营活动中，努力做到仁义行事：

礼贤下士。许多成功企业刚进入市场时，不懂市场规律，他们就登门拜师，请老师讲市场规则、讲法律法规、讲市场营销理念；不懂市场具体操作方法，就不耻下问，请有经验的人士来讲消费心态与销售入门，并与他们一道进行营销实践。国风公司总经理说："国风靠什么去获得各界朋友的支持，第一是敢于承认自己的问题；第二是敢于请教，诚恳接受外界提出的意见，纠正自己的问题。"他还说"人家的长处就是你的短处，你就应当向别人学习，向别人借脑。"他不仅这样说，也是这样做的。在国风企业，传颂着总经理礼贤下士"三顾茅庐"求人才的佳话。

一视同仁。"既计利，更讲义"。这是成功的企业家们常说的一句话，也是他们一贯恪守的准则。在成功企业员工的眼里，他们的带头人"是一位好老板，还是一位好管家，更是一位好老师。"他们海纳百川，宽广的胸襟和恢宏的度量使企业的团队精神不断得到提高。

以心换心。企业中人与人之间共同协作的关系，就是建立在互相尊重的基础之上的。成功企业的企业家们管理有方的一个重要法宝，就是"以心换心"。与员工们交心、贴心，对员工真诚地关心。与员工换心，赢得人心，使企业得以长期生存和快速发展。

旭日公司总经理认为，作为现代企业的领导，对待员工应该采取两种态度，那就是：仁慈与严明。他认为，仁慈的意思是仁爱、慈悲，也就是爱心及同情心，其表达形式是"己所不欲勿施于人""己欲立而立人，己欲达而达人"，任人唯贤，使人唯能，待人如亲，满足员工生存与事业发展方面的需要；严明是严格与明确，对于企业的宗旨、信条是清清楚楚的，并且在平常的工作中，处理事情与人的个案中，始终根据同一标准，同一宗旨，同一信条，使大家明白确实要这样做，只要条例而不执行，不叫严明，如果管理者把仁慈用在不努力、作风差、工作吊儿郎当的人身上，这对于公司来说无疑是一个灾难，公司就会出现混乱局面，工作无法开展。总经理在实际管理工作中，把仁慈与严明紧紧结合在一起，严而有度，仁而带情，使员工心服口服。

正义兴企。无数企业失败的案例警示企业经营者，只讲人情，不讲事业，一团和气的"人本主义"只会使企业丧失活力；举"义"交友可使企业发展壮大，但失去原则的交友将会给企业带来灾难性的后果。成功企业的"义"是以企业利益高于任何个人利益的"正义"。带头人说："是党员要讲党性，是人要讲人性"。企业中最高的党性就是使企业发展，企业中最完满的人性就是能使每一位员工的内在潜力都能发挥出来。

企业讲人性，"义"字当先，以"义"求人和、求发展；讲党性，在兴"义"的同时，坚持党的路线、方针和政策，坚持原则，不怕得罪人，但不报复人、不整人。企业管理思维里有一个显著的特点，为了实现目标必须充分考虑企业职工的切身利益与实惠，最大程度地调动蕴藏在员工内部的积极性和创造性，想调动员工积极性必须有合理的激励机制。

成功想的企业家认为，加强管理是企业永恒的主体。管理出质量，管理出名牌，管理出效益。成功企业里有这样一个共识，那就是人间有情，制度无情。"无情管理"的核心是在执行制度时干部无特殊化，在制度面前干部与员工一视同仁，不讲情面；砸铁饭碗先砸干部的铁饭碗，对干部实行聘任制，能者上，庸者下，真正做到制度面前人人平等。在成功企业，从董事长到普通员工，都是制度的忠实臣民！温馨的情谊承载着严格的制度。制度行，正义兴；正义兴，人心齐；人心齐，企业旺。永电在实施"一岗两责"管理的同时，逐渐形成了这样一种理念："领导有情，制度无情，考核绝情"。人们把这种理念称之为"三情管理"。一是领导有情，使企业从上到下关系越来越融洽；二是制度无情，使企业各方面的工作科学合理、不断规范；三是考核绝情，使企业永远处于不断纠偏、自我改进、自我完善的动态之中。

领导有情、制度无情辩证法。无情的管理，管出了规范的生产现场；无情的管理，管出了低成本、高质量、好信誉；无情的管理，使企业在环境变迁、指令性计划被取消、企业处于生存危机的关头，变得越来越强大。在职工们喜庆建厂30周年之际，感受企业辉煌带来的喜悦和幸福之时，从内心焕发出来的自豪感，使他们对"领导有情"这句话的含义理解得更深更远。制度的无情，其实是领导的有情；绝情的考核，其实有多情的回报。

大义聚"才"。小企业做事，中老板做市场，大企业做人。"先做人，后做事。"要把企业做大、做强，做成"百年企业"与企业家的个人风格息息相关。可以说，成功企业发展的一切资源开发和整合，都与带头人的奋斗、个人的人格魅力密切相关。

260

"君子爱'才'，取之有道"。成功的企业家们是真正的"义商"，他们的"义"，是建立在保证国家利益、有利于社会、有利于企业兴旺发展基础上的"大义"上。正是通过利国、利民、利职工的决策和措施来振兴企业。成功企业根据社会、政府、企业自身利益的需要有机结合，无论是在企业或是救危扶弱，或是为政府排忧，或是为使企业间扬长避短的兼并、参股、收购，还是合资扩张项目过程中，都特别注意解决企业职工的工资待遇、住房问题和人才使用问题，使企业的人才不仅有用武之地，并且能更好地发挥其作用，由口服到心服。成功企业就像是一块强力的"永久"磁铁，能够用企业强大的内聚力长期地、尽可能地吸引外界社会有效的人、财、物资源，使社会资源在企业内部以及周围合理地配置——这种来自企业聚集人、财、物的能力就是企业力，企业力释放并能够发生有效作用的范围构成企业场。

成功企业的企业家们诚义待人，仁义行事，大胆超越，不仅形成了自己的智囊团，还产生了巨大的吸引力。国内名牌大学、研究所的科技管理专家，以及高级管理人才，都纷纷聚集到成功企业的麾下。

成功企业的管理推崇的是"以人为本"的管理，企业非常重视组织建设，重视管理队伍、员工队伍的素质培养，重视人力资源的开发，努力为个人发展、潜能发挥营造良好的环境；企业高度重视员工的主人翁地位，充分尊重人、关心人、培养人、激励人，并通过价值观念管理，共同愿景构建引导员工进行自我管理和实现企业、员工、股东之间的互动性成长、一体化成长，使员工真正做到"以厂为家，厂兴我荣，厂衰我耻，与企业共命运"，为"建百年老店"而"全力奉献，同心奋斗，同力拼搏"。

成历企业在用人观念方面，一般遵循四个破除的原则：第一，坚决破除管理者不犯错误不能下的传统，提出"无功就是过"的新观念，提出罢免工作平庸、不敢抓不敢管、遇事推诿扯皮的老好人式管理者；第二，坚决破除管理者不到年龄不能下的规矩，不搞论资排辈，不拘一格，大胆重用；第三，坚决破除员工能进不能出的观念，提出岗位竞争，择优聘任；第四，坚决破除管理者与工人的界限，岗位互动，唯才是举。

发现人才、用好人才、管好人才，是企业领导人的重要职责。一个企业能否做到人尽其才，不浪费人才，关系到企业的兴衰存亡。对于如何用才，成功企业有他们独到的见解。例如，三孔公司在选拔人才时严格执行"德才能拼"四条标准，其中，"德"字摆在首位。"德"不单指品德作风，更是指个人对企业文化的认同、对企业规范的遵循。总经理认为：人才要求德才兼备，有德无才办不了事，有才无德只能办坏事。有许多大公司的用人方针耐人寻味：三孔公司不用最聪明的人，无独有偶，日本西武集团总裁堤义明也不用最聪明的人。为此，总经理列出了两个有趣的人才公式：

人才 = 肯做事 + 能做事 + 会做事 + 可靠

鬼才 = 肯做事 + 能做事 + 会做事 + 不可靠

"才"一般是指掌握知识的多少，但在三孔人的眼里，知识掌握得多并不代表你就是"人才"。能把掌握的知识用之于实践，为社会作出贡献，才叫人才。学历只能证明一个人受教育的程度，对员工学历的要求只是作为基础，故而进厂前要看清他的学历，但是进厂以后要忘记他的学历，主要看他进公司后学得怎么样，实际工作怎么样。而这种将知识转化为财富和贡献的能力就是四字原则中的"能"。

"拼"则是指对工作的忘我和奉献精神。在三孔，"拼命三郎"比比皆是，为企业舍小家顾大家的事迹连篇累牍。为了保持和发扬企业的这种优良传统，三孔将"拼"字列入选人四字原则。成功企业，在对人才方面，企业都首先强调"义"。企业带头人经常教育员工要摆正国家、集体和个人三者利益关系，为了吸引、留住和用好人才，他们在主张重用和重奖人才的同时，更注重通过企业优秀的企业文化和企业精神来感染、吸引他们，在管理中始终坚持一切以人为出发点，尊重人、关心人、激励人，强化员工的主人翁意识，激发他们的责任感，通过各种途径，塑造企业文化，使企业管理活动能鼓舞人的情感、维系人的忠诚、调动人的积极性，从而使企业在激烈的市场竞争中立于不败之地。

"其身正，不令则行"。当今企业进入了竞合战略制胜时代，作为决策者的企业家是企业发展的首要因素。在企业发展的历史进程中，无不打上企业家的领导风格及个人魅力的深深烙印。成功的企业家们都是有雄心壮志的人，"要做最有素养的人，做最优秀的事，要做就要做得最好"。这是企业的传统。在他们当中，有许多是企业的创始者，虽然职务最高，对企业贡献最大，从不居功自傲，更不以领导自居。他们严于律己，宽以待人，处处以身作则，以自身的模范行动去感染和激励员工。

成功企业很注意企业家的形象和人格的塑造。源安堂公司总经理常说："一个企业家的形象代表一个企业的形象。要堂堂正正办企业，堂堂正正做人"；国家要讲"国格"，做人要讲人格。"堂堂正正"正是源安堂总经理的人格的突出特征，人格魅力的集中表现。他胸怀坦荡，光明磊落，豁达大度；作风正派，有所为有所不为；求实务实，讲实干，不讲空话、套话；讲信誉、守信用。他工作兢兢业业，恪尽职守，办事认真严谨，处理问题果断，从不拖泥带水，做事雷厉风行，说干就干，讲求效率，谦虚谨慎，不骄不躁。他说："领导者是能吃苦的人，而不是了不起的人，领导者要以身作则，高标准、严要求，做好人的表率，要求别人做到的，自己首先要做到。"

无论是过去艰苦的岁月中还是在成功的日子里，盼盼公司总经理始终保持着自己享朴善良的本色。他将自己的书房命名为"惟善轩"，寓示着自己坚定的人生信念，他是这样想的，也是这样做的。生活中的总经理不赌博、不嗜酒、不讲究排场。工作中的总经理是出了名的工作狂，他把自己几乎全部的心血都耗费在企业上。20世纪70年代，营口市水源镇发生地震，他没顾上照顾爱人和孩子就往厂里跑。总经理的骨子里有一股正气，这股正气使他与投机取巧、歪门邪道无缘；与腐化堕落、为富不仁无缘；使他与溜须拍马、阿谀奉承无关。这股正气保证了他挺直脊梁，堂堂正正地先做人，后做事；保证了他带领的企业一次又一次取得胜利。

菱花公司总经理认为，企业家决不能仅仅考虑经济利益，要有良好的道德品质。因为企业经营活动不仅是一种对"物"的管理，更重要的是对"人"的管理。人是企业之本。企业要想具备活力，首要要让"人"活起来；想让"人"活起来，企业家必须对他们以诚相待。在有效地组织、指导和激励企业职工的过程中，企业家的品格素质具有关键性影响。有威信的企业家往往是那些有诚信品格的企业家；反之，那些反复无常、缺乏诚信的所谓企业家不是真正的企业家。总经理强调：一是企业家应以企业利益为重，不能被个人利益所困扰，唯有不被人们视为争权夺利的企业家才有可能取得成功；二是诚实，不能弄虚作假，任何欺骗行为都会给企业家带来恶劣的后果；三是坦率，光明正大，若靠运用心机、耍手腕，不仅得不到荣誉，相反还会败坏声誉；四是公正地把政策实施于企业的所有成员，切不可厚此薄彼。任何不公平的行为都是存在于企业中的毒瘤；五是对过失勇于负责，不能一味诿过于他人。把经营成功的功绩归功于部下，失败的责任由自己来承担，这才是企业家应有的态度；六是言而有信，言行一致。言行不一的企业家往往会丧失别人的信赖感，减弱自己的影响力，不会得到别人的帮助和支持，最后不免导致失败。

　　一个企业领导人，如果置自己的言行于不顾，或维护自己的既得利益，搞改革对下不对上，那么，他的号召力将大打折扣。即便决策正确，其对群众的领导也是软弱无力的。头脑清醒的湘泉公司总经理深刻认识到，一个领导人的自我表现，不仅影响到员工对他的评价，更重要的是否影响他调动千军万马，能否以旺盛的士气击败对手，影响到他所要做或正在做的事情的成败。由此可见，对于领导者而言，倡导以人为本不能把自己排除在外。领导人良好的自我表率作用是启动和推进人才工程的"支点"。领导人自身的修养、观念和行为是其思想及人才工程必然的组成部分，是不可分割的。湘泉公司竞争上岗的顺利推进是一个最成功的事例。竞争上岗讲起来容易，但对于许多企业来说很难实行，其中主要原因是负责人手上的"竞岗"之箭是不对自己的，因而难于层层推进，要么流产，要么走样，或者一开始就搁浅。湘泉公司实施竞争上岗的改革方案是很有气魄的，竞岗人员是全体干部和职工，竞争岗位是全部岗位，一律竞争上岗。主要领导人全部带头竞争上岗，能者上，庸者下，一视同仁，毫无情面。上岗之后，工作业绩有优有劣，无论职位高低，奖罚一律张榜公布。能者上，庸者下，没人出来说情，说也没用，因为实行的是铁的规则。这样一来，人人都服气，这同时意味着人人都有均等机会。以总经理为首的领导班子成员带了好头，产生了很强的人格魅力，层层干部、个个员工都没得说。于是，竞争上岗在湘泉公司顺利、迅速地推开，一实行就是几年，现在人人习以为常。作为一把手的表率作用是全面的，是自始至终的，因而在湘泉人的心目中形成了极强的定势，强烈地感染着全体干部和员工，对湘泉的人才工程、名牌工程乃至发展战略都产生着重要而深远的影响。

"管理者应先管好自己"，这是三孔公司总经理宋文俊的一个重要管理思想。为此，他经常强调：要求群众做到的管理者自己一定要做到；所有干部，在企业精神的培育和企业文化的建设过程中，一定要以身作则，率先垂范，用自己的行动，给职工做出样子。他对所有干部提出了三点要求：一要学会尊重人；二要提高自身业务能力，成为热心的教练和导师；三要以身作则，要求别人做到的自己应首先做到。他批评有些干部：打铁不能自身硬，要求群众做到而自己却做不到，没把自己的"权"用到工作上，把自己的劲使到正地方，而是搞一些歪门邪道；有的在职工面前大讲"全力奉献、与企业共命运"，私底下利欲熏心，工作随随便便，甚至拉帮结派，缺乏敬业精神，群众威信很低。"民不服吾能，而服吾公；吏不畏吾严，而畏吾廉；公则民不敢慢，廉则吏不敢欺。"想让职工信服，首先领导、干部要公正无私、宽厚待人，处处率先垂范，做出榜样。从接受厂长聘任的那天起，就要以对工厂负责、对职工负责、对本职工作负责的态度，在自己的位置上兢兢业业地工作，"在其位，谋其政"，不断学习，努力提高自己。

他强调：领导干部的非权力影响力，领导者的自身素质决定着管理的成败。要求管理者提高自身素质，做到"严""明""正"，具备"胆""识""正"，通过言行的影响，让职工对管理者实现从"服从"（权力作用）、"服气"（能力作用）到"佩服"（人品作用）的逐级升华。

古语云："其身正，不令则行，其身不正，有令不行"，成功的企业家们以自己优秀的品德和巨大的人格力量，感染着企业的全体员工，赢得广大员工的尊敬和信赖。

求真务实，追求卓越。"修身、齐家、治国、平天下""穷则独善其身，达则兼济天下"。对这些古训，成功的企业家们都在努力地遵循和身体力行，将家庭中的亲情友爱精神扩大到了公司，力图在企业内部营造一种大家庭氛围。

严于律己、求真务实是成功企业家的共同特征。我们发现，一些企业的创始人，当事业有成之后，往往发生变化，变得骄横跋扈，独断专行，动辄训人，骄奢有加，甚至腐败变质，最终走向失败。成功的企业家们则相反，他们深知做人的哲理，在被人们赞誉之时，保持着严于律己、求真务实的作风，可以说是当之无愧的德才兼备的人才。

成功的企业家们无论是在过去艰苦的创业岁月，还是在现在功成名就的日子里，立身行事，始终保持着一种朴实无华、脚踏实地的作风。企业家们苦干实干，不说空话。经过深思熟虑，决定了的事，就一定下决心去干，务求完成；反对只讲不做或虎头蛇尾的作风。沱牌公司总经理一贯要求企业在做产品宣传时，不仅要有过硬的质量做保证，而且也一定要首先做到"真"，即做到真实、实在。不论是通过新闻媒体做广告宣传，还是印刷宣传品或资料，沱牌都信守这个原则。因此赢得了消费者信赖，这一切都与企业带头人严于律己求真务实的理念紧密相关。三木公司总经理说："管理决定市场"，"有市场还要有好管理"。好的管理贵在创新，创新要具有求真务实的作风，做到实事求是，使企业的竞争实力越来越强。

用工制度、分配制度是企业的顽症，涉及方方面面的利益，改革的阻力很大，但江钻公司总经理坚持"不唯上、不唯书、不唯众、只唯是"，大胆创新。不唯上——坚决顶住来自多层面的压力，不"求稳怕乱"，不设"人情岗"；不唯书——不拘泥于条条框框；不唯众——冲破长期禁锢人们头脑的旧观念，如就业终身制、任职只能上不能下等；只求是——结合企业实际，按照现代企业制度的要求，建立一套科学、合理、规范的用工制度和分配制度。正是这种实事求是、敢于创新的精神，才有江钻的今天，江钻的成功也是总经理的成功。

三鱼公司总经理爱读书，而且立志要做中国当代的儒商。在总经理看来，所谓儒商，就是把我国古代的儒家的伦理道德观念和中国人特有的精明的经商头脑相结合，恪守的职业道德是："仁、义、礼、智、信"，即质量第一，信誉第一，诚实为本；追逐的商业目标是利润最大化。总经理特别反对人们所说的"奸商""无商不奸"的说法，认为这是对商人的错误的理解。虽然现在社会上存在一些不法商人，但这是商人中的败类，他们也许能欺诈一时，但绝不会长久，不会有好下场。而真正的商人讲求"童叟无欺"，这一点我们的老祖宗早在几千年前就告诉我们了。总经理是这样想的，也是这样做的。自他办企业以来，一直把"信誉第一，质量第一"放在首位，几十年如一日。"顾客就是上帝"，在许多地方、许多企业成了一句空话，而三鱼公司的顾客才真正体验到"上帝"的感觉。

追求至上，追求卓越，是成功企业家们坚持不懈的经营目标。企业家们的人生哲学决定了他们所从事的经营活动单纯为了赚钱，而是进行着一场追求理想、追求实现自我价值的人生运动。然而，从事商业活动的本能就是追求利润的最大化，利润和资本是衡量企业家们追求理想，实现自我价值的体现，因此，追求利润率是企业家们的外在经营目标，而追求至上、追求卓越成为他们更具有深刻内涵的经营目标。坚持这种内在目标，不只是注意产量、销售额，更注重质量和服务，注重自身品牌在消费者心目中的满意程度，注重企业的市场。

成功企业家们坚持"天生我材必有用"，认为"企业要发展成一批狼，狼有三大特性：一是敏锐的嗅觉；二是不屈不挠、奋不顾身的进取性；三是群体奋斗。企业要扩张，必须有这三要素"。

"没有搞不好的企业，只有搞不好企业的人"，如今已经成为团结进取、拼搏创新的成功企业领导团队的共同信念。这些企业家们严于律己，要求别人做到的，自己一定要做到。没要求别人做到的，但是自认为应该做到的，也应该做到，企业家们对自己的要求应该远远高于一般的员工。成功企业之所以能够发展壮大，一个重要原因就是企业家的表率和模范带头作用。企业家既不是那种硬要领导别人的人，更不是那种没人跟得上的人。企业家们赢得大家的信任，是因为他们个人的人格魅力和文化心态，正是这种魅力和真知灼见把大家团结在企业家的周围。员工们都以企业家们为榜样，从他们的身上汲取无穷的精神力量，不断地培养和强化自身对企业的忠诚度、奋斗精神，推动着企业踏上一个又一个台阶，成就了一次又一次辉煌。

九、战略出奇才能制胜

企业战略是关系企业发展全局的重大问题。有效的企业战略如同放牛娃手中的缰绳——只要绳子穿在牛鼻子上，再犟的牛也会乖乖地向前走。成功企业在长期的生产经营过程中，能充分分析企业的优势和劣势，以持续发展的战略眼光，超前制定企业的战略目标和措施。

做强做大主业。首先，成功企业都在主业上大做文章，都是从一个主导产业做起，最大化发挥优势，去打开市场，占领市场，获得市场上较大的份额。这些企业与许多"好高骛远"的扩张型企业的区别是，不离开自己熟悉的"根据地"。这些成功企业不是不讲发展，而是以主导产业为主，在自己所熟悉，或相同相近范围区域内发展。一般情况下，企业不搞自己不熟悉的项目，不搞跨行业的扩张；其次，这些成功企业力求在主业上实现产业化，以做强做大企业。回过头来看，有活力、有后劲、有优势的企业都是以农为本，以大力发展资源型企业为基础，走出一条出奇制胜的农业产业化之路。例如：得利斯公司以肉食猪为原料生产低温新型食品；菱花公司以玉米为原料生产食用味精；兴发公司以肉羊为原料生产涮食产品；华龙公司以面粉为原料生产华龙方便面。这些产品受到广大消费者的欢迎，这些企业在市场不利的环境下呈现出兰机勃勃的局面，为我国企业今后战略发展提供了宝贵经验。

强化关联发展。成功企业面对着越来越激烈的市场竞争，在做强主业的同时，注重遵循不断升级的产业发展轨迹，在迅速做强原有传统主业的同时，努力把公司建设成为主业突出、关联发展的大型企业集团。与企业原有业务领域战略关联程度的高低，是成功企业确定多元化方向的主要依据。成功企业认为，企业应该首先选择那些与其主营业务和已经建立的核心竞争力关联密切、容易获得关联优势的领域作为多元化的主要进入目标，依托在主营业务领域，建立起来的优势地位和核心竞争力，以较低的成本和风险建立竞争优势地位，同时也形成优势互补或优势扩张。如华西公司在生产经营活动中，注意产业之间的相关度，即采取链式经营方式，把一些企业关联紧密的生产项目有机地结合起来，开发出来，以提高人、财、物的综合利用效能，创造出更大的经济效益。成功企业的链式经营方式主要有：冶金加工的链式经营、名人名牌效应的链式经营、纺织服装的链式经营等。"链式经营，连环制胜"作为华西公司的经营谋略和增长战略，提高了企业的综合经济效益，增强了企业竞争力，保证了经营的稳步发展；梅雁公司作为一个涉及多行业的大型企业集团，在进行战略投资时，特别注重把握好多元化经营的时机，综合考虑拟进入的产业发展以及企业自身发展的两个因素，在两者间寻找最佳切入点，顺应产业变化的规律，抢先进入新兴产业。梅雁公司过去主要从事建筑、汽车客货运输、宾馆、商业贸易等第三产业。由于该公司各经营项目间存在着互相支持、促进、共同发展的有机联系，因此有利于抗击和降低外部环境造成的经营风险。如该公司的建筑、建材业，可承担该公司基建项目的建筑建材的供应、设计和施工任务，为新开发的工业项目建设厂房提供服务，减少了很多中间环节的费用支出，降低了建设投资成本；旅游业带动汽车客货运输业和商业贸易的发展等。总之，内部形成的这种多产业良性循环经营方式，使该公司在市场竞争中能趋利避险。近几年来，梅雁逐渐从一些传统的行业退出，初步建立起了以建筑房地产为先导，以资源性的水电能源为基础，以发展高新技术为重点的三足鼎立的发展战略。该战略内容涉及三大产业，它们之间多元协调、相互关联、相互补充、相互促进。

成功企业在多元化经营中认识到，要注重战略关联，企业不能片面追求大而全、小而全，齐头并进。要使多元化能发挥多元优势互补和多元风险分散的作用。企业要因时、因地、因势，发挥多元的资金、人才、信息、市场等各种资源优势，支持某一专业做精、做大、做强，或对某一专业遇到的风险进行分散。多元化运作难保一成不变，要因时、因地、因事制宜，不断调整产业和产品结构，整合各种资源，有进有出，有生有死，优胜劣汰，择优发展，这样的多元化经营才有活力和生命力。

成功企业的多元化经营一般经历两个发展阶段：第一阶段，充分利用本地资源优势，完成企业发展初期的规模快速扩张和资本的快速积累；第二阶段，对企业各种产业和资源进行整合、重组，有进有出，择优发展，选准重点产业，做精、做大、做强，形成三足鼎立的多元化新格局。成功企业树立以客户为中心的核心价值观，以企业可持续发展为目标，始终培育和发展"一强一快"（产品创造能力强，价值实现速度快）的核心竞争力，坚持创新与求实相结合，面向市场转换经营机制，不断推进管理现代化。如大连有一家公司，其前身是一家乡镇企业，由于集中优势兵力专攻畜牧业，公司多年来为集团公司创造了稳定的经济效益。但是公司在"继续采取单打一战略"还是"分散经营"的选择上，存在较多的困惑。公司以市场为导向，进行认真调研后，集中大家的智慧，提出了稳定提高畜牧业、大力发展第二、三产业的"三业联动，综合开发"的发展战略目标，有力促进了企业的发展。

把握几大关系。成功企业在发展过程中，要特别注意处理好如下关系：

正确处理战略制定与战略实施的关系。有步骤、有顺序地建立保证战略实现的支持体系，抓住主要矛盾，在组织结构、人力资源、企业文化、投资结构、财务融资等方面实现快速转型与再造。如古井股份公司作为中国酿酒界的著名企业，其取得现有成绩的一个重要举措，就是一直推行 PPSP 战略。PPSP 战略是古井公司根据我国白酒市场发展态势和本企业的实际情况提出的一种长期战略。它主要由产品（product）、生产（production）、销售（sales）和宣传（publicize）四大战略组合而成。它们既各自独立，又相辅相成，其中，产品战略是核心，生产战略是基础，销售战略是关键，宣传战略是推动力。

正确处理造势与做实的关系。以造势快速切入市场，以做实促进企业发展，内外互动，建立系统优势。坚持将内联与外联广泛相结合。既广泛内联，又注重外联。内联有两层含义：一是与国内有关企业的联合；二是与国内有关高校或科研单位合作，搞一些填补空白的科研项目，以便增强竞争能力。外联就是充分利用本地的资源优势，加大发展外向型经济的力度，采取多种形式引进国际先进技术、设备，着力发展一批起点高、规模大、效益好的项目。

发挥现有优势和再造新优势的关系。坚持既要发挥现有优势又要再造新优势的原则，如金矿公司在全面调研分析的基础上，认为公司现有优势是黄金生产，效益好、资源充裕。金矿公司一方面围绕"金子"做文章，进一步形成自己独特的优势和特色；另一方面，以黄金产业为主，依托黄金产品的实力，带动第三产业的发展，再造群体优势。依托现有优势，拓展新优势，使得新老优势相互补充，相互促进，共同发展。

将上新项目与现有企业技术改造相结合。坚持既要上新项目，促进企业形成规模，同时又注重对现有企业进行技术改造的原则。成功企业在上新项目时，坚决避免片面追求产值和低水平的重复建设，努力创出一批在国内外市场上声誉高、竞争力强的拳头产品。同时对现有企业进行技术改造，以科技手段和市场导向来盘活企业闲置资产。

见机出击，守正出奇。成功企业不同于国有企业，相当一部分源于乡镇企业，大而灵活，小而专强，充分体现了"小中有大""大中有小"的新型体制的核心关系。

这些成功企业靠自主灵活的机制，完成了由"船小好调头"到"船大抗风浪"两种体制的转型。例如：乡镇企业自出生第一天起就不依不靠，生产、销售、分配，一切都是自主的。创业初期大多数是风险经营，风险大于成功。所以，"自主"含义有逆水行舟之意。乡镇企业在风险中屹立，进而发展至今。灵活是为了驾驭市场。市场经济瞬息万变，具有灵活性才能占领市场。乡镇企业和有些成功企业开始力量小、水平低，为了免遭市场淘汰，成功企业充分利用"船小好调头"的灵活机制。当企业已经有了一定的实力和根底时，为适应瞬息万变的市场激烈竞争要求，适时改变了"船小好调头"的策略，转而建造"航空母舰"成为集团公司，以船大抗风浪。把大和小有机结合起来，从而取得了"规模效应"，这可谓是"灵活"策略。作为一个企业，不懂得灵活性的管理原则，难免要失败的。

成功企业靠自主灵活机制，完成了由大到小的转变。成功企业都是具有规模效益的，企业完成了由小公司到大集团的过渡，对于大型集团的管理他们不是大而化之，而是建立相适应的新的管理机制。万向公司认为对集团化管理应实施"大集团、小核算"办法。所谓"大集团、小核算"管理办法，就是依据集团的产业划小核算单位，有效地避免了局部利益与整体利益的冲突，形成了集团内各企业的大生产、大协作，充分发挥集团优势，达到资源优化配置、获取集团整体效益的目的。红豆公司实施的"活成本、死比例效益承包制"就是一种新的管理方法：这主要包括原料、动力、利息、税金、折旧等看得明管得住的部分；活成本包括差旅交通费、通信费、工资、交际费等看不见的部分。红豆公司把企业内的成本分为"死""活"两块，死成本因不规范难以控制，实行新的承包法，就是下属企业的成本按死比例上缴。而创造的利润也按同一比例上缴，余下的均由经营者支配，并按照创造的利润计奖。泰星公司推行的"销售买卖制、供应公开制、质量工资制"三制管理。这些方法是为了适应大集团有效管理创造出的一种新的方法。这些成功企业大和小两者有效结合，充分体现了小中有大，大中有小新型体制的核心关系。

自主灵活是为了更好地实现企业的最终目标。离开目标，就会使自主灵活失效。自主灵活在于时刻不忘实现企业的目标，为此，成功企业必须始终保持高度警惕，运用超级艺术，去说服和左右别人，而不被别人所左右。企业处于低潮期，不被困难所压垮；处于顺利扩张期，不被诱惑冲昏头脑，这才是灵活自主真正的内涵。

充分论证，避免盲目性。市场经济是残酷无情的，市场经济的每个角落都充满竞争和风险，不存在绝对安全的行业、技术和项目，市场经济体制越是完善情况越是如此。因此，企业要想在市场上生存，不冒险是不可能的，冒险往往是明智之举。冒险常常与收益相关联，收益多少往往与风险大小成正比，冒险大获利就大，这是一条市场经济法则。成功企业正是明晰了冒险在市场中的辩证关系，品尝了冒险给企业带来的利益。但冒险不等于盲目行事，成功企业具有强烈的冒险意识，但企业从不凭头脑发热盲目决策，他们在冒险过程中有自己的一套冒险策略，充分体现了自己的精明和智慧。企业对每一个技术项目都要冷静分析，分析其技术先进性、实际可能性；从原材料供应、市场前景、目标市场、技术消化能力估计其可行性；从投资额、资金来源、投资收益率、市场占有率、投资回收期等方面估算其经济性。在有较大把握的情况下，才做出决策。企业认为，把握机遇，必须解放思想，发扬敢闯敢试、敢为天下先的精神，转换脑筋，不断清除思想上的陈旧观念、增强社会主义市场经济的新观念，及时认识和把握国内国际市场所提供的良机。

找准机会，大胆快速决策。日趋激烈的市场竞争，必然反映为捕捉机遇的角逐。成功企业认为，要捕捉机遇，不但要有"火眼金睛"，善于见苗挖根，趋利避害，还必须有胆有识，敢于快速决策。企业要发展，就必须紧盯市场态势，以高度的敏感力去捕获良机，并以快的节奏与效率使之转化为生产力。成功企业清楚，有绝对把握的项目是不存在的，要想在竞争中取胜，必须有创业精神、有冒险意识。企业还知道"时间就是金钱"，在科技迅速发展、产品更新换代加快的今天，快速决策是企业生存的关键。在经营中，项目评价是至关重要的，但绝不能因繁琐的评价而延误了决策的最佳时机。企业一方面要建立高效的评价体系，另一方面注重日常的信息搜集与整理，以便快速决策。如在1983年，中华全国中医内科学会在山西大同召开全国痹症及脾胃病学术讨论会，根据中医理论，集中国内外众多专家、名医的验方，制定出痹症、脾胃病两个系统9个品种的待开发处方，渴望能有厂家承担研制任务。多年计划经济模式造就了人们求稳保太平的心理，缺乏开拓创新敢于冒险的精神，以至研制任务无人问津。具有强烈开发新产品意识的本溪第三制药厂站出来，他们敢于冒险，接受了这两件研制任务，后来创造了闻名遐迩的气滞胃痛冲剂等药品。

1995年，全国洗衣机市场骤然严峻，全国年销量下降了14%，市场竞争达到白热化程度，在多数厂家产销量急剧下降的同时，水花公司的产销量却不断上升，市场占有率由1994年的8%上升到14%，是什么原因导致这一结果呢？水花公司之所以能够较快地发展，其口一个重要的原因，就是善于从市场变化的态势中搜集分析各种信息。公司在全国30多个大中城市设立了市场信息情报点，根据市场变化，及时向公司反馈市场信息。然后公司决策层则从反馈的大量信息中进行分类筛选，认真分析，为公司调整市场战略奠定了基础。在中国家电进入饱和式竞争状态下，想在竞争中取胜，就必须在品种、成本、质量上领先一步，水花公司通过市场态势的分析，预见到了这一点。从1994年开始，他们就加大技术投入，不断调整了技术结构与产品结构，实施标新立异战略，使产品质量与品牌不断上档次，加强了个性化发展的方向。集团组成了6个研究所，研究人员达300多个，建立了自己强大的技术研究及新产品开发基地，为企业可持续发展奠定了坚实的基础。水花公司在中国改革开放的大潮中不断发展，不仅善于发现机遇，而且善于抓住机遇，用好机遇，企业由一个总资产不足 500 万的集体小企业发展成为总资产 10 多亿的集团企业，成为中国家电领域的明星。

重在行动。瞄准市场，胆大敢闯是成功企业共同的特点，企业成功都重在行动，而不是重在讨论，实现目标迅捷。要想把事情办成，就得干字当头，重在行动。创办成功企业和开拓市场都如同打仗一样，行动必须快，缓慢就意味着毁灭。成功企业在决策方法方面，尽管仍然采用分析的方法，但却不会因此而寸步难行。例如：乡镇企业开办初期日常工作，都是按"干起来，再整顿，再试验"这样的步骤来行事。达胜公司开办时，木匠出身的总经理办皮鞋厂，他不但是搞皮鞋的外行，就连参加筹办皮鞋厂的农民也来加工过皮鞋，更不知怎样生产产品、组织营销。开始他们派出信息员到处打听，把市场需求信息及时反馈到厂里，工厂根据市场信息变化，生产出不同样式的皮鞋；皮鞋质量过关后，他们又经历"游击战"和"立体战"的摸索，进而紧紧围绕产品品种和质量这一目标，逐步建立和形成了一整套企业创新管理，后来成为 500 家优秀企业之一。著名社会学家费孝通在其著作《九访江村》中，把达盛公司作为乡镇企业从初级作坊型上升为初具现代经营工厂型的典型案例予以分析。

重在行动，关键还在于掌握决策时机。企业在决策过程中，没有缺点的计划是没有的。普通企业则认为，只有取得所有根据之后再采取行动，才是正确的。而成功的企业着重把握决策时机，这是因为，如果企业已经掌握了 95% 的事实数据，而要取得其余的 5% 还要花 6 个月时间。当全部情况弄清楚时，数据又过时了，因为市场情况不断变化，是不会停下来等企业论证的。但在这个关头，你必须依靠信息，当机立断。如果一切都准备好了再去干，那就失去了成功企业创新之意，也是永远不会有创新的。

重在行动这一品质的有效性还在于，一个有效率的成功企业必须树立一个高于一切的目标：速度。速度就是在最短时间内，实现更大的企业利润和效益。实践证明，成功的企业仅有创造性是不够的，还必须在他的竞争对手把他挤垮或模仿他的产品之前，以更快的速度把新的产品投入市场，做到抢先一步把新产品推进市场。

成功企业重在行动的同时，还突出一个"准"字。企业并非只考虑速度，不讲实现目标的准确性。成功企业重在行动之时，还十分讲究决策的科学化。例如：中大公司在十多年艰难的探索过程中找到一条快速发展的道路，很重要的一条经验是决策的高效准确。中大公司的"三委会"新型决策体制就是决策科学化的一种好形式。即：决策委员会、管理委员会、监督委员会三权分离，权责分明，相互制约，相互依存。形成"一个头、一条龙、一体化"的动态决策体系，实施有序、运转高效。中大公司的决策机制，具有灵活、高效、谨慎的特点，达到万无一失的目标。在中大的发展历程中，至今没在决策方面出现过一次重大失误。与成功企业相比，一般企业的决策者，优柔寡断。"一步一回头"是无起色的重要原因。其根源在于有顾虑，顾虑是扼杀创新的大敌，顾虑将毁灭创造性。

文化兴企，超常发展。 企业文化是企业生存与发展的灵魂，是企业人才、管理和创新的催化剂。优秀的企业文化是企业发展的内在驱动力，是企业领先于竞争对手的关键性力量。没有强大的企业文化，没有卓越的企业价值观，再高明的企业经营战略也难以成功。企业文化建设是企业管理永恒的主题。通过优良的企业文化，用强大的精神支柱以支配和规范企业员工行动的价值观念、经营思想和行为准则，这是成功企业快速、健康发展的重要保证。成功企业注意塑造具有本企业特点的企业文化，将企业精神渗透到企业生产生活的各个环节，并使之成为促进该集团发展的强大动力。

强化观念更新。成功企业一直把更新观念作为进行精神文明建设的一项重要内容，通过强化宣传教育，使职工改变小生产者的传统观念，树立起与现代化大生产、市场经济相适应的新观念，为企业经济发展上台阶夯实基础。企业通过学习培训主要抓了五个观念的转变，即由求稳怕乱向敢闯敢冒风险转变；由稳定发展向跳跃式发展转变；由自我积累滚动发展向敢于借贷发展转变；由小进则满向不断进取转变。观念的转变为成功企业创效益和高速度发展奠定了思想基础。

培育企业精神。企业精神是企业文化的灵魂，是成功企业机制鞭策和精神鼓舞的动力。成功企业在多年的发展过程中，能结合自己的特点，有意识地培育企业文化，并在实践中形成了独具特色的企业精神。如实业公司，在经营实践中形成了"团结、拼搏、奋进、开拓"的企业精神；工友公司的企业精神得益于"自尊、自强、勤俭、拼搏、争创一流"的企业精神；菱花公司在20多年的发展中打磨出来的"奉献拼搏，艰苦创业"的企业精神；华西村民约中，把发扬华西精神列在了首位，并确立了"华西村民必须自觉发扬艰苦奋斗、团结拼搏、服从分配的华西精神"。这些企业精神融入全体员工的思想里，贯穿在他们的行动中。企业精神不仅给企业员工创造了精神和物质财富，同时也为亿万员工奔小康提供了可以借鉴的内容。

强化职工的主人翁意识。企业想发展，必须依靠全体职工，充分调动广大职工的积极性。成功企业十分注重企业职工主人翁意识的树立，真正把员工看成是企业的主人，让群众参与企业管理。如盼盼公司以一曲热情奔放、铿锵有力、催人奋进的"中华盼盼门"歌曲，唱出了"厂兴我荣，厂衰我辱"的盼盼人的主人翁精神；唱出了"欲做事，先做人，赢市场，靠信任"的盼盼人的高尚品牌；唱出了"盼盼到家，安居乐业"的无愧中华盼盼门的服务宗旨；唱出了盼盼人迎接市场经济挑战的独立自主和自强不息的风貌；唱出了盼盼人的自我激励和再创辉煌的新起点和拥抱更加灿烂的明天的远大理想。旭日公司将其企业价值观形象生动地概括为六个字——"旭日升，万家兴"，以此来锻造每一位员工的灵魂精髓。旭日升，万家兴——旭日人共创美好的现在和未来；旭日升，万家兴——长远发展，造福社会，旭日人对人类的贡献将越来越大。旭日精神抓住集团每一位员工的心，对旭日人形成强大的凝聚力，使他们常年保持意气风发、斗志昂扬的精神风貌。

丰富职工精神生活。强有力的企业文化包括开展健康愉快、生动活泼、丰富多彩的群众性娱乐活动，使职工群众在高尚的情趣中得到陶冶。通过这些丰富多彩的文化活动陶冶了职工的情操，培养了职工高雅的气质和文明生活的习惯。如莱钢公司，克服地处山区、工作强度大的困难，轰轰烈烈地开展文体活动。《莱钢报》创刊于 1970 年，连续多次参加全国企业报进京展评并荣获过一等奖，被上级部门评为企业报"二十优"称号，深受读者的喜爱。文化生活在企业的发展中起着导向和凝聚作用，对企业职工产生内在粘合作用，拧成一股绳，形成一股力，同时使职工产生自豪感、使命感和归属感。

文化生活还起着渗透和辐射作用。如益民公司坚持以人为中心，把管理工作的重点放到做好人的工作上。公司在不断提高职工福利待遇的同时，注重满足职工的精神需要。建立了职工之家、卡拉 OK 厅，定期开展丰富多彩的娱乐活动，陶冶职工情操，给职工提供精神食粮，使职工感到公司不仅是完成任务的场所，同时也是互相帮助、互相学习的地方，是充满人情味的大家庭，从而增加了职工的主人翁使命感，将自己与企业融为一体，荣辱与共。

成功企业在塑造企业文化方面，从本企业的实际出发，把建设企业文化同搞好生产经营紧密结合起来，实现了两个文明一起抓。成功企业发展实践中形成的企业文化，不仅具有浓厚的企业气息，而且也具有鲜明的时代特点。

运营品牌，借势经营。品牌是企业重要的无形资产，是企业竞争制胜的法宝。品牌代表着一个企业的市场占有率，是企业宝贵的核心竞争力。在企业生产经营活动中，品牌经营逐渐成为企业最高层次的经营活动。成功企业在长期的生产经营活动中，特别注重实施品牌战略，运营品牌，实现自身的超常发展。

聚"软资源"为"硬品牌"。在转型期，企业的发展面临着复杂的形势和严峻的挑战，如产品的创新压力增加，人才的流动性加大，组织结构面临挑战，企业文化的障碍，市场的分裂和不稳定性等，如何克服这些困难，迎接挑战？成功企业的做法是将品牌资本营运作为企业的追求目标，聚"软资源"为"硬品牌"。

长期以来，成功企业，在企业的资本项目经营过程中，将经营经验、渠道和市场客户群体等经营"软资源"进行积累，沉淀为企业竞争的硬品牌，并通过名牌确立，促使自己贸易软资源扩容增值。此时，不管市场行情发生多大不利于己的变化，企业都能通过"硬品牌"充分释放或放大经营"软资源"的竞争潜能，进而实现"不管风吹浪打，胜似闲庭信步"的经营佳话。

成功企业将中国传统的儒商文化与现代市场经济有机地结合。坚持以诚经商、以礼待人。坚决反对任何商业欺诈行为，做到有约必履、有承必诺。企业时刻遵循国际化规则来运作和竞争，靠自己先进的技术、优良的品质、一流的服务、良好的商誉、雄厚的资金，在激烈的竞争中求得不断发展。以德凝聚人心、以德凝聚客户、以德回报社会。如今成功企业在顾客心目中一般都具有极高的商誉，企业品牌具有较高的含金量。

优化品牌管理。成功企业人深深懂得，品牌形成不容易，维持则是更艰难的过程。没有很好的品牌管理战略，品牌是无法成长的。很多品牌只是靠花掉大量的资金做广告来增加客户资源，但由于不知道品牌管理的科学过程，在有了知名度后，不再关注客户的需求与变化，不能提供承诺的一流服务，失望的客户只能选择新的品牌，致使企业花掉大把的钱得到的品牌效应类似昙花一现。成功企业品牌管理的目标就是要逐过最优化的管理，不遗余力地为目标客户提供独一无二的超值服务，藉此品牌成为行业的领袖并战胜竞争对手，把价值链和企业的运营模式完美地结合在一起，使企业以最佳的状态成为市场的领袖、行业的霸主。

打造品牌起于质量——品牌经营的基础。质量是企业和产品的生命。创造好产品是打造产品品牌、经营品牌的基础，是企业形象的保证。一切营销策略、企业形象等归根到底要以企业产品质量和信誉为保证，质量信誉始终贯穿于品牌经营的始终。没有良好的质量和信誉，市场拓展和品牌建设就无从谈起。成功企业将强化质量作为企业打造品牌的基础和永恒主题。成功企业都认识到质量在品牌经营中的重要性。为了在竞争中占领市场，让品牌观念深入人心，成功企业首先要把自己的产品做好。从规划设计、营销服务等方面，以消费者为中心，体现"以人为本"的思想，将消费者的利益放在第一位，时时处处为消费者着想，实施全过程的质量监控。

维护品牌在于服务——品牌经营的核心。高品质的服务是维护品牌、发挥品牌效应的关键。成功企业一直坚持树立全面的顾客意识和服务意识，形成以顾客为中心的价值观和以客户为尊的企业理念，建立顾客至上的服务体系，通过不断更新全体员工的价值观念和行为习惯，提高与消费者的应对能力，提高企业的整体素质和服务水平，力求为住户提供高品质、全方位、多层次的服务，较好地树立起企业形象，实现了品牌经营战略，赢得广大顾客的认可。

提升品牌源于创新——品牌经营的实质。品牌经营的实质在于不断创新。品牌的提升必须通过企业不断创新来实现。成功企业面对着我国转型期复杂变化的形势，以及入世后越来越严峻的竞争压力，敢于迎接挑战，变压力为动力，深入市场，把握市场，不断进行品牌创新。

适应市场变化。成功企业注重研究客户需求的变化，不断创新出满足不同需求客户的包含个性化功能的产品或服务。未来的品牌竞争将是靠速度决定胜负的，只有在第一时间了解到市场的变化和客户消费习惯变化的品牌，才可能以最快的速度调整战略来适应变化的环境并最终占领市场。

建立卓越的信誉。信誉是品牌的基础，没有信誉的品牌几乎没有办法去竞争。成功企业进行品牌竞争依靠的是提升管理水平、质量控制的能力、提高客户满意度的机制和提升团队的素质并建立信誉，而不是依靠炒作。如旭日集团的每一个成员在企业中都遵循三项基本原则：企业树立良好形象、尊重与关心人、回报社会。该公司总经理创建了这一思想文化，并不断灌输给所有企业成员。

争取广泛的支持。成功企业家懂得没有企业价值链上所有层面的全力支持，品牌是不容易维持的。企业通过不断进行产品、服务等方面的创新，以争取客户以及其他社会各个层面人士的支持。成功企业成功的品牌管理和运营极大地提高了企业品牌价值，如今成功企业已成为客户心目中的"金字招牌"。成功企业十分珍惜这一巨大的无形资产，在市场中充分发挥其自身"老字号"品牌的作用，这无疑为成功企业未来的发展奠定了牢固的基础。

输出品牌。当今市场竞争已经从价格竞争、质量竞争提升到品牌竞争，企业必须树立品牌意识。名牌分割市场，已成发展趋势。发达国家对发展中国家的经济策略已由输出商品、输出资本转为输出品牌。因此我国企业也要与时俱进，注重自身的品牌输出。成功企业认为，品牌输出花费极少获利极大，可以给企业带来巨大的好处。一个有影响的名牌产品，可以征服消费者，占领市场，战胜竞争对手。在市场上，品牌产品的售价一般比同类产品要高出几倍甚至几十倍，获得高额利润。品牌输出给成功企业带来巨大的经济效益。

第八章　高等院校质量管理战略

一、高教内涵式发展模式

大众化教育转型。高教内涵式发展模式是应对大众化教育带来诸多问题并解决问题的框架，决定扩招主要是应对和解决1997年7月席卷泰国并波及亚洲的金融危机对中国的影响。在亚洲金融危机的影响下，我国外贸出口增幅从前一年的20%猛跌至0.5%，利用外资额跌至20年的最低点，国内产能过剩，有效需求不足成为我国经济发展的突出矛盾。1997年，中国政府根据"软着陆"后宏观经济形势的判断，中国政府做出了1999年要在原来招生的基础上再扩大招生51.32万人规模，使全国招生数量直线上升，从此拉开了我国大众化扩招的序幕。

扩招期间，正是我国建设新型工业化国家缺少大批专业型人才的时期，高校扩招的一半是在高职院校，高职扩大正好满足了我国工业发展的需要，使普通高等教育和高职教育形成比较合理的结构，从而推动了我国高等教育的发展。加快了高等教育办学体制和机制的改革。在计划经济体制下，我国办学体制最突出的特征是采取"国家所有、政府举办"的办学模式，办学资金主要由国家财政计划拨款，办学管理由政府直接掌控。扩招促进了民办高校、独立学院和中外办学的多元办学模式，打破了过去单一的办学体制，解决了办学和发展经费，不再靠国家拨款，而是由社会不同的资金来解决，扩招促进了高校后勤社会化改革，初步形成多元化、社会化的新型办学模式：首先，从某种意义上讲，扩招决策是逼出来的。但我们也应当看到，这个决策带来了不可忽视的问题，最突出的是教师、教材、管理没有准备好，相应的素质和条件跟不上扩招的要求，这些都为保证和提高质量问题埋下了隐患；其次，"以建代质"现象十分普遍，外延式扩建代替高教质量。1998 年—2007 年扩招的前 8 年，主要精力投放在新建校舍、新增设备的外延生产上。据统计，四年间，我国高校外延扩建贷款总数已高达 2000 亿大关，当时教育产业化这个错误口号被提出来，各地建设的大学城如雨后春笋，"中国第一""亚洲第一"比比皆是。教育产业化浪潮掩盖了教学质量问题，高教质量被降到忽视和次要地位。

首先，教育、产业、社会不协调导致就业矛盾突出。全球经济危机、产业变动、社会转型，要求高教向社会提供"小批量、多品种、适应性强"的人才群体。那些年，我国高教正处在大众化教育质量恢复和适应阶段，还没有能力为社会提供他们的"教育产品"，这是一个供求不对称的根本性的冲突；其次，缺少本土化创新是影响学生就业的关键。大众化 10 年，我国教育除硬件建设外，在软实力建设方面，即高教思想、高教体制、教材、教学方法许多方面是引进西方的，这些外来的东西，还没有通过中国的消化、吸收及本土化创新，水土不服和"两张皮"现象十分严重，这些半生不熟的东西与中国社会转型严重脱节。所以，培养出的学生与产业、企业需求不对路，不能学以致用；再次，对行业和产业知识带动力不足。有些高职院校虽然建立了教育集团，但由于他们知识影响力弱，许多企业不愿依靠，在这种情况下，"校企合作、工学结合"就成了高校难圆的美梦。在一个号召向精英学习的年代，一个弱势知识群体很难得到跨越发展。

"同质化"问题严重弱化了高校的核心竞争力。院校特色消失是当前高校最大的危险，"同质化"问题已影响到高校的核心竞争力。导致"同质化"现象主要有三个原因：首先，用合并的综合化代替了专业化高校，是不符合中国国情的，改革开放使中国从农业社会进入工业社会。工业社会是中国社会主要特征，工业社会是以产业、专业、技术作为支撑的，关键环节，把专业特长弱化了，合并后的巨型高校又把"特色"吞掉了。此后，连锁性问题便显示出来了。之所以在中国出现这样的问题，盲目照抄照搬西方现成高教模式是深层次的原因；其次，高校合并没有实现原来设计的整合资源的目的，有些高校外合内不合，内耗严重，出现了巨型高校病；再次，我国对"巨型高校"普遍缺少管理，有不少校长会管"小学校"，但不会管"大学校"，目前，许多"巨型高校"在管理上存在着资金不足、人才不活、创新不足的问题，日益困扰其发展。

应对危机需要高校智库新理论、新实践。教育大众化对高校带来最大的冲击是转型，高校转型呼唤新理论，过去传统的那种自上而下发号施令、一刀切的做法，越来越不灵了。高校转型需要寻求新的出路，这就需要依靠高教智库新理论、新模式和新方法来帮助解决。

高教内涵式发展模式。 2007 年—2011 年为我国大众化教育内涵发展期。大众化平衡发展是有先后顺序的，先外后内。随着前 7 年外延型发展建设，扩招高校的基本建设已完成，随之而来的，扩招高校的教学质量问题日益突出。在大众化教育阶段，我国高校出现了八个不适应现象：教师数量和质量不适应；学生对市场和信息化变化不适应；学校行政化、官僚化作风和队伍不适应；学校内部管理和考核不适应；教育内部管理体制、教育方式方法不适应；办学环境和人文精神不适应；协调发展不适应；办学条件的投入不适应。在大众化教育从外延型转向内涵型的关键时刻，2007 年 7 月 13 日，经国务院批准，教育部、财政部联合印发《高等学校本科教学质量与教学改革工程项目管理暂行办法》的通知（以下简称"质量工程"）。质量工程选择高等学校教学质量方面最薄弱的六个要素，即特色专业、精品课程、人才培养模式、教师团队、质量评估、对口支援西部高校，以多家本科高校为项目承担单位进行大规模的实验，这个工程参与高校之多、实验项目研究之深、历经时间之久，都是空前的，这项工程对大众化教育全面质量的提高，顺利迈向普及化教育，由高教大国向高教强国转变，具有重要的推动作用。质量工程主要以大众化教育过程中出现的问题作为切入点的振兴计划，从以下十个方面改变了大众化教育十个方向，使我国教育进入质量发展新时期。

建立质量转型模式。高等教育是实现我国现代化的基本保障，其发展状况是衡量国家文明程度的重要标志。当前，我国高等教育在数量上已经取得公认的成就，在较短的时期内实现了由精英教育向大众化教育的飞跃。全国高校扩招以来，不仅办学规模扩大，高等院校的数量也得到了增长。我国理所当然地成为世界高等教育规模最大的国家。数量的增加带来了诸多问题：高等教育质量下降、合格教师的增加赶不上高校学生数量的增加、学生就业急剧下降等。提高我国高等教育质量已经成为教育界亟待解决的问题，而研究高等教育发展模式、探索高等教育发展规律是解决我国大众化教育面临诸多问题的关键所在。

对口支援实现共同发展。对口支援即经济发达或实力较强的一方对经济不发达或实力较弱的一方实施援助的公益行为，包括灾情援助、经济援助、医疗援助和教育援助。为了促进和支持我国西部高等教育又好又快地发展，探索我国东西部高等教育共同发展的新模式，教育部实施"对口支援西部地区高等学校计划"。这一政策实施以来，众多西部高校得到跨越式的发展，学校的指导思想、办学理念、师资队伍和生源质量都有了明显的提高。形成了党委领导下的校长负责制、全面配置式体制、以受援校为主按需搭配的体制和互惠双赢的机制；形成了以孟二冬同志为代表

288

的"爱岗敬业、为人师表、崇尚师德、治学严谨、恪尽职守、敬业奉献"的精神和灵魂；形成了支援西部高校成功的长效动因和共同品质；提高了西部高校的品牌作用、吸引力和影响力等软实力。未来，高校对口支援将继续长久地发展下去，我们要继续推广这一成功经验，扩大"对口支援"的布局，强化支援与受援高校的主体地位。追求高等教育公平是政府的责任，是高校的愿景，是众多学子的共同期盼。具有中国特色的"对口支援西部地区高等学校计划"这一纽带将连接支援高校和受援高校，使其携手共同发展。

突出特色专业地位。截至 2023 年 6 月 15 日，全国本科高校达 1275 所之多，高校想脱颖而出，使毕业生就业形势良好，必须办出自己的特色。特色专业建设是"高等学校本科教学质量与教学改革工程"的重要建设项目之一，也是学校优化专业结构、提高人才培养质量、彰显办学特色的重要措施。特色专业是指充分体现学校办学定位，在教育目标、师资队伍、课程体系、教学条件和培养质量等方面，具有较高的办学水平和鲜明的办学特色，获得社会认同并具有较高社会声誉的专业。特色专业的特色包含三个层面：一是"人无我有"，即独特性；二是"人有我优"，即优质性；三是"人优我新"，即创新性。"特色"是专业建设的灵魂，我们应该抓住社会背景、产业背景、职业岗位背景和社会对人才的需求呈现出多样化、多层次化的趋势，打造我们的特色专业。

实现精品课程共享。自 1977 年高校恢复招生以来，高校的发展也顺应经济发展规律和路线，重点发展了东部沿海和经济发达地方的高校，导致重点院校和东西部高校发展严重不平衡，高等教育发展严重失衡。为了提高我国高等教育的整体质量，促进东西部教育资源平衡，使得东西部教育资源共享，教育部于 2003 年启动了国家精品课程建设项目。经过几年的发展，总量已达到了一定规模，覆盖了所有学科大类和不同学校类型，在此项目带动下，逐步形成了校、省、国家三级精品课程体系，实现了优质教学资源的网上共享。课程建设是人才培养的主渠道，精品课程建设推进了各高校课堂教学水平和质量的提高，我国课程建设与教学改革任重而道远，提高教学质量是我国高校永恒的主题。现有的国家精品课程具有鲜明的学科特色、网络共享、形式和内容融合等特征，能较好地体现不同学科的特点，代表不同学科的总体水平，能为使用者提供形神兼备的丰富教学资源，能使高校、教师、学生、社会受益。

强化创新实验。"创新"是一个国家不断进步和发展的灵魂，培养国民创新精神教育是根本。我国高等教育承载的这一历史使命是建设创新型国家的基础力量、是人才汇聚的战略高地、知识创新的基地。然而，目前我国的高等教育还沿袭着单向灌输、以掌握知识为主的模式，对学生的研究动手能力、创新思维精神重视不够。为解决上述问题，教育部推出"创新性实验计划"，这一计划直接面向大学生立项，注重学生自主性、探索性、过程性、协作性和学科性的创新训练，以探索问题和课题为核心的教学模式改革为目的，倡导以学生为主体的创新性实验改革。学生在创新实验中学会思考问题、解决问题的方法，并且锻炼其解决问题的能力，培养学生从事科学研究和创造发明的素质。我国现代著名教育家黄炎培毕生倡导实践教育，主张手脑并用，反对劳心劳力分离。他说"要使动手的读书，读书的动手，把读书和做工两下联系起来"，学习本身就是理论的探讨和实践的检验两者的结合，只有手脑并用才能产生智慧。创新性实验计划将承载着国人的期盼，把我们的民族演变为一个富于创新和活力的民族。用创业带动就业。为迎接21世纪的挑战对未来人才素质提出新的要求，为教育理论研究和改革实践开辟新的天地，2002 年 4 月，教育部正式发文确定清华、北大、人大等 9 所院校为 "创业教育" 试点院校，开始了创业教育的试点探索阶段。

高校创业教育。自开展高校创业教育以来，提高了学生的创新精神和实践能力，培养了学生的创业意识、创业精神和创业技能。黑龙江大学 1300 余名学生组建了 130 余支创新创业团队，在学校开展项目实战实训，赵玉书通过学校创业教育实现了自主创业，在校期间创立了自己的艺术空间设计室，最后成立了哈尔滨莱奥文化传播有限公司。中南大学也建立了自己的创业教育体系，构建了 4668 个创业教育模式，形成了学校、学院、班级三级创业教育体系。创业教育项目将逐步被社会所承认和接受，给学生创造出敢为天下先的学习氛围，培养学生的创新意识和思维。大圣贤王守仁教诲我们：知行合一，知行并进，要知，更要行。高校创业教育更能使每个学生都有一个想象的空间和一对思维的翅膀，为自己将来就业提供一个启动力。

加强教师团队建设。教师是人类灵魂的工程师。教师是榜样，是可以效仿的典范。学生不仅可以汲取教师的专业知识，教师的行为、道德、人格都会潜移默化地影响着学生。作为一个蒸蒸日上的民族，我们需要高素质的人才适应这一趋势。为提高我国高等学校教师素质和教学能力，不断提高高等教育教学质量，实施教学团队建设项目是当务之急。我们通过建立团队合作的机制，促进教学研讨和教学经验交流，推进教学工作的传、帮、带和老中青相结合，提高教师的教学水平。项目实施以来，我们正向一支学历层次较高、年龄结构优化、职称结构合理、知识结构相称、学缘结构理想、理论与实践结合的教学、科研人员队伍迈进。高校教师担负着培养社会主义事业合格建设者和可靠接班人的历史重任。教师队伍好坏直接关系到人才培养质量的高低，关系到我国高等教育事业的前途与命运，关系到我国社会主义事业的成败。特别是在当前，面对新形势、新任务、新机遇、新挑战，切实建设一支政治坚定、思想过硬、知识渊博、品格高尚、精于教书、勤于育人的青年教师队伍，具有十分重要的时代意义和战略意义。

推动英语教学改革。2008 年，中国成功举办第 29 届奥运会。其间，众多大学生充当志愿者活跃在北京各大街小巷、各体育场馆中。他们以高度的责任心、热情的服务和流利的外语赢得了世界人民的广泛赞誉。中国大学生的外语沟通能力已得到实践的检验。随着我国加入世界贸易组织以来，世界各大企业进入中国，大学生活跃在各大外资企业中，展示着自己的才华。他们的外语沟通能力得到企业的普遍认同。如今，全国英语四级统考一次性通过率为 88.5%，进步最大的模块是听力和写作，学生的英语应用能力普遍提高。一切进步和数据都显示了我国英语教学改革的成功。我们顺应社会需求、适应 21 世纪新形势，本着以提高学生听说水平为重点，以全面提高学生的英语实用能力为宗旨进行了英语教学改革。这场改革无疑是成功的，采用计算机技术和网络多媒体技术为学生提供个性化、趣味化的学习工具，使学生自主学习能力提高，并且带动浓厚的英语学习兴趣，学生的英语应用能力也逐步能满足企事业单位的需求。未来，国际舞台将更多地涌现出中国人的身影，他们将成为我国文化、经济、政治的传播推广者。"哑巴英语"的时代已经结束，一个听说领先全面发展的时代正在形成。

推动软件学院体制创新。我国每年培养 80 万软件人才，而爱尔兰只有 4 万多软件从业人员。为什么差距如此明显？由此，可以看出我国软件产业教育的问题所在，与培养的数量相比，最大的问题在于结构和质量方面。我们培养的学生缺乏英语实用能力、与客户交流的能力、系统设计分析能力、工程管理和组织能力以及创新创业能力等一系列软件行业所需人才的必备能力。为了满足社会经济发展需求，解决学生就业问题和促进我国软件行业的迅速崛起，教育部、国家计委批准成立 35 所示范性软件学院，以培养能满足软件产业需要的高层次实用型人才。此岸是产业，彼岸是学生，软件学院则是连接两者的纽带。改革开放的总设计师邓小平同志在深圳特区演绎了一曲中国改革"春天的故事"，示范性软件学院也是一个"特区"，一个高教改革的特区，它将让中国高等教育和软件行业奏响另一曲和谐的"春天的故事"。

二、高职院校发展战略

从 H 模式到 C 理论。纵观我国职业教育近百年的发展史，比较大的转型有三次。

第一次转型。我国最早的专业教育始于 19 世纪初，洋务运动催生了实业学堂的出现。到了 1917 年，黄炎培提出"大职业教育主义"观念，发起并成立了中华职业教育社，开启了与实业界联合举办职业教育的先河。从此中国知识分子实业教育文化出现。第一次转型经历 47 年时间，由于旧中国经济发展缓慢、政治动荡不安，现代工业不发达加之社会制度的原因，实现大职业教育的蓝图只能是一种幻想，职业教育是不受重视的一种社会体制的陪衬。

第二次转型。新中国建立为技能型人才培养提供了广阔天地。"一五"期间的 156 项重点项目实施，带动了一大批技能型人才的培养。特别是毛泽东同志提出了"教育与生产劳动相结合"的思想，有力地推进职业和技能教育"半工半读"模式出现。进入 20 世纪 80 年代，我国高等教育地位不断提高，加之我国多年没有招生，累积存量过大，精英教育的潜规则面临新的挑战，当时大众化教育浪潮的前兆已经出现。

第三次转型。国家两次大力发展高职教育的政策、大众化教育的潮流、职业教育历史经验的沉淀，成为推动高职教育跨越式发展的三种力量。

对高职教育特殊类型的定位，我国高职教育在建设创新型国家，推动新兴工业化发展过程中做出了三大贡献：培养了数以万计的技术应用型人才，对我国经济社会发展作出了重要贡献；高职教育的规模扩张为我国高教大众化作出了重要贡献；高职教育为区域和地方发展作出了贡献，为我国高职教育积累了宝贵的经验。

目前，我们正处在第三次转型十分关键的时期，我们如何掌握和驾驭这个关键时期，中国高职教育怎样迎接第三次转型，这就需要从 H 模式到 C 理论去思考问题。

H 模式以总结 10 年来高职教育改革实验取得的成功经验为背景，寻求中国特色高职教育发展模式、内涵及其运行规律的思考。

H 模式：对 10 年高职发展模式的再认识。从某种意义上讲，H 模式也是回答转型的前 10 年中国高职教育发展模式是什么和为什么的问题。

H 模式是我国高职院校改革实验取得的最大成果，是一项大教育工程。这项高职改革实验是由国家统一部署，由教育部组织领导，全国 100 所示范性高职院校、1000 所高职院校参加。经过 10 年时间，动用上亿元经费共同完成的。此项实验工程之大、跨度之长、投资之巨、参加部门之多可谓是一项大教育工程，它的重要程度可与我国"大科学""大企业"工程相媲美。这项大教育工程只所以能成功，主要是拥有一套以"创新的思维、改革的作风和求实的态度"为主体的改革的方法论。坚持"规划教育"的思想原则，坚持高职改革在政策和理论指导下有组织、有计划、有目的地开展改革实验；坚持实践、实验与示范和推广相结合，做到点和面全面发展。在改革组织方面做到教育部高等教育司、地方管理部门和院校参加三级整体推进。

H模式的理念。什么是中国特色高职教育发展模式呢？中国特色高职教育发展模式由"新类型、五要素、三原则"构成其体系。新类型：纵观近10年来改革实验的成果，从此看出，中国特色高职教育发展模式探索是从概念的逻辑起点开始的，明确提出了中国特色高等职业教育是高等教育发展过程中的一个新类型。由此，新类型概念打开了高职教育改革与发展的新视野。五要素：中国特色的高职教育是建设创新型国家、发展新型工业化的生力军，高职教育落脚点在于进入产业、行业、企业、职业和实践五大领域，形成高职教育新的要素生产力。三原则：建设中国特色高职教育必须坚持三个原则。高职院校的办学要素向管理平台方向发展，这个平台是把企业的设备、师资、需求拿过来，把学校看成虚拟企业的一部分，让学生们在这个平台上学本事。这个平台也可以是走出去的，即在企业内为企业培养人。在人才培养方面要重视两个成系统，这就是实验、实训、实习要成系统，基础课也要成系统。并使两个系统相互交融。高度重视专兼职结合的"双师结构"教学团队建设，提出"双师结构"概念及折算方式是高职教育人事、师资队伍建设的重大制度性改革。总而之言，H模式来自中国10年的探索和总结，它对我国高职教育发展将起到重要的指导作用。

C理论是研究21世纪中国高职教育战略方向和走势的新思路。C理论认为：中国高职教育发展正处于一个转型期，正面临一个新的拐点，高职院校正从"提高质量重点"转向"特色发展重点"，由单一解决"教学方式和方法"向"特色院校全面建设"转移。特色院校核心竞争力将决定高职院校发展的关键因素。

C 理论：21 世纪特色高职院校发展的新坐标。实施特色院校发展战略着重点是什么呢？C 理论认为：特色战略第一要素是环境要素，从环境中找到新战略的基础；特色战略第二要素是内在品质，内因是决定因素。特色战略第三要素是结构优化，环境决定高职院校发展的方向和类型。高职院校自身的特点与政治、经济和社会环境以及所处的区域和行业的影响和互动，将决定高职院校定位的特色是什么，特色院校比较优势是什么？发展特色院校首先从环境中寻找定位，决定未来院校的出路和发展方向；特色战略要素第四个要素是新锐领导，新锐领导不是靠书本培养出来的，而是在实践创新中锻炼出来的。培养新锐领导最好的榜样是向创新组织学习，从企业家"无中生有"的奋斗中领悟精神、品质、作风、文化对成功的意义和作用，号召高职领导不要跟风地去清华、北大进修读博，而是到创新的组织中去学习、搞实验和挂职，让高职院校引入企业文化和经营管理机制。校企结合不仅是教师和学生的事，关键是校领导的事。凡是校企结合不好的单位，责任不在老师而在领导，领导到企业中去，才能把企业精神和文化注入学校实际中去，形成新文化，有了新文化，一个新锐领导才能诞生。在转型期的制度创新之中，领导的态度、责任和实践观太重要了。

高职院校怎样办出特色，关键在领导。对校院长素质的要求虽然组织部门已有明确的规定，但在当前高职院校转型的过程中，领导最需要的是"新锐品质"，敢于和善于锐意进取，敢于提出新方法，敢于挑战旧事物、旧观念和旧理论；有打破陈规的勇气和能力，弘扬干字当头、雷厉风行的工作作风，培养有智、有勇、有谋的教育帅才是最重要的。当前我国高职院校在创新转型中，需要大批的教育战略家和组织家。创建特色院校需要政策指导。随着国际化、大众化和市场化的推进，政策对每一个高职院校发展都是一样的，但运作下来却大不一样，为什么呢？关键在于如何用活政策、理解政策、执行政策。用活政策就是把高职院校自身特点与国家政策资源有机结合起来，找到运用政策的切入点；理解政策是指由于角度不同产生的效果是不一样的，理解政策要有宏观的视野，微观的眼力，这样才能到位；执行政策要快，只有快才能最大化地占有政策资源，使政策更加有效。

特色战略第五个要素是独特的文化。有一种说法是"一流学校靠文化，二流学校靠管理"。文化是特色院校的灵魂，文化是引领特色院校建设的根本。特色院校本身就是品牌，只有特色院校才能提高学校的核心竞争力。独特的文化是形成软实力的核心，有了先进文化才能把高校领导因素、人文因素、环境因素有机整合为软实力，高校有了软实力才能有更大的发展动力。创建特色院校需要科学管理。管理是使可能性转化为现实性的一种手段，管理要确立正确的目标、组织、协调、控制系统，使发展教育的要素通过管理形成优化的结构，产生更大的效益。当前摆在高职教育面前一项重要的任务是，切实提高素质和质量，把质量管理作为科学管理的重要内容，由此来带动高职教育全面科学管理。创造特色院校需要发展战略。战略是关系高职院校全局发展的重大问题。随着高校自主权的扩大，高职院校发展的环境越来越复杂，发展战略越来越重要，决策科学化和民主化已摆上日程。一个有战略发展的学校要比没有战略推着干的高校发展得更好，特色院校可以说是战略制胜的学校。

C 理论认为：创建特色高职院校，实现战略目标，仅仅对 C 理论一般性的理解是不够的，还必须有战略高度、掌握和使用七条战略和七大关系。

从教学质量到质量管理的转变。教育方面的"985""211"工程是不同于质量管理内涵的，它是提高硬实力和科研水平的一项计划。质量管理不等同于质量工程，也不仅仅是提高质量的涵义。质量工程是通过项目带动来提高教学质量的计划，为了达到提高教学质量的目的，不但需要质量工程各要素参与，而且更需要通过管理的作用促进各要素结构的优化，实现其效益最大化。质量管理是一个全员、全过程、全方位的过程。为此，质量工程必须由质量管理来进一步制度化、规范化、系统化才更有效。

从学外来经验向本土化转变。本土化是指两个方面：一是国际化与本土化；二是先进经验与本地化。我国大众化概念的提出、教育进化基因学说、校院体系设置、现代大学制度甚至教材、教学方式和方法，大都不同程度地带着西方发达国家模式的痕迹，有些方面照抄、照搬现象比较严重，正是这些水土不服的现象，严重地影响着高等教育的质量和发展。对西方先进理论和方法，必须从国情、校情和实际情况出发，进行有针对性的学习、消化吸收和创新。只有这样，才能把西方先进的东西学到手。当前，对西方理论和方法我们消化的不够，许多方面只是进行了本土尝试，而未实现本土化。没有本土化就会出现两张皮，给中国教育的实践带来严重的损失。示范性高职先进经验怎样实现本地化同样重要。示范性高职院校与一般性院校有着内在的联系。校际之间的学习不能停留在具体方式和方法上，而是学习他们的经验思想和实质，学到这些东西也就自然实现了先进经验的本土化问题了。

从教育集团到知识联盟。知识联盟是教育集团发展的必然抉择，但集团化不能代替知识联盟。高职教育的"校企结合""工学结合"是有效的组织形式，在当前市场经济的环境下，两者的结合是以互利互惠和利益共享为前提的，在高职教育发展初期，这种结合主动性常常来自高校，但这种主动性想得到企业和行业的认可，需要漫长的努力和检验的过程。由于不少高校"软实力不足"，很难推动两种结合。目前，我国高职集团运行大都以学校整合为主，企业和行业配合和帮办，导致高职集团整体作用不明显。知识联盟是提升教育集团一个比较好的方法，知识联盟从双边校际优势互补开始，由高职院校的校际之间结成盟友，交换互缺性资源，各自达成战略目标，最后获得长期的核心竞争优势。以强势的高职核心竞争优势与跨业组织建立互动式知识联盟。知识联盟转移的知识称为"联盟知识"，这种知识不通过联盟无法接触和获得。作为"联盟知识"将派生出新的品牌、新的竞争力和新的软实力，有效强化与地区、行业、企业之间的推动作用。知识联盟有许多类型，通过研究后发现：校企研联盟是值得推广的一种类型。高职院校用什么去吸引企业，光靠领先的意识和态度好是不够的，单向依靠是靠不住的，必须帮助企业解决生产技术方面的问题，对于解决企业生产技术方面的研究成果，许多高职院校缺少这类研究力量，这就逼着高职院校在校企结合的基础之上，寻找各类科研单位加盟，用科研单位的成果帮助企业解决生产技术问题，弥补校企结合无法解决的问题。比如，管理智库联盟核心成员科技进步研究所从 2000 年就开始开展校企研联盟的实验，推广本土化案例教学实验室建设，与高校一起提升经管类核心竞争力，是一个比较好的尝试。

从班子拍板到依靠智库决策。下一轮改革的重点是扩大高校自主权。各级院校如何使用好自主权进行科学决策很重要。在教育转型的每个交替点上，教育体制内的智囊团过于行政化，长期以来流行于课题研究，充当写作班子角色，研究成果常常滞后于决策，智囊团的先导性无法得到发挥。而且这种体制最大的弱点是局限于教育内部的情况多，而在教育与经济、社会交叉地带很少能提出真知灼见，所以，跳出教育研究教育，要求教育政策研究应从"体制内"向"体制外"的研究转移。融合第三方研究进入教育，大力发展跨业的教育智库是当务之急。中国特色高教管理模式课题组就是一和"教育智库"的形式探索，这个课题是由体制外科技进步研究所主持、高教司立项、政府支持，与广大高校一起共同研究。这种高教研究新体制和新机制是一种新的尝试，已显示出巨大的潜力和活力。高职院校全面发展最难的不是校内管理，而是涉及外部资源、不确定因素，以及环境的变化，特别是对国家、省的项目申报、优惠政策的争取、战略规划实施、各级政府和企事业关系的协调和资源整合、人才的选聘和智力开发这些都是多因素、多变量、多目标的复杂的集合体，决定这些复杂问题，光靠学校小班子自行拍板是不够的，要依靠教育智库来做决策，解决高校发展长远和战略性问题。

从硬件向软实力的转变。进入大众化以来，不少高职院校得到中央和地方政府的攻策扶持，高职院校校舍、教学仪器和装备、实验室建设等硬件建设得到长足的发展，相比之下，教师素质、教材建设和文化建设、软实力建设相对薄弱。当前影响高职院校发展的不是硬件而是软实力建设的问题。首先要加大软实力开发，用软实力配置硬件，实行硬件软化，推进高职院校知识化、素质化和内涵化。但软实力是不能投资的，它要靠高职院校知识管理才能建设好。对于当前高职院校面临的任务，单靠过去的思想政治工作和传统的行政方法明显落伍，现代院校的软实力，包括领导的能力、品牌的影响力、院校文化、精神和作风，以及思想政治工作在内的综合力量的体现，现代软实力是推动高职院校建设不可忽视的无形的力量。

从教改到国策的转变。我国教育改革与科技改革和经济改革大同小异。从 1977 年恢复高考制度至今已有 47 年，教育改革经历了整顿、合并、扩招等重要发展时期，目前，教改的潜力越来越小了。新时期教改改什么？教改就如工程技术中"回采现象"是一样的。当初设计的改革其实 70% 的收效率也没有，主要有两个方面原因：一是内部协调性不够，改革的有效性被流失掉了；二是教育与外部交叉的不够，协同发展不足，改革有效性整合不够。想解决这些问题，必须站在国策的高度，解放思想，对教育改革再认识，提出一揽子推进教育发展的新政措施，只有这样，教改才能站在教育强国的新的起点上想问题，办大事。

从小学校到大教育观。 高职院校比起"985""211"院校，比起那些研究型大学和教学型大学可谓是小学校，是被人轻视的"夹缝"学校。我国"大教育观"真正形成，是从 1999 年大众化开始的。首先，发展职业教育成为国家的一项国策，在教育分类上成为一个部类，招生人数已达半壁江山，它对建设创新型国家起到了重要作用；其次，"大教育观"还体现出高职教育的规划性，无论是发展高职政策的提出、类型的划分、示范性高职院校计划的提出，都是在国家政策的指导下，有计划、有目的的实施过程。"大教育观"表明，职业教育不仅是教育部门的事，在建设创新型国家的今天，没有一个部门与高职教育无关，没有一个人可以置身事外。

特色院校发展战略。 特色院校模式建设与发展战略问题，在我国是陌生的命题，我们很有必要从新的高度认识特色院校、研究特色院校模式，认真总结我国特色院校模式建设的基本经验，把特色院校模式建设与发展战略提高到一个新水平。

特色院校模式建设是解决三大危机的关键，抓住了特色院校建设主导问题，其他质量和就业问题就会迎刃而解。特色院校来自大众化教育的历史，又决定着我国高教的未来前途。我们要把特色院校建设放在政策和社会环境中去认真研究。中国特色院校模式建设已取得初步经验，这些经验是极其宝贵的，我们要重视和推广这些经验，让其成为更多成长型院校共享的经验，从中获得进步的动力。

用教育新政把更多高校的特色解放出来。《教育规划纲要》对特色有明确规定："发挥政策指导和资源配置的作用，引导高校合理定位，克服同质化倾向，形成各自的办学理念和风格，在不同层次和不同领域办出特色，争创一流"的要求，这应该是对办好特色院校的最大动力。怎样落实好这些新政，关键在于实习好、研究好、用好这些新政。用教育新政把更多高校特色解放出来。从质量到质量管理理念的转变，将是第一次对院校特色的解放，没有质量，就难以形成特色，没有鲜明的特色，质量也难以持续提升。怎样认识"高教质量管理"这个命题呢？我国提出高教质量问题是从 1999 年进入大众化教育之后，由于扩招带来的质量问题日益突出，2007 年 7 月 13 日，教育部和财政部联合印发《高等学校本科教学质量与教学改革工程项目管理暂行办法》。但也应看到，该办法主要局限于人才培养模式方面，更多提出的是教务改革的内容，而如何对质量进行管理，特别是用什么方式和方法提高质量的措施不足，缺了管理这个极为重要的环节。从深层次来讲，高校管理系统，往往只讲投入不讲产出，只讲工作不讲效果的现象是十分普遍的，高教不少改革更多的是任务，缺少绩效考核。只有对学校要素进行有目标、有计划、有组织地控制，才能对"全员、全过程、全方位"实施管控。

特色院校如何在"质量管理"方面大做文章，勇于实践和创新，将是第二次对院校特色的解放。《教育规划纲要》明确提出最终取消行政级别和行政化。过去，高校行政化的现象随处可见，比如，大众化扩招以来，由于受到"工程"和"项目"教育思想的影响，对重点高校、重点地区、中心城市资金装备过渡投入；什么是扶持重点高校呢？说到底就是"靠资源、靠祖宗、靠地利"的一种行政化的表现；还有那些不顾国情、省情、校情一刀切的教育评价活动劳民伤财，都可以归结为行政化派生出来的种种表现，去行政化就是取消特权、垄断权，增加自主权；规范权力，督促权力，各尽其职，有效管理。去行政化不是不要管理，而是科学管理，当前高校科学管理要搞清楚学校自己管什么？高校内部的财务管理、人事管理、外部关系的管理过于笼统，大而化之，这些都是由行政化带来的，今天都要改之，应该认为：过去行政化代替科学管理，主要是这些结点和关系不清，管乱了或者是乱管。实质上我们今天用案例去研究特色院校本身就是科学管理的作为。特色院校不是靠行政化和重点投资发展起来的。所以，特色院校应该从实际出发，探索科学管理和管理科学之路，加大知识管理、民主管理和绩效管理的理论和实践的力度，是特色院校大力施展的领域。

从一刀切到允许"试点"的转变，是对院校特色的第三次解放。《教育规划纲要》强调，尊重实践、尊重创造，鼓励高校开展试点并进行新的探索。过去，教学、科研和服务社会的各种项目和计划，实际操作有难度，虽然有些示范性项目，也是自上而下由政府统一管理的，这样的示范没有活力，不承担风险，创新能力不强，大多是走过场。新教改鼓励进行试点和探索，不单是指上边讲的那些，而对政策进行创造性的应用，通过政策的细化使政策更有公信力。这次"中国特色院校案例研究"从社会意义上讲，就是一种"试点"，特色院校建设和试点，是带动行业和区域教育发展的"特区"，必定要带动一批特色院校群跟随。

应该对特色院校模式进行科学研究。给特色院校下一个正确的定义是比较困难的。"人无我有，人有我优"是特色之本，"特色院校"是指，在相同的社会环境的大系统中，一个院校区别其他高校，独有的影响力或软实力。这种教育软实力是来自思想、体制、机制和方法的创新，更多因素是不同于硬实力派生出来的特点。

特色院校应满足以下几个条件：一是最能体现当地的优势或行业的优势；二是最能占领生源和就业的主市场；三是能创造最好的经济社会效益；四是靠质量打响品牌的知名度。一个特色院校不是靠上级发文件而确认的，是当地经济规律、社会规律和教育发展规律和新政领导共同作用的结果。

特色院校成功的五大品质。特色院校需要什么？特色院校是一个组织和单位整体概念，它区别于办出特色想法，也不同于特色专业的内涵，推动特色并非笼统地讲有自主权就行了，特色院校应当具备五大品质：即新政领导、政策资源、文化建设、科学管理、发展战略，是所有特色院校的共同品质。

大力实施特色强校的发展战略。研究特色院校案例是把传统经验上升到科学层面和模式层面的方法，关键在于将这种模式转变一种战略。特色强校战略将是 21 世纪实施教育强国战略一个重点课题。让高教质量道过强化管理出人才、出效益是战略重点。长期以来，不少人把"985""211"工程误认为是提高质量的工程，其实这两项工程都是为扩招做准备的，"211 工程"是面向 21 世纪，重点建设 100 所左右的高校和重点学科；"985 工程"是党中央、国务院在世纪之交为建设具有世界先进水平的一流大学而作出的重大决策。两者都以硬投入为主，质量工程不同于"985""211"工程。质量工程是通过项目带动来提高教学质量的计划，为了达到提高教学质量的目的，不但需要质量工程各要素参与，而且更需要通过管理的作用促进各要素结构的优化，实现其效益最大化。质量管理是一个全员、全过程、全方位有目的的

304

过程，为此，质量工程必须由质量管理来进一步制度化、规范化、系统化才能更有效。

实施推进建设管理科学体系的战略。当前最主要的是解决院校科学管理动力问题。建立现代大学制度和增加自主权不是仅向政府要钱、要权，而是从规范和加强院校的管理入手，从院校内部管理来看，财务管理、人力资源的管理、装备和条件的管理、软实力的管理都比较薄弱，院校与外部政府关系、行业关系、企业关系、国际关系都没有相应的规范和流程。建立一个强化内部、关联外部、内外有机结合的科学管理体系。建立院校科学管理体系是现代大学制度和建立自主权真正的灵魂和要义，不是为重新铺摊子，外援式发展，要投资，要条件。当然，在科学规划学校发展的时候，才知道政府如何管理，这些基本问题先从学校开始搞清楚，其他方面才能知道如何配合院校管什么和不管什么，学校管理的主体地位才能不断突显。

实施推进特色院校模式的战略——搞好特色院校基本建设。特色院校是全局性、系统性、战略性的组织行为，想搞好特色院校基本建设，要对知识资源、战略资源、合作资源、共享资源上进行全面整合，再造新的优势。特色院校案例研究是基本建设的知识工程，它必须由高校主要领导来组织实施。特色院校建设不同于特色专业建设，特色院校是高层次、全方位从整体上研究院校成功规律的，只有一把手主持，才能调动方方面面的积极性；只有一把手思维，才能统筹全局，分析问题、解决问题，规划学校的未来；只有一把手主持，才能把研究成果转变为未来发展的指南。特色强校发展战略问题要做成项目去实施。特色院校案例研究主要成果是提出特色院校战略，如何实施战略，要建立和加入知识战略联盟，通过联盟帮助高校内部解决无法解决的问题。国内外合作与交流、课题申报和优惠政策的利用、各种外部关系的协调、稀缺人才资源的补充等问题，做成项目研究，充分利用现有知识资源，发挥各方优势，合作建立特色院校与发展战略研究所（研究中心），高校只从专业上创建研究中心的局面，改为把高校战略发展问题作为一个项目去研究、解决和发展。

特色院校需要完善，对自己的薄弱环节要进行横向和跨业合作，组建"校企研"为核心的各类实验室、实验基地，科研单位及软科学研究机构组建跨业智联尤为紧迫和重要。中国管理智库可为高校与企业、行业建立跨业联盟提供支持和帮助。将特色院校案例单位，办成培训教育家和新政领导的新型学校，推动校际间的学习、交流和共享。

实施推进开放办学走出去的战略——实行高校走出去战略，与全球南南国家结盟。过去改革开放 30 年，我们更多是引进西方发达国家的经验、教学模式和方法，由于国情不同，总感到有些水土不服，常常出现"两张皮"的现象，使我们与发达国家交流时总处于被动地位。我们特色院校走出去，要从学西方发达国家向全球发展中国家转移，实施国际化稳步合作的道路。把精力转移到全球南南国家去，他们不但与我们同属发展中国家，而且我们的经验更适合他们发展，我们会在输出高校教育经验中去提高和发展，配合联合国南南合作计划，实施特色院校走出去战略，为我国高等教育国际化提供新的经验。

第九章　全球南南合作与中国战略

一、和平发展与中国南南合作观

中国和联合国具有共同的价值观。习近平总书记提出"国内和国际"两个大局的构建人类命运共同体理论，具有深远的历史意义和现实意义。和平发展不仅是中国的价值观，也是世界发展的新潮流。中国和平发展离不开与联合国的交流与全面合作，和平发展是中国政府和联合国机构共同拥有的价值体现。在改革开放的过程中，中国政府将联合国的援助和发展纳入国家规划，列入重要发展的日程，通过联合国多边平台，使中国政府学到了西方发达国家先进管理思想、管理方式和方法，同时又使中国经验在发展中国家得到分享，把中国经验、技术和产品介绍到全世界。联合国参与中国发展的过程，是中国式现代化在全球化创新机制的形成，是中国从一个发展中国家建设成为新兴国家的一个时代经历。中国政府和联合国合作，使中国在发展中国家的发展空间得到进一步的扩大。

总结中国和平发展的经验的时候，既要肯定中国政策、体制等内在因素的重要作用，也要分析联合国力量和创新机制的作用，研究联合国对中国发展的互动作用，是全面地、系统地认识中国经验很重要的一个领域。联合国在中国合作是成功的，原因是多方面的，但最主要的是我们拥有和平发展正确思想的引领，形成了"两头在外"的新模式，拥有未来发展的"大战略"思路。

中国拥有 20 世纪 50 年代苏联援助中国的经验，拥有 20 世纪八、九十年代西方援助中国的经验。中国还拥有 20 世纪五六十年代自己对外援助的经验。40 多年来，中国在联合国多边舞台上，形成了"两头在外"的新模式。一方面，向先进国家学习，使西方化转化为中国化；另一方面，与发展中国家共享，使中国化转化为其它发展中国家本地化。形成了"西方化—中国化—本地化"全球发展模式。中国是发展中国家一个成功案例，中国在未来发展中，要积极参与联合国能力建设，特别是南南合作新标准的制定、开发新的能力，完善现有的体制、机制，为推动全球南南合作作出新的贡献。

联合国是二战后成立的由主权国家组成的政府间国际组织，它的价值在于实现全世界的和平发展，中国政府奉行和平发展的时代观，这与联合国具有共同的价值观。中国和平发展道路上的成功，为世界发展道路提供一种新的模式，纵观世界可知，不少大国崛起，他们不是靠和平发展，而是靠战争和武力争夺，武力霸权成为大国崛起的途径。而在和平年代，靠和平发展起来的大国，在国际发展史上案例不多。历史证明，和平发展是世界上发展的另一条重要道路，中国经验说明，世界上广大发展中国家完全可以依靠和平发展走向成功之路。

联合国与中国合作更大的价值还体现在，联合国对华援助极大调动了中国改革开放的内在动力。

正是中国与联合国的价值原因，比较好地解决了中国改革开放时期所需要的技术和知识，当中国合作有收获后，在联合国舞台上又发挥了走出去传播技术和知识，带头与发展中国家共同发展的道路。这一目标不但需要中国与发展中国家的共同需求和努力，更重要的是联合国提供平台和桥梁不可缺少。

中国政府将与联合国合作纳入重要工作日程。中国改革开放不但进行体制改革，更重要的是引进先进技术、知识进行机制创新，一个新的体制需要知识支撑，如果没有先进管理，这个改革就会失败。中国政府正是重视体制和机制两个方面的改革。中国政府高度重视与联合国的合作，不失时机地引进先进技术和知识。联合国援助中国是从"七五"期间开始的，他们的援助项目与中国改革和产业转型基本上一致。联合国援华前 10 年，主要根据中国从农业国家向现代化国家转变，现有工农业装备基础薄弱的现实，主要援助一些以"硬件"为主的技术、设备、机器，并着手从农业改造开始；援华中期的 10 年，中国现代化基础已初具规模，中国政府急需按照市场经济的目标进行体制改革，需要一些新的管理、制度法律和先进方法，联合国针对中国这个时期体制改革需要，提供大量以"软件"为主的改革方案和软课题研究内容。

改革开放 45 多年，中国已走在发展中国家前列，为了解决社会发展和产业转型与联合国紧密合作，把联合国合作项目统一纳入国家和部门规划和计划，我国建立外援和南南合作相适应的政府管理机构。中国与联合国合作不是完全照抄照搬现成的模式，而是从中国实际出发，切实可行与联合国开展合作，不断探索新的经验。在联合国援助中国的初期，国际组织让我们按照西方专家组形式进行项目管理，我们坚持了中国管理经验和方法，走出了一条由政府牵头、按国际标准进行项目管理方法，实践已经证明，这种方法不但保证了国际项目有效实施，而且为联合国合作纳入政府的议程和计划，进行政府有效组织管理提供了新鲜的经验。

中国南南合作四次转型。在国际发展援助领域，中国深刻地体会到在接受援助和实现自主发展中辩证统一关系，所谓"己所不欲，勿施于人"的换位思考理念，就这样自然而然地融入中国南南合作的实践中。中国丰富的援助经验，为南南合作软力量的提升奠定了坚实的基础。回顾半个多世纪的中国南南合作历程，虽然在不同的历史时期战略重点不同，但是其核心主题却从未改变过，那就是"发展"。对华援助经历了由硬到软的发展过程，在发展的每个阶段都可以看到援助方和受援方的相互作用。回顾援华的历史，可以分为以下四个阶段：

第一次转型：从新中国成立向支援亚非拉转型（新中国成立至1978年）。实质上，中国从新中国成立初期，对外援助就开始了。1950年，中国开始向朝鲜和越南提供援助；1956年中国开始向非洲国家提供援助；1970年12月28日，中国搭建了坦桑铁路等一批重大基础设施项目。1955年召开"万隆会议"和周恩来总理对亚非国家的访问大大推动了中国南南合作的发展。这一时期，中国提出了对外经济技术援助的八项原则。首先，在这种合作中处于主导地位的是政治关系，合作的主要目的是支持发展中国家的民族独立和民族解放运动、反对种族隔离主义斗争；其次，合作在很大程度上属于援助性质，主要是帮助进行一些急需发展的项目，例如水电、能源开发等，向非洲国家派遣医疗队、援助一些基础设施等。由此可见，支援亚、非、拉国家拉开了中国对外援助的序幕。当时世界上"南南合作"还没有提出来，中国的外援是以中国提出的"第三世界理论"为指导，中国"第三世界"理念是"南南合作"理论的基础之一；再次，"南南合作"是联合国多边舞台的一个工具，它的理论应当是国际性的，不能仅来自西方的地缘政治、区域经济等西方理论，中国理论和实践奠定了世界南南合作的基础。

第二次转型：以"硬件"为主，1979年—1990年，从农业国家转型工业国家。以硬件为主，是联合国对华援助的初级阶段。开发计划署对华援助以设备为主，主要集中在农业和工业生产领域，主要用于农业技术开发和工业基础设施建设。

改革开放后，中国开始进行对外援助与自我发展相结合的新方式的探索，由过去的单纯外援发展成为"有进有出、有给有取、多种形式"的互利合作模式。1983 年初，我国政府提出了"平等互利，讲求实效，形式多样，共同发展"四项原则。这一阶段中国南南合作中注重考虑为中国的经济建设服务，中国政府希望通过互利合作，达到与其他发展中国家共同发展的目的，南南合作走出了单方面的无私奉献，而开启了南方国家在合作中，共同谋求发展利益的新航程。

第三次转型：以"软硬结合"为主，从工业国家向现代化国家转型。1990 年—2000 年，联合国开发计划署对华援助逐步转为软件与硬件并重时期。市场的扩大和生产的发展带来了一系列的社会和环境问题，外援的投向随之逐渐转向可持续发展、环境保护、妇女发展和基础教育等领域。援华项目开始介入市场管理和市场机制建设等领域，出现了大量的政策咨询项目，主要涉及政府机构改革、财税改革、体制改革、人事制度改革等。中外双方开始了立法和司法领域的合作，人权领域里的对话和民主建设领域里的交流。

第四次转型：从现代化国家向新兴国家转型。2000 年至今，开发计划署对华援助全部用于"软件"以及制度建设领域。援助项目集中在两个方面：一方面是为高层政策制定和制度建设领域，如司法合作、村民选举等；另一方面是维持在基层工作领域，如综合扶贫、环境保护等。另外，援助项目开始关注全球问题，如开展在艾滋病防治、大气污染治理和防止跨国犯罪领域里的跨国合作。

西方国家对中国援助，正经历中国改革开放的全过程，西方援助与我国经济计划大体上吻合，所以，这些援助项目在推动社会、经济、文化方面起到了重要作用。

2000 年在北京召开的中非合作论坛，是中国加强与发展中国

家南南合作的里程碑。2001 年，中国政府提出了加强南南合作的
"四项倡议"：包括"广大发展中国家加强团结，共同致力于建立
公正合理的国际政治经济新秩序；广大发展中国家加强磋商，全
面推进南南合作；广大发展中国家在平等互利的基础上，积极参
与南北对话，促进南北改善关系；广大发展中国家努力增强自我
发展能力"，为中国同其他发展中国家发展奠定了坚实的基础。

2005 年，中国政府作出以帮助其他发展中国家减贫与发展为
核心的五点承诺；2006 年 1 月，中非论坛北京峰会上提出了以加
强非洲援助为核心内容的推动中非新型战略伙伴关系的八项政策
措施。2015 年，中国政府设立了南南合作援助基金，建立了知识
分享机构，建立了南南合作学院等，推动全球南南合作的重大
举措。

这一阶段中国政府明确提出发展中国家是我国外交政策的基
础，南南合作得到快速发展，在南南合作中，不仅采取了政治和
经济并重的方针，同时也扩大了南南合作在各个领域的合作，并
竭力推动民间力量参与南南合作，使中国的南南合作更加广泛
深入。

中国南南合作的软力量。 中国对发展中国家的援助，可以追
溯到 20 世纪五六十年代，中国第三世界理论提出，支援"亚、
非、拉"发展中国家的实践，某种意义上讲，中国也是最早倡导
和参与南南合作的国家。南南合作中国特色道路的经验来源是多
方面的，不仅突出了中国独特文化和经验的主体地位，同时也融
合了苏联援助的经验、融合了西方援助的经验，走出一条具有中
国特色的中国南南合作道路。

近年来，中国在日益增强的经济实力基础上，凭借自身文化
影响力、外交魅力，在南南合作中展现了负责任的大国形象。

中国之所以能在全球南南合作中领先，不仅仅因为是一个大

国，而是中国对全球南南合作具备自己的基础和能力，这就是中国南南合作的软力量。中国南南合作软力量来源于"东、中、西"三个方面，所谓的东就是中国具有苏联援助的经验；所谓的中就是中国是最先提出"第三世界"理论的国家，最早开展对"亚非拉"发展中国家进行援助的国家；所谓西就是中国恢复联合国席位后，及时向发达国家学习，具有西方援助经验。

融合了苏联援助的经验。从1949年新中国成立至中苏关系破裂这段时期，苏联对华援助以中苏两国之间的友好同盟关系为基础，是典型的双边援助。苏联对华援助主要集中在军事和民用工业。军事援助所占比重很大，项目主要集中在现代化重工业领域，逐步扩展到包括文艺和体育在内的所有社会生活层面。苏联对华援助项目不仅是硬件设备，还有技术、文化管理方法、行为方式，以及一整套计划管理体制，中国从落后的农业国到工业国的过程中，产生了极其深远的影响。

20世纪50年代的苏联与中国差距悬殊，当时中国无法与发达国家比较，中国政府只能选择基础技术为国所用，解决先进技术与落后管理不协调多组织领导问题；科技人员通过培训和传帮带学到了先进技术，把先进技术转化为生产力的全过程。管理人员已从差异文化中找到符合本国化的方法、方案。所以，我们从苏联学到的经验很适合农业化转型工业化的过程中。

体现了中国自己的经验。"三个世界"理论是毛泽东国际战略核心思想，突出了第三世界的重要作用，是中国调整对外政策的重要依据。根据这一战略思想，中国政府明确地把加强同第三世界的团结与合作作为自己外交政策的重要内容。三个世界理论号召世界各国，尤其是第三世界国家，为了民族的独立、经济的发展、国家的主权和世界和平，要加强团结与合作，建立国际统一战线，共同反对霸权主义。

我国政府继承和发展了毛泽东的"三个世界"，在三个世界划分理论的基础上，进一步提出了"东西南北问题"，集中解决发展问题，主要有两个途径：一个是南北对话，另一个是南南合作，而南南合作尤为重要。解决南北问题的办法是南南之间发展合作，加强南北对话，只有在南方国家自己发展的基础上，这种对话才比较容易。这些南南合作思想对推动新世纪的南南合作、促进世界发展和中国自身的发展都有重大的指导意义，是我国在新世纪同第三世界国家开展政治、经济、文化等方面的合作，建立战略伙伴关系的理论基础。

中国和广大发展中国家存在共同的利益，这一共同利益的基础在于都属于第三世界。因此，中国南南合作的基本理念是援助不是一种恩赐，而是一种相互支持。其中一方的强大，必然形成对另一方的支持。中国开展南南合作，不仅使受援国获益，经济得到发展，人民生活水平得到提高，中国也会从中获益，政治上得到支持，经济上得到资源的支援。

无论是从中国自身的发展战略看，还是从中国看待世界的视角看，和平发展始终是当今世界的主题。中国始终倡导并坚持走和平发展道路，并为实现上述目标不懈地努力。和平发展是新时期中国外交理论体系的精髓，是中国看待世界局势和处理国家间关系的基本出发点。只有发展才是解决贫困、冲突、恐怖主义活动等威胁国际和平的根本出路。当前，国际形势复杂多变，但和平与发展仍是时代主题。维护和平、促进发展、加强合作是世界各国人民的共同愿望，发展经济、摆脱贫困、改善民生已成为广大发展中国家新的历史潮流。

融合了西方援助的经验。回顾新中国成立至今我国走过的历程，我们可以看到，外国对华援助是促进中国社会进步的动力之一。1978 年，中国实施改革开放政策是一次对于发展道路和发展模式的重大选择；1979 年，中国正式与联合国开发计划署签订《合作基本协定》，接受西方的援助，从而标志着中国开展国际合作进入"有给有取"的新时期。

开发计划署的援助属于多边无偿技术援助，主要内容包括项目人员的国内外培训和国外专业考察，聘请国内外专家为项目提供技术指导和咨询服务，购置关键的仪器和设备用于科研、生产、教学等。从实际项目看，开发计划署对华援助项目所涉及的范围遍布对外开放、体制改革、制度创新、科技政策、技术引进、区域发展、新能源开发、环境保护、小城镇建设、流域治理、湖泊整治、防沙治沙、消除贫困、艾滋病防治、节能减排、绿色经济等诸多领域和方面。另外，关于开发计划署对华援助、对中国改革开放和经济发展所产生的积极影响的作用及价值，我们无法用金钱去估量，可以说是真正达到了"花小钱，办大事"的杠杆效果。

二、全球南南合作中国模式

中国发展离不开世界，70 多年来，中国一跃成为世界经济大国，走出了一条具有中国特色的发展道路，这个过程离不开与西方发达国家的援助，在联合国框架下，中国与国际经济合作关系的建立，是从中国国情出发，把西方成功经验与中国改革发展现实情况相结合，走出一条发展中国家发展道路。

联合国经济合作主张，反映广大发展中国家共同利益，中国最先将联合国援助和输出列入政府管理重要日程；使中国形成了"两头在外"的国际合作创新机制，中国由于利用联合国多边合作舞台，与其他发展中国家在地缘政治方面获得好处。总之，中国和平发展的成功，不仅着重处理中国与大国的关系，应很务实地利用好联合国这个多边舞台的关系，没有这个关系，中国和平发展的成功是不可能的。

中国改革开放 45 年，已经形成国际合作"两头在外"模式，从中孕育中国在联合国合作上的机制创新。"以我为主"是指无论对发展国家先进经验，还是来自发展中国家好的文化和有益的东西，中国都坚持"以我为主、博采众长、融合提炼、自成一家"的原则，形成具有中国特色的国际合作模式。所谓一头在外，是指中国在发展中国家初中期，接受联合国的援助；所谓另一头在外是指，根据中国的文化和经验，中国开始向其他发展中国家输出技术和知识。

"学习型"中国受援模式。中国"两头在外"模式，推动了全球"西方化—中国化—本地化"的实现。中国接受联合国援助，就是从"西方化向中国化"转变的过程，我们称为"第一层次"转变。

第一个层次的转变，突出的是"学习型"的特点，中国接受联合国的援助，就是一个向西方先进技术和知识，"学习、消化、吸收、创新"的过程，体现"学习的中国"。

中国改革开放 45 年是学习的 45 年。"学习型"中国的成功，离不开"机制"的推动。中国改革 45 年，不仅是体制的成功，而且也是"机制"的成功。改革开放 45 年，从社会、经济、管理各个领域的变化可以看出，我们将西方发达国家优秀成果，进行"学习、消化、吸收和创新"的过程，从某种意义上讲，中国的成功是学习的成功，使中国成为一个学习型的中国。"学习型中国"是机制创新的重要内容，它既是中国改革开放方法论的一部分，也是科学地、全面地、系统地总结和研究"中国模式"或"中国特色道路"的重要组成部分。

中国在建立"学习型社会"过程中，我们坚持了"培训先行、能力建设突出、强化综合研究、加强项目管理"的发展原则。从 1979 年—2012 年的 33 年间，联合国开发署累计向我国提供了近 10 亿美元的援助，共安排近 1000 个项目，涉及农业、工业、能源、交通、通信、教育、卫生、金融、财税、环保、扶贫、妇女发展、社会福利、引进外资、体制改革等诸多领域。自 20 世纪 80 年代以来，为我国建立和完善社会主义市场经济体系，在国家行政体制改革、经济体制、财政制度、海关管理、资本市场运作、建立保税区、国外投资、社会保障等领域多个项目，有效推动我国改革开放。无一不体现"学习型""经验""原则"。"学习型"援助模式促进了国际合作能力，形成了中国援助的标准。

联合国援助促进了中国南南合作的能力建设。对华援助作为一种技术援助和外部资源对中国的长期发展起到了非常重要的作用。从总体宏观经验而言，促进了中国传统产业的升级换代改造，有利于中国有关行业接近国际先进水平，推动其实现技术革新和技术突破，并带动我国高新技术产业的起步和发展，促进国有经济结构的调整改革和对外开放。具体而言，从人才培养、转变思想、提高管理水平、树立科学发展观、引进扶贫新方法等方面帮助中国建立自我发展的能力。

增强中国自我发展的人才能力建设。对华援助主要的特点是进行技术援助，包括科学技术，也包括所有经济技术的"软件"建设。援助初期，除了为实践部门聘请技术专家和提供技术方面的培训外，外援还专门针对中国政府对国际经济发展不熟悉、对国际惯例不了解的现状设立了一些与思想观念和政策制定相关的"软"项目。外援不仅为中国人才"走出去"提供了资金支持，而且通过联合国系统为中国寻找最适合中国人才培养的国外培训基地。人才的交流，不仅使受培训的人群实现了观念的转变，更主要的是这些人把新观念带到实际工作中去，起到带动和示范作用。

增强中国自我发展的物质基础。先进的设备和技术是人类发展的共同财富，是人类智慧的结晶，中国只有在直接借鉴国际先进技术和设备的基础上才可能实现跳跃式的发展，在短时间内赶上世界前进的步伐，加速实现中国的现代化。这些设备设施的进口，在一定程度上加强了受援单位的物质装备和工作手段，有力地配合了软件的引进，推动支柱行业、产业的技术改造和技术进步，为提高作业效率发挥了关键的示范作用。比如改革初期，为西南地区引进公路勘探和设计的仪器和设备；通过购置设备和实验装置，帮助中国建立亚洲最好的农药制剂研究中心等。

提高中国政府的管理水平。在对华援助项目中，有很多是针对中国政府执政能力和提高宏观经济管理水平的。这些项目不仅从硬件上为行业管理提供了设备支持，而且为中国管理制度、管理手段和政策实施等方面的研究给予了帮助。如根据中国政府改革的需要，通过针对性很强的项目提高中国政府向市场经济过渡的能力，使政府的宏观管理能够适应中国市场经济改革的需要，从而避免了管理滞后导致的改革受阻。

对中国改革开放的促进作用。为帮助中国尽快建立和完善社会主义市场经济体系，以迎接全球化带来的挑战，对华援助发挥了多边技术合作所具有的独特作用，与各有关部委和机构开展合作，为中国政府进行广泛的国际交流学习和借鉴国外经验，提供了良好渠道，促进了中国经济改革与对外开放事业的发展。

通过立法项目改善中国的法律政策环境，保证了中国社会主义市场经济在法律框架、法制体制下的正常运行。在中国开展大量的基础设施建设项目支持，在一定程度上吸引外资的进入；同时，积极进行对外宣传和推广，更重要的是为中国培养了一大批专业技术人员、项目管理人员、财务人员和翻译人员，有力地促进了中国同世界银行的合作，为争取世界银行对华贷款作出了重要贡献。

外援对科学发展观的形成的影响。中国参与多边合作，不仅在经济增长上获得了帮助，同时，在发展思想上借鉴了国际经验，为中国科学发展理念的早日形成、完善和实现提供了宝贵的经验。

形成了"学习型"中国受援的标准。中国既是受援国又是援助国。中国在不同阶段接受过来自不同渠道的援助，这些援助活动和中国的外交政策密切相关。外援将各种发展理念和方式带到中国，中国通过对这些技术、方法、理念的引进、消化、吸收、借鉴，积累了大量的、丰富的、具有中国特色和世界意义的发展实践经验，对广大发展中国家发展国家经济具有十分重要的借鉴意义。另外，中国在接受援助的同时，也向外提供援助，即是受援国之一，也是越来越引人注目的援助国，中国的成功发展为中国的援外事业提供了丰富的理论和实践经验。

作为一个受援国，中国从世界贫困人口最多的落后国家，转变成今天世界经济发展的核心动力、世界经济增长的亮点，无疑，外援起到的重要作用不可忽视。结合中国接受援助和对外援助的发展历程，总结我国成功利用对华援助的经验，对广大发展中国家如何成功利用南南合作，发展本国综合实力提供了很好的借鉴作用，中国南南合作建设的基本经验有：

接受外援但不依赖外援。首先，中国自新中国成立以后，坚持以自力更生为核心的指导思想是中国没有形成援助依赖的重要原因。随着改革开放的开展，中国政府进一步提出了"以我为主，为我所用"接受外援的思想；其次，受援国要建立完整健全的国民经济体系。受援国在接受援助以前，如果不具备完整的经济体系和明确的行业发展思想，完全由援助国选择或者指定援助行业，易于形成对援助国的经济依赖；再次，保持外援在 GDP 中占较低的比重，借助外援增强自我发展的能力。从中国的发展过程看，UNDP援华项目基本上是沿着中国政府制定的发展轨迹进行有重点地援助，而这些领域基本上是中国发展过程中能力薄弱环节。所以说，UNDF援助在每一个阶段都有针对性地提高了中国政府和相关领域的自我发展和竞争能力。

让外援充分发挥作用，加强援助项目管理。集中管理有助于提高援助效率，使受援国有更强的谈判实力，从国家整体利益出发，不接受那些对本国经济、政治和社会不利的附加条件，而且可以代表国内主要利益团体一致对外做好国内协调工作：一是协调好援助国之间的关系，避免项目在一个地区、一个领域的重复，造成管理混乱、资金浪费等问题；二是协调好项目单位和援助机构之间的关系；三是协调好国内项目单位之间的关系，在很多情况下，一个援助项目会涉及很多部门，如果部门之间缺乏协调，就会影响项目执行的效率；四是集中管理不允许"飞地"长期存在。在援助项目结束后，这些"飞地"不会因为没有后续投入和与周边经济缺乏关系而难以延续。

援助是改革开放的助推器。受援国接受国际多边援助的指导思想非常重要，在使用外援时，要首先考虑本国需求，在受援时"量力而行"，援助只能成为受援国发展的助推器，不能发展为主导力量。中国的改革开放、发展经济的主导思想就是独立自主、自力更生，在接受外来援助中，坚持"独立自立、自力更生、以我为主，为我所用"的基本原则，援助方案以我国的5年发展计划为基础，援助作为中国实现经济目标的手段之一。

"共享型"中国南南合作的模式。任何国家的对外援助都有着深厚的文化背景，中国也不例外。中国南南合作的政策是在中国的经济文化、外交文化和发展文化的交互影响下形成的。可以说，中国南南合作的特色归根到底体现的是中国的发展特色，形成中国南南合作模式。

中国南南合作模式比较好地体现了全球化与本土化的关系，中国南南合作模式符合全球发展中国家的普遍规律，又能满足受援国对知识和文化的本地化需要，是不断推动社会进步的一种发展模式。"学习、共享、自主"就是中国南南合作模式的灵魂。

中国改革开放 45 年是共享的 45 年。"共享型"中国的成功，中国学习是为了"使用"，对发展中国家进行交流与合作，就是中国"使用"的体现。中国对发展中国家知识外援是通过"移植、培训、实验和发展"四步骤实现的。初级阶段是中国给力，让发展中国家移植"适用技术"项目，得到发展的好处，进而扩大"经济、社会、文化"领域全面合作，由中国外援给发展中国家带来总体作用的效应。

中国向发展中国家外援，就是一个从"中国化向本土化"转变的过程，我们称为"第二层次"转变。第二个层次的转变，更突出"共享型"的特点，中国外援技术和知识，就是一个"实用、培训、实验和发展"的过程，体现"共享的中国"。

中国在建设"共享型"过程中，我们坚持"造血机制、互帮互助、本土化"的发展原则，比如，中国南南合作的 10 大项目。从 1995 年以来，我国开展南南合作项目，向发展中国家提供技术和知识，先后建立了成都冶金中心、杭州小水电中心等技术培训中心，而且实施了"图们江地区开发、湄公河流域开发、新型大陆桥"等大型项目。无一不体现以上的"原则"。

中国南南合作概念是对全球南南合作涵义的确切化。区别于现有的涵义，所谓"南南合作"，即发展中国家间的经济技术合作，由于大部分发展中国家分布在南半球或北半球的南部，因而发展中国家间的经济技术合作被称为"南南合作"，是广大发展中国家基于共同的历史遭遇和独立后面临的共同任务而开展的相互之间的合作，是促进发展的国际多边合作不可或缺的重要组成部分，是发展中国家自力更生、谋求进步的重要渠道，也是确保发展中国家有效融入和参与世界经济的有效手段。

中国南南合作概念与传统的西方发达国家"南北合作"有着本质的差别，通过合作实现共同发展。南南合作不是施舍，不附加任何政治附加条件，互相尊重主权。中国南南合作同苏联援助不同，苏联援助具有明显的政治色彩，是两极争霸的国际斗争中的必然选择；在援助手段上，主要是设备、成套图纸与派出专家，人才培养方面具有一定的局限性，以致在苏联突然撤离专家后，中国面临了许多技术难题。而中国南南合作建立在发展中国家平等互惠、共同发展的基础上，是政治、经济、社会和文化的全面合作，真正实现授人以渔而非鱼。

中国南南合作同巴西等其他发展中国家开展的南南合作不同。中国南南合作具有丰厚的软实力，中国文化历史悠久，且其发展脉络从未断裂，几千年以来，中国文化的独特魅力吸引着商人、使节、学者和传教士纷纷前来寻求财富、真理和灵感。这种历史造就了一个文化大国，也使中国文化具有深邃之气、厚重之质。因此，中国在开展文化外交方面有着无与伦比的优势。文化外交与大国外交、经济外交提升了国家影响力的外交活动，被视为中国外交的三大支柱，成为国家总体外交战略的重要组成部分。

"共享型"中国南南合作外援标准有：经验共享、造血机制、平等互助、本地化。

经验共享。中国南南合作的一个突出特色在于"学习＋共享"。中国是一个具有成功实践经验的发展中国家。作为一个传统受援者和发展中国家，中国始终坚持"以我为主、博采众长、融合提炼、自成一家"的原则，在对发达国家成功经验进行学习

322

的过程中，摸索出了一套独具特色的引进、消化、吸收、创新的外援管理方式，这既是中国人民的财富，也是人类减贫和发展事业的财富。

造血机制。中国南南合作是致力于受援国的发展，是一种发展引导型的援助。在中国看来，建设国际政治经济新秩序的前提是缩小发达国家与发展国家的差距，一个和谐世界的基础在于消除地区和国家的不平衡发展。如果说西方国家是借助援助"指导"受援国实现发展的话，中国则是通过援助和广泛的经济合作"引导"受援国找到适合其自身条件的发展道路，即通过"援助＋合作"的方式帮助和引导受援国实现自主发展，并最终实现受援国与援助国共同发展为目的的援助，换言之，中国的援助是在培育受援国的"造血"能力，真正本着"授人以渔而非鱼"的原则，是大援助观。因此，实现共同发展是中国发展引导型援助的最终目标。在援助理念上，坚持"平等互助、共同发展"；在援助方式上，强调"平等协商、互利互惠"；在援助目的上，致力于"以援助促发展，以发展促合作、以合作实现共同繁荣"。中国援外八项原则中的第四项就是"中国政府对外提供援助的目的，不是造成受援国对中国的依赖，而是帮助受援国逐步走上自力更生、经济上独立发展的道路。"改革开放45年来，中国援外尤其是对非洲的援助经历了从弱化意识形态、拓宽交流领域到强调互利共赢的三种转变，呈现出以援助促合作，以合作促发展，并最终实现共同繁荣的发展趋势。

平等互助。在南南合作的实践中，中国始终坚持并积极倡导主权独立和主权平等原则，任何一个国家都不得把自己的意志强加于他国，反对任何形式的霸权和干涉，坚持平等相待的国家关系观。这不仅表现在中国捍卫自身主权的独立和完整，也体现在倡导并身体力行对他国尤其是接受中国援助的发展中国家的主权的尊重。中国作为一个传统的受援国，有着艰难的复兴之路，因此能够理解、预测其他发展中国家在发展进程中的种种波折、艰辛，能够在富有同情与关爱情感的同时，持有一种开阔、包容的眼光。因此，中国不会想当然地把自己的意愿强加给受援国，不会以教师的姿态在受援国面前指手画脚，在资金使用和项目运作过程中让受援国享有自主权，使之体会到被尊重感。

本地化。中国南南合作一直处在不断的探索和创新尝试中。这样一种探索和创新建立在中国对外开放和发展经验，以及国内扶贫开发的经验基础之上。中国采取的是一种大援助观，或者说是一种更广泛意义上的发展合作。中国认为，在发展的问题上，如果没有接受援助一方的主动努力，如果没有受援方与援助方的有效配合与合作，要想达到理想的援助效果，实现经济发展是非常困难的。因此，在对外援助方面，中国不仅重视直接的物质和资金援助，更重视通过经济合作的方式帮助受援国找到发展之路，实现可持续发展。因此中国对外援助始终有着源源不断的经验创新支持，是一种有活水源的援助模式。

这些经验的基础在于：一是扎根于中国自身探索发展和实现现代化的种种尝试和经验之上，尤其是中国在接受西方国家的援助过程中所感受到的和学到的援助经验，潜移默化地融入中国南南合作中；二是贯穿始终的是中国对全球化、受援国和自身发展的战略思考，这一点和中国接受援助时始终坚持的保持发展自主权有着密切的关系，中国深知发展需要合作，但是更希望受援国家自立自强。

三、中国南南合作战略与政策建议

作为崛起的大国，中国不仅面临着激烈的竞争，而且面临着霸权国家的遏制。新时代中国"大外交"将从"新的历史起点"

出发，通过战略与机制创新，继往开来，再创新的辉煌。因此，要想获得大国的地位，在现实国际政治环境中发挥作用，成为未来世界政治格局的一员，就必须在战略上有所依托。

发展中国家是国际政治舞台上一支不可忽视的重要力量，中国要想在国际舞台上发挥大的作用，没有其他发展中国家的支持是不可想象的。他们与中国有着许多共同的政治和经济利益，主张建立公平合理的国际政治经济新秩序，主张国际关系民主化、发展模式多样化，反对强国干涉，维护世界和地区和平，他们是中国最好的依托。因此，南南合作可带来超物质力量的影响力、亲和力、感召力，是维护大国地位和国际影响力的必要选择。

南南合作面临的新挑战。面对经济全球化的今天，南南合作虽然得到广大发展中国家的一致重视，联合国为此专门成立了南南合作的机构，用于开展南南合作工作，但是仍存在一些制约因素，主要体现在：

积极性不够，缺乏力度。虽然联合国和广大发展中国家非常重视南南合作在未来经济全球化条件下的重要性，但是，由于诸多因素的影响，南南合作的开展仍处于低水平状态，缺乏有效的力度。广大发展中国家的经济发展水平相当，产业结构趋同，导致各国在国际分工中的优势不明显，资源得不到合理配置，从而影响了发展中国家在相关领域合作的积极性。

第三世界国家的经济差距已经逐步拉大，区域发展的不平衡，直接导致发展中国家在国际政治、经济舞台上利益诉求的多样性。例如，以经济全球化问题为例，发展中国家都要求推动建立公正合理的全球化，但是，不发达国家的态度有明显不同，因为亚洲发展中国家从中受益较多，所以对全球化的态度相对温和，并制定了应对全球化的积极计划，可是非洲国家及最不发达国家反对言论就很多，时常把目前所处的困境完全归咎于全

325

球化。

随着经济的不断发展，发展中国家之间的利益碰撞明显增多。不少人以消极的态度看待南南之间的经济合作，他们认为一国经济的发展会遏制其他国家，特别是周边国家经济的发展，从而使不太发达的国家陷入某种经济困境。例如，有地方提出"中国黑洞说"，将中国视为吞噬其他国家资金、技术的黑洞，把中国看成是竞争对手。

缺乏保障。在南南合作过程中，缺乏有效的机构、资金和能力保障成为一个症结。不结盟运动成立后，虽然全球性第三世界组织相继成立，但这些组织大多处于松散状态，没有宪章，未设秘书处和主持人，成员国均可参与全球决策和世界政治问题，这种设置导致缺乏执行能力和政策的连贯性，致使发展中国家未形成权力的核心组织，使得原本弱势的发展中国家在南北对话中处于愈加不利的位置。此外，南南合作的项目缺乏资金保障，主要是由于广大发展中国家的经济能力有限，虽然国际社会有所捐赠，各成员国也缴纳会费，但这些资金对于开展更加深入的合作项目具有一定的难度。

不安全因素影响。目前，和平与安全问题一直困扰着发展中国家。由于历史原因，这些国家冲突不断，政权斗争严重，一系列不安全因素不仅影响了经济社会的发展，还直接影响着南南合作的开展。

西方发达国家的压制。西方发达国家对南南合作采取的是有选择的政策，对南南政治合作的态度更是反对，迫使某些第三世界运动积极性较高的国家立场动摇，从而影响南南国家之间正常的政治合作。

中国南南合作的战略重点领域。把优先区域作为南南合作战略重点。21 世纪，我国南南合作工作应该有所侧重，区别对待不同发展中国家。在总体上积极发展同其他发展中国家南南合作的基础上，更加灵活和注重实效地处理与不同地区、不同发展程度的发展中国家的关系。

做好与印度、巴西在内的经济发展水平较高的发展中国家的合作。随着经济实力的增强，发展中国家在21世纪的地位和作用呈现上升趋势，一些新兴的发展中国家，尤其是发展中大国可以成为第一世界、第二世界竞争的力量，这将从根本上改变世界南北力量的悬殊，并且将从政治上削弱美国及西方对世界的控制，将对世界格局产生重要的影响。中国与其他发展中大国和新兴工业国经济交往频繁，因为这些国家活跃的经济，开放的态度，增长的需求，大大促进中国与他们交往。而中国的崛起给他们提供了同样的契机。中国与这些国家之间既可有垂直分工，也有水平分工，既有经贸往来，也有金融合作，中国与这些国家的南南合作有着十分广阔的前景。

做好周边发展中国家的工作。周边国家是我国崛起的重要支撑，全面发展与周边发展中国家的关系，是我国外交政策的重要内容。在"睦邻、安邦、富邻"政策指导下，中国同许多亚洲国家建立了战略伙伴关系。在周边邻国中，东亚作为经济最发达的发展中板块，广大发展中国家具有与我国全方位开展南南合作的有利条件，由于其已具备较高的发展水平，生产技术和市场完善度已经取得了很大的成就。随着同周边邻国的交往不断加深，我国同这些国家在文化、科技、信息通信、公共卫生、人力资源、教育、旅游等方面的南南合作已经取得了很大的成效，未来中国同周边发展中国家合作前景非常广阔。

最不发达国家——非洲仍是我国南南合作的重点。中国作为尚不富裕的发展中大国，要树立国际形象，也要履行国际义务。中国在致力于发展本国经济的同时，一直积极支持发展中国家的减贫工作，在力所能及的范围内提供援助。外援是获取长远经济利益的重要工具，通过外援，可以有效地维护本国投资、贸易和经济利益，更重要的是这些国家与我国的竞争关系不明显，通过对最不发达国家的援助，维护我国大国地位和国际影响力。

加强与资源丰富发展中国家的关系。我国的经济发展必须以全球资源为基点，以全球市场为导向。发展中国家自然资源丰富，市场潜力巨大，是中国实施国际国内"两种资源、两个市场"发展战略的重要组成部分。中国南南合作应该基于战略全球资源环境考虑，保证中国经济可持续发展过程中的资源供给。

把制度和能力建设作为南南合作的战略重点。积极参与国际多边合作。中国当前的援助渠道以双边援助为主，参与国际多边合作和援助有限。尽管中国目前的援助效率较高，但从长期看，不利于援助体系的长远发展。为了确保国际援助的有效性和可持续性，中国应加强与国际多边合作，将注意力集中在有优势的领域，在此基础上，争取发达国家对南南合作项目的资助，以此弥补一国力量的不足。

重视宣传，抓好南南合作中有长远影响的"公关工程"。中国在逐步变成有影响的强国过程中，要更多地考虑如何主动推销自己的国家形象。国际影响力一部分是有形的，如经济发展水平、军事能力、金融和贸易实力等；另一部分是无形的，如文化与价值观的渗透力、外交政策影响力等。中国推动南南合作是中国外交理念传播的过程，这既包括处理国家间关系的"和平共处五项原则"等传统外交理念，又包括以区域安全问题的新安全观和建立国际新秩序的"和谐世界"观点为核心的新外交理念。我国应适当增加对发展中国家"公共外交"资金的投入，加大与其他发展中国家重要媒体的合作力度，使中国与其他发展中国家的友好关系深入人心。

增强援助透明度，树立良好的援助形象。中国尚没有相应的对外援助法律、法规，对于援外工作缺乏法律层面的规范，而且援外管理制度尚不健全，对于中长期援外工作的总体框架、目标、战略等方面均缺乏指导，援外工作程序的公开和透明性不足，不利于援外工作的开展。为了消除国际社会的顾虑，应提高援外透明度，及时发布援外信息，降低外界的顾忌，为中国对外援助发展营造良好的外部环境。

把发展中国家的经贸合作，列为南南合作的重点。中国南南合作在建构共同规范的同时，也创造着共同利益。这些共同体利益既包括经济福利，也包括安全利益，两种利益已成为密不可分的整体。南南合作谋求的是一种双向互动、援助和助己统一，实现共同发展。

在贸易方面：随着与发展中国家经济交往的增多，我国贸易对象将进一步多元化，覆盖面将大大拓宽。我国除了继续保持在其他发展中国家的传统市场外，应针对其他发展中国家的市场需求和特点，努力开拓适合向其出口的产品种类。

投资方面：我国应大力推动更多企业到其他发展中国家投资合作，随着我国南南合作领域的不断加深，未来应利用我国的优势产业，扩大对这些国家的投资，进一步扩大我国在其他发展中国家的生产和销售渠道。大力推动更多企业到其他发展中国家投资合作，利用境外资源，尤其是能源矿产资源，保障我国经济发展所需的外部资源的有效供给。要鼓励民营经济和中小企业参与到南南合作中来，在发展中国家投资建厂，参与到当地的经济建设中来，推动我国企业以更快的步伐走向世界。

把科技合作列为南南合作的战略重点。随着全球化进程的不断加大，科技革命出现了新的高潮。我国产品在技术特点、性能、价格、产品服务等方面比较符合其他发展中国家市场，通过技术合作，其他发展中国家获得了我国的技术转让，我国赢得了其他发展中国家的市场，从而实现双赢的目的。另一方面，通过南南技术合作，把我国科技的某些优势同其他发展中国家的优势结合起来，加快我国科技水平的进一步提高；发展中国家在某些方面具有独特性和前瞻性，他们所掌握的某些技术是发达国家所不具备的，因此，我们应该充分利用其他发展中国家的技术资源。

随着我国资本积累和技术水平的提高，我国产业结构沿着初级产品、劳动密集制成品、资本密集制成品、技术密集制成品的方向升级。为此，通过南南合作积极发展同其他发展中国家的合作，实现中国与其他发展中国家贸易由量变到质变的转化，同时实现我国经济的顺利转型及产业的升级换代。

南南技术合作的关键在于南南人力资源合作。一方面，加强科技交流与合作，加强对人才的培养，通过建立与发展中国家之间的人才流通机制和人才信息库，加强同发展中国家之间的专家、科研成果的交流，加大人才吸引力，放宽科技人才留华政策，直接获得外国的"知识产品"。另一方面，南南科技合作同援助结合起来，既要组织专家学者深入发展中国家进行实地指导，同时也要加强同发展中国家各领域的合作，从而为未来的市场合作提供有利的条件。

我国同其他发展中国家在加强技术合作方面，要将自己建设成两个中心：一是要把我们发展成为区域的资本和技术中心；二是把我国建设成其他发展中国家高科技的中心。在我国同发展中国家开展南南合作时，要着眼大局，注重合作的可持续性和长远性。同时，要把社会、文化产业作为南南合作的战略重点。

文化教育领域。随着中国经济规模迅速扩大，国际竞争力上升。中国的文化和政治影响将获得更大的传播，具有更重要的影响。中国有自己的"文化产品"和"文明产品"，在全球化的时代，我国应通过同其他发展中国家的文化合作，加强同世界不同民族文化的平等沟通和对话，促进世界多元文化的发展，扩大中华文化对世界的影响。

旅游领域。旅游业在发展中国家中的产业地位、经济作用逐步增强，旅游合作在中国和其他发展中国家交往合作中的重要性不断增强，旅游合作大大增进了中国与其他发展中国家人民之间的友谊和了解，推动了中国与其他发展中国家在经贸、文化等各个领域的全面发展。适当加大与其他发展中国家旅游合作力度。进一步加强与其他发展中国家旅游界的信息交流，更好地了解彼此在发展旅游业方面的最新情况和经验，以便相互借鉴，共谋发展；另外，做好目的地国的配套工作，简化双边旅游等措施。

安全合作。随着我国经济的快速发展，综合国力的增强，我国在发展中国家的安全利益的深度和广度在不断地扩展，加强与发展中国家的安全合作成为我国积极融入国际社会、拓展国家战略利益的重要保障。另外，中国南南合作必须在有效缓解周边国家和大国对中国强大的担忧方面下功夫，积极倡导多边主义和"与邻为善、以邻为伴"的睦邻外交政策，与周边国家一起构建发展多边安全合作机制。加强国家对周边安全环境的影响力，力求缓解由于中国强大而引起的多个"安全两难"，通过区域安全来实现国家安全。

把贴近民生做好南南合作作为一个战略重点。我国目前的南南合作项目以基础设施建设为主，且由我国企业承建，这些项目虽为当地经济发展作出了重要贡献，但贫困人口从中获得的直接收益不大。为更好地发挥南南合作的政治效应和经济效应，我国首先应该重点选择援建与其他发展中国家人民生活密切相关的标志性项目，如派遣医疗队、扩大人才培训规模；其次，可考虑增加针对最贫困人口的援助项目，如农村发展、儿童教育、妇幼保健等。这样既能够帮助受援国实现减贫目标，同时能够增强我国在当地民众中的认可度。

加强中国南南合作的政策建议。中国与联合国外交现在已经进入了一个大发展阶段，在国际经济合作方面，南北合作正向南南合作的交流转变，前景十分广阔，我们要进一步把这种大发展潜力用好。但也应当看到，中国南南合作面临许多新的挑战，国内问题不少，国际要求很高，我们必须跳出中国，站在全世界角度考虑中国南南合作发展方向，从这个意义上讲，中国南南合作任重而道远。为此，提出如下政策建议：

中国成功理念应注入联合国成为共识。某种意义上讲，中国最先提出第三世界理论是最先进行南南合作探索的国家，实践已经验证的"第三世界、和谐世界、和平发展、和平共处的基本原则"有利于世界发展的新理念，应注入联合国价值体系中，作为联合国推动发展中国家和联合国改革的新共识。

中国要积极支持联合国改革。随着国际秩序的加速转型、升级，在联合国系统内，一些专业性、功能性的国际组织进入重新修订国际规划的高潮阶段，主动服务联合国机构，提高中国在多边舞台的地位。西方金融危机影响，西方一些发达国家对南南合作采取实用主义的态度，我们应抓住这个机会，加大对联合国工业发展组织支持，中国要主动参与联合国工业发展组织、南南合作机构改革，并派更多具有高素质的人才，参与联合国管理和服务，吸引更多的国际组织总部"落户"中国。

中国政府在推动全球南南合作方面起带头作用。国际上创造的"三方"合作机制很好，对于中国来讲，把广大有实力能力的民营企业引入南南合作是必然的选择，把民营企业"走出去"的计划与中国南南合作规划和产业政策有机结合起来十分必要。没有企业参加，主体很难形成，很难有文化注入，很难在本国生根、发芽、结果。要制定南南合作发展中国家案例标准，以中国南南合作案例为经验，分别制定新兴国家中国方案、非洲国家中国方案，制定中国企业整体上走出去的方案。中国政府要率先建立新兴国家合作机制，推动南南合作。有目的地组织新兴国家援助南南合作的团队，建立新兴国家、发达国家和发展中国家多种多样的合作机制，把南南合作列入发展中国家的优先日程。发展中国家要建立健全南南合作体制和机制，纳入国家规划和计划之中，加强政府组织、协调和管理的职能。

建立发展中国家实验区分享中国经验。过去中国南南合作大部分停留在技术项目层面，未来中国南南合作要走出项目，从经济、社会、文化多元角度寻求合作，探索符合发展中国家本地化的发展模式。在新兴国家援助合作，特别注意学习受援国的好经验和优劣文化。

坚持对发展中国家进行经济、技术和文化全面合作基础上，对全球南南合作国家进行"分类合作"，建立"技术型实验区"、建立"管理型实验区"、建立"教育型实验区"、建立"社会发展型实验区"，分类进行不同模式的南南合作。

按照大战略要求建立健全中国南南合作新体制。首先，将南南合作纳入国家重要战略，世界霸权主义和冷战思维，严重阻碍中国新的发展，南南合作是利用联合国多边舞台，与其他发展中国家开展的一种有效的合作方式，是我国经济社会发展的一种战略选择，建议把南南合作列为重要外交内容之一，纳入政策体系。其次，整合国内资源，成立中国南南合作办公室。国外不少南南合作国家，对机构建设十分重视。比如，巴西早已成为巴西南南合作署，为完善中国机构提供了不少启示。目前中国南南合作机构过于分散，没有形成整体的管理能力，有关部委下设南南合作办公室、项目办公室，在国家层面上，商务部有南南合作机构，外交部成立了国际经济合作机构，再加上扶贫、卫生、教育就更多了。中国国际经济技术交流中心是商务部授权负责南南合作项目管理单位。由于南南合作发展很快，日益感到管理资源和能力缺乏，迫切要求改变。当前，急需把这些管理资源有机整合起来，成立中国南南合作办公室，这样有利于调动国家力量从事南南合作协调管理，便于对外与联合国南南合作办公室对口联络。根据中国南南合作国内和国际战略考量，应在联合国办公室派中国常驻特派员，国内成立中国南南合作办公室，作为政府工作机构，该机构整合外交部、商务部及各部委的管理资源，加强组织、协调和综合管理的能力建设。

我国南南合作急需解决的几个问题。中国南南合作必须在如何有效缓解周边国家和大国对中国的担忧上下功夫，积极倡导多边主义和"与邻为善、以邻为伴"的睦邻外交政策，与周边国家一起构建发展多边安全合作机制。加强国家对周边安全环境的影响力，力求缓解由于中国强大而引起的多个"安全两难"，通过区域安全来实现国家安全。

正确处理好鼓励中小企业"走出去"和"维护中国人形象"之间的关系。鼓励中小企业走向发展中国家是一种"授人以渔而非鱼"的方法，注重同当地人文环境和国情相结合，注重环境保护和资源的可持续开发利用。同时，通过建立中小企业发展风险基金等方式，帮助这些企业防范风险。

重视宣传，抓好南南合作中有长远影响的"公关工程"。中国在逐步变成有影响的强国过程中，要更多地考虑如何主动推销自己的国家形象。国际影响力一部分是有形的，如经济发展水平、军事能力、金融和贸易实力等；另一部分是无形的，如文化与价值观的渗透力、外交政策影响力等。中国推动南南合作是中

334

国外交理念传播的过程，这既包括处理国家间关系的"和平共处五项原则"等传统外交理念，又包括以区域安全问题的新安全观和建立国际新秩序的"和谐世界"观点为核心的新外交理念。我国应适当增加对发展中国家"公共外交"的资金投入，加大与发展中国家重要媒体的合作力度，使中国与发展中国家的友好关系深入人心。

伴随着新一轮的国际竞争，软实力威胁成为继政体威胁、能源威胁、军事威胁之后，"中国威胁论"的又一新版本。中国南南合作一定要处理好软实力提升与自身国际援助影响力之间的关系，实现和平发展的伟大目标。

新形势下，中国南南合作任重道远。中国政府将着力优化对外援助结构，提高对外援助质量，进一步增强受援国自主发展能力，提高援助的针对性和实效性。中国作为国际社会的重要成员，将一如既往地推进南南合作，在经济不断发展的基础上逐步加大对外援助投入，与世界各国一道，推动实现联合国发展目标，为建设持久和平、共同繁荣的和谐世界而不懈努力。

"一带一路"管理和软科学联盟成立于 2017 年 12 月 25 日，由中管院科技进步研究所《管理观察》杂志社倡议，全国 20 家科研院所、23 所高校管理学院共计 43 个单位参与的"一带一路"管理和软科学联盟在首届中国管理科学与管理教育联盟峰会上成立。"一带一路"管理和软科学联盟宗旨：组织中国管理界更多创新组织和专家走出去，积极响应"一带一路"倡议，服务"一带一路"建设；加强与"一带一路"国家在管理科学、管理教育和软科学方面的研究、合作和交流，推动我国新时代软实力建设。"一带一路"管理和软科学联盟以大科学研究工程为目标，主要任务：学习和研究习近平新时代"一带一路"和"南南合作"等一系列管理思想，并作为本联盟指导思想。研究制定"一带一路"综合管理纲要，并提出"一带一路"提质增效的政策建议。调查"一带一路"国家管理科学和管理教育的现状及需求，编写出"一带一路"国情报告。总结"一带一路"成功经验、研究著名案例，与"一带一路"国家联合编写工商管理国际化教材和企业家培训教程，推动人力资源开发和管理人才的培养。加强国际学术交流，推动国外合作办学和研究生培养工作。推动管理全球化理论与实践建设。促进"一带一路"新型文化建设。中国管理科学研究院负责人在回答成立该联盟背景和意义时说：成立这个联盟主要是贯彻国家主席习近平对"一带一路"和"南南合作"重要思想，配合国家"一带一路"加强软力量的开发和深入，进一步提高"一带一路"的系统效率、发展可持续性及合作有效性等综合管理水平，推动"一带一路"大发展。高校代表厦门大学经济学院与王亚南经济研究院院长洪永淼教授、西北大学经济管理学院院长任保平教授在说到发起联盟的初衷时一致表示，成立这个联盟对于推动"双一流"建设，提高国内外教育科研水平是一个新的探索。科研院所代表中国管理科学研究院企业管理创新研究所负责人说，成立联盟为打好软科学研究翻身仗和科研大干快上，提供了更大的平台。

四、联合国机构与中国南南合作

在联合国系统南南合作的架构内，联合国南南合作办公室（UNOSSC）十分重要。联合国大会南南合作高级别委员会在 2001 年 6 月 1 日的决议中重申了联合国南南合作办公室是"南南合作高级别委员会独立秘书处"和联合国南南合作系统协调员，同时也是联合国南南合作系统中的独立实体和核心机构。其具体承担了促进南南国家之间发展经验的共享，支持开展跨地区的发展中国家技术合作、南南合作活动，建立发展中国家技术合作、南南合作与三角合作之间的新型的合作伙伴关系，以及在联合国体系内协调联合国各专职机构在南南合作领域的合作，领导发展中国家技术合作/南南合作的主流力量等。

在联合国支持下，中国已经建立"全球南南发展中心（简称"南发中心"）"。其主要功能是负责汇集大南方各国在经济、政治、文化、社会和生态文明等领域的"软实力"；整合包括以民生优先为核心的发展理念、经济开发区模式、公私合作激励体制、社会救助救济方式、基础设施改善经验、国内外投融资经验和能力以及科技创新成果等优势资源；调动各国各界发展利益攸关者对南南全球发展合作的热情和积极性，为他们打开全球大南方新市场、捕获南南经贸技术合作项目和投融资商机创造有利的条件。

目前，我国在联合国所属机构任职的人员越来越多，级别也越来越高。有的是一些机构的主管，这是一笔宝贵的财富，很多国家都很战略性地运用本国官员网络，支持他们的工作，促成了很有建设性的双赢的合作伙伴关系。全球南南发展中心真心希望国内相关部门能在继续对他们的工作给予支持和指导的同时，能最大化地运用好他们各自主管业务领域的专业知识、特有平台、人脉网络以及资金和技术等资源，为在全世界宣传和树立我"负责任大国"形象而群策群力、摇旗呐喊。

我们应该加大对联合国各专职机构的投资力度，与这些专职机构合作，在最不发达国家和地区、内陆国家和小岛屿国家建立项目。具体来说，中国可以加大对联合国南南合作基金的投入，该基金是联合国大会唯一指定的联合国全系统内的用于推动资助南南合作项目和会议的信托基金。中国也可以主办或承办联合国系统南南合作大会和论坛。以上这些具体做法，都将有助于中国在联合国全系统以及国际社会树立良好的负责任的大国形象。

对于成立的金砖国家开发银行和亚洲基础设施投资银行，中国可以寻求与联合国机构的合作和技术支持，尤其是在基础设施建设项目的立项可行性研究方面。比如，联合国工业发展组织可以帮助进行非洲工业发展项目的可行性研究，国际电联可以为电信项目提供协助，联合国环境署可以帮助进行公路、铁路、交通、港口、水电等基础设施建设项目的环境影响评估等等。联合国项目服务厅（UNOPS）是联合国系统内操作自由度最大和与私营部门合作最密切的机构，在世界范围内拥有大量的制度和技术资源。中国、金砖国家开发银行和亚洲基础设施投资银行不仅在项目可行性研究方面与其合作，也可以在项目的具体实施方面得到助力。

中国常设联合国的新闻媒体，特别是常驻联合国几大总部的中国主流媒体如新华社、第一财经等在促进中国和联合国的南南合作发展方面的作用也不可忽视。新华社一直以来对联合国事务进行积极、客观和公正的报道。作为国家的官方新闻喉舌，新华社起到对外宣传的桥梁作用：一是让国人更好地了解联合国事务；二是让联合国和全世界更好地了解中国。在南南合作领域，应该加大报道力度，借助新华社遍布全球的新闻网络，跟进我国和联合国在世界各地成功的南南合作项目，加大正面报道的力度，尤其是项目对项目受益人的个人生活的影响。部分国家的民众因不了解中国而对中国存在误解，新闻媒体要消除误解，树立中国负责任的发展中大国的形象。通过报道联合国事务，让全国受众和我们的核心领导层以及政策制定层更熟悉联合国的架构、机制和人员设置，更了解联合国为维护和平、促进发展所做的努力和创新实践，以促成更多的合作和发展机会。

联合国系统作为世界最重要的多边合作平台，应是"金砖国家发展银行"较佳的合作伙伴。与以美国和西方经济强国势力为主导的世界银行和货币基金组织不同，联合国通过加强政策对话，提供机构支持，协调援助项目，促进发展中国家之间广泛的发展经验和成果分享、知识和技术的交易转换，以及发展伙伴关系网络等举措，积极支持、推动和倡导在农业、卫生、医疗、能源、贸易、经济合作、人力资源和科学技术研发转让等领域的南南合作。不论经济发展达到何种程度，不论市场成熟与否，不以政体为判断标准，联合国给予全部 193 个成员国相同的话语权，对所有成员国，特别是发展中国家政府和所有联合国机构的南南合作有着巨大的影响力和号召力。它在国际发展合作和信托基金管理方面有着丰富的经验和创新做法。如果"金砖国家发展银行"可能在未来考虑建立一个主要面向不发达国家，特别是非洲的减贫项目和为"金砖国家发展银行"基础设施投资项目提供可行性研究等，联合国南南合作办公室愿意提供支持。

后　记

中国软力量一词虽然来自中国，但也是发展中国家普遍关心的问题。研究中国软力量是一项大科学研究工程。实质上，这本书是大家共同完成的成果。

本书涉及一些重要理论观点，分别征求了周一平、张尧学、顾建平著名专家学者的意见，使理论观点更加完善和系统化。

中国管理科学研究院李德江、张小欣、于是、黎雨、王正义、杨晓康、刘智娜做了大量资料收集、整理和编排工作。

研究出版社责任编辑张璐对本书进行审稿，提出了宝贵意见，在此一并表示感谢。

李树林

2023 年 12 月 25 日

340

附　录

中国和其他发展中国家管理科学案例库组建工程研究简介

1．项目说明

《中国和其他发展中国家管理科学案例库组建工程研究》是继《中国本土化企业与高校管理案例库组建工程研究》升级版面向全球管理智库项目，2023 年 11 月由中国管理科学研究院批准立项，作为中国管理研究院 2023 年—2028 年重大科研计划项目，作为国家自然科学基金委员会管理学部重大遴选项目。

2．综合研究成果

《中国本土化企业与高校管理案例库组建工程研究》是《中国和其他发展中国家管理科学案例库组建工程研究》一项基础工程。承上启下，相互关联，成为推动全球南方的一个重点项目。

中国管理本土化案例研究已有 30 年历史。1991 年，中国开始企业案例研究；2000 年，中国开始高校案例本土化实验室建设（国家项目编号：2003 年 DGQ2B171）。主持单位：中国管理科学研究院科技进步研究所，主管单位为国资委，并成立了中国企业管理科学案例库委员会常设机构。主要成果有《中国企业管理科学案例库全集（三卷）》《中国企业管理科学案例库教程》配套教材 7 本，《中国管理本土化：100 家成功企业案例研究》《中国管教改革道路——改革大众化教育 10 个方向》。这项大科学研究受到"政研企"各方大力支持，主要有：国家科委、科技部、教育部、国家经贸委、国资委等几十个政府机构、上百家学校科研单位、上百家企业参加。可谓是一项"大科学研究"的工程。

3. 中国向其他发展中国家推荐中国企业和高校目录

3.1 中国企业案例成果及完成单位

【1991】BC001.《科技进步与大庆发展建设》大庆油田管理局

【1991】BC002.《高效率》山西潞安矿务局案例

【1991】BC003. 海尔集团案例

【1991】BC004.《红塔山崛起》云南红塔山集团案例研究

【1991】BC005. 洛阳玻璃集团案例研究

【1991】BC006. 齐鲁石化集团案例研究

【1991】BC007. 西安飞机集团案例研究

【1991】BC008. 武纲集团案例研究

【1991】BC009. 甘肃金川集团案例研究

【1991】BC010. 牡丹江铁路分局案例研究

【1994】BC011.《创造名牌》江苏红豆集团案例研究

【1994】BC012.《规模优势》浙江横店集团案例研究

【1994】BC013.《两轮模式》浙江上虞集团案例研究

【1994】BC014.《强化管理》山西辛选集团案例研究

【1994】BC015.《金轮速度》金轮集团案例研究

【1994】BC016.《一业为主》四川新兴集团案例研究

【1994】BC017.《创新至上》绵阳三力股份有限公司案例研究

【1994】BC018. 山东国华实业集团总公司案例研究

【1994】BC019. 江苏诚怡集团公司案例研究

【1994】BC020. 江西南昌顺外农工商联合企业总公司案例研究

【1994】BC021. 辽宁大连渤海企业集团公司案例研究

【1994】BC022. 江苏苏州达胜皮鞋总厂案例研究

【1994】BC023. 山西霍州辛选企业集团案例研究

【1994】BC024. 广西平南桂安实业总公司案例研究

【1995】BC025.《秘密武器》浙江万向集团案例研究

【1995】BC026.《创新之火》江苏华西集团案例研究

【1995】BC027.《创新之道》江苏太湖锅炉股份有限公司案例研究

【1995】BC028.《发展图新》浙江花园工贸集团有限公司案例研究

【1995】BC029.《基础值法》日照三木集团案例研究

【1995】BC030.《赢得优势》山西赵家堡暖气片实业集团公司案
　　　　　　　　例研究

【1995】BC031.《创新之火》山东好当家集团案例研究

【1995】BC032.《创新之火》山东樱桃园集团案例研究

【1997】BC033.《志兴国啤》北京燕京啤酒集团公司案例研究

【1997】BC034.《追求卓越》安徽古井集团公司案例研究

【1997】BC035.《规模制胜》珠海中富企业集团公司案例研究

【1997】BC036.《虎啸丛林》山东丛林集团公司案例研究

【1997】BC037.《守正出奇》得利斯集团公司案例研究

【1997】BC038.《敢为人先》济宁菱花集团公司案例研究

【1997】BC039.《致富之友》山东工友集团公司案例研究

【1997】BC040.《运营资本》广东梅雁企业（集团）股份有限公
　　　　　　　　司案例研究

【1997】BC041.《疆塞明星》广西源安堂药业有限公司案例研究

【1997】BC042.《儒商风范》海城三鱼泵业有限公司案例研究

【1998】BC043.《高效一流》兖州矿业集团东滩煤矿案例研究

【1998】BC044.《创造辉煌》中石油大港油田分公司案例研究

【1998】BC045.《旭日企业》香港旭日企业有限公司案例研究

【1998】BC046.《创新致胜》万杰集团有限公司案例研究

【1998】BC047.《正道泰兴》正泰集团有限公司案例研究

【1998】BC048.《无为而治》成都恩威集团公司案例研究

【1998】BC049.《门业之王》盼盼安居股份有限公司案例研究

【1998】BC050. 内蒙古兴发股份有限公司案例研究：《龙腾塞北》

【1998】BC051.《超常成长》河北华龙食品集团有限公司案例研究

【1998】BC052.《铸造商魂》天津滨江商厦案例研究

【1999】BC053.《永攀新高》上海永新彩色显象管股份有限公司
案例研究

【1999】BC054.《驾驭管理》云南红河卷烟厂案例研究

【1999】BC055.《永创高新》洛阳邮电电话设备厂案例研究

【1999】BC056.《决胜千里》中大工业集团公司案例研究

【1999】BC057.《重整谋略》青海油田公司案例研究

【1999】BC058.《成事在人》湖北金天贸工农股份有限公司案例
研究

【1999】BC059.《新奥之光》河北新奥集团股份有限公司案例研究

【2000】BC060.《管理制胜》大连华农豆业集团股份有限公司案
例研究

【2000】BC061.《四三之道》山西焦化集团有限公司案例研究

【2000】BC062.《文化与领导》山东三孔集团有限公司案例研究

【2000】BC063.《高新制胜》宁夏东方有色金属集团有限公司案
例研究

【2000】BC064.《创新卓越》安徽国风集团有限公司案例研究

【2000】BC065.《以民为本》四川沱牌集团有限公司案例研究

【2000】BC066.《战略领先》山东莱芜钢铁公司案例研究

【2001】BC067.《负重创新》天津隆庆集团案例研究

【2001】BC068.《卓越领先》江汉石油钻头股份有限公司案例研究

【2001】BC069.《战略制胜》（第一版）兖州矿业集团有限公司案例研究

【2001】BC070.《文化制胜》天津长征医院集团案例研究

【2001】BC071.《战略创新》《为了明天》大连亿达集团案例研究

【2003】BC072.《纵横千里》山西交通建设工程监理公司案例研究

【2003】BC073.《走出夹缝》吉林梅河口市创大纸业有限公司案例研究

【2003】BC074.《求新之路》大庆农场案例研究

【2003】BC075.《基业卓越》二滩水电开发有限责任公司案例研究

【2003】BC076.《十年一剑》万丰奥特控股集团有限公司案例研究

【2003】BC077.《日效管理》青岛钢铁控股集团有限公司案例研究

【2003】BC078.《服务制胜》西安解放集团股份有限公司案例研究

【2003】BC079.《思维硅谷》青岛创统科技集团有限公司案例研究

【2003】BC080.《国药正道》江苏康缘药业股份有限公司案例研究

【2003】BC081.《岗责管理》山西永济电机厂案例研究

【2003】BC082.《国企重塑》宜宾天原股份有限公司案例研究

【2004】BC083.《回归本质》中国石化集团河南石油勘探局案例研究

【2004】BC084.《纱业新锐》鲁泰纺织股份有限公司案例研究

【2004】BC085.《知识资本》信息产业电子第十一设计研究院有限公司案例研究

【2004】BC086.《全球化之路》中国石油东方地球物理公司案例研究

【2004】BC087.《创新先锋》泰星减速机股份有限公司案例研究

【2004】BC088.《无为之道》中山建华管桩有限公司案例研究

【2004】BC089.《于无新处》浙江富阳电力建设集团有限公司案例研究

【2005】BC090.《速度逻辑》华夏葡萄酒有限公司案例研究

【2005】BC091.《大道无形》常德卷烟厂案例研究

【2005】BC092.《搏击巅峰》（第2版）兖州煤业股份有限公司案例研究

【2005】BC093.《厚德载物》源安堂药业有限公司案例研究

【2005】BC094.《和谐变革》中石油大港油田公司案例研究

【2005】BC095.《创造和谐》昆明卷烟厂案例研究

【2008】BC096.《凤凰涅槃》抚顺矿业集团有限责任公司案例研究

【2008】BC097.《追求卓越》重庆长寿化工有限公司案例研究

【2008】BC098.《红旗渠魂》河南新郑卷烟厂案例研究

【2010】BC099.《教改新篇》北京农学院案例研究

【2010】BC100.《彰显个性》吉林电子科技职业学院案例研究

【2010】BC101.《百年特色》南昌师范专科学院案例研究

【2010】BC102.《融育为先》武汉电力职业学院案例研究

【2010】BC103.《播种光明》安徽电力职业学院案例研究

【2010】BC104.《育才戍边》新疆石河子职业技术学院案例研究

【2010】BC105.《民众艺术》厦门演艺职业技术学院案例研究

3.2 中国高校本土化案例实验建设与共享单位

【2000～2006】SC001. 北京科技大学

【2000～2006】SC002. 北京化工大学

【2000～2006】SC003. 北京工商大学

【2000～2006】SC004. 中央财经大学

【2000～2006】SC005. 北京联合大学

【2000～2006】SC006. 北京人文大学

【2000～2006】SC007. 中国管理软件学院

【2000～2006】SC008. 北京财贸管理干部学院

【2000～2006】SC009. 北京东方大学

【2000～2006】SC010. 中华研修大学

【2000～2006】SC011. 天津大学

【2000～2006】SC012. 天津理工大学

【2000～2006】SC013. 天津师范大学

【2000～2006】SC014. 天津商学院

【2000～2006】SC015. 天津工业大学

【2000～2006】SC016. 天津滨海职业学院

【2000～2006】SC017. 天津交通职业学院

【2000～2006】SC018. 天狮职业技术学院

【2000～2006】SC019. 天津城市建设学院

【2000～2006】SC020. 河北大学

【2000～2006】SC021. 河北经贸大学

【2000～2006】SC022. 河北科技大学

【2000～2006】SC023. 河北农业大学

【2000～2006】SC024. 石家庄经济学院

【2000～2006】SC025. 河北建筑工程学院

【2000～2006】SC026. 上海师范大学

【2000～2006】SC027. 上海财经大学

【2000～2006】SC028. 上海交通大学

【2000～2006】SC029. 苏州大学

【2000～2006】SC030. 东南大学

【2000～2006】SC031. 南京工业大学

【2000～2006】SC032. 南京中医药大学

【2000～2006】SC033. 南京晓庄学院

【2000～2006】SC034. 盐城工学院

【2000～2006】SC035. 徐州师范大学

【2000～2006】SC036. 苏州科技学院

【2000～2006】SC037. 江苏理工大学

【2000～2006】SC038. 宁波大学

【2000～2006】SC039. 浙江海洋学院

【2000～2006】SC040. 绍兴文理学院

【2000～2006】SC041. 浙江中医学院

【2000～2006】SC042. 浙江商业职业技术学院

【2000～2006】SC043. 中国计量学院

【2000～2006】SC044. 浙江水利水电专科学校

【2000～2006】SC045. 集美大学

【2000～2006】SC046. 福建工程学院

【2000～2006】SC047. 华侨大学

【2000～2006】SC048. 福建师范大学

【2000～2006】SC049. 广东工业大学

【2000～2006】SC050. 广东财贸管理学院

【2000～2006】SC051. 华北航天工业学院

【2000～2006】SC052. 河北科技师范学院

【2000～2006】SC053. 华北电力大学

【2000～2006】SC054. 承德石油高等专科学校

【2000～2006】SC055. 华北工学院

【2000～2006】SC056. 山西大学

【2000～2006】SC057. 太原电力高等专科学校

【2000～2006】SC058. 内蒙古工业大学

【2000～2006】SC059. 沈阳理工大学

【2000～2006】SC060. 辽宁石油化工大学

【2000～2006】SC061. 沈阳建筑工程大学

【2000～2006】SC062. 沈阳农业大学

【2000～2006】SC063. 鞍山科技大学

【2000～2006】SC064. 渤海大学

【2000～2006】SC065. 沈阳化工学院

【2000～2006】SC066. 辽宁中医学院

【2000～2006】SC067. 大连职业技术学院

【2000～2006】SC068. 大连民族学院

【2000～2006】SC069. 大连商务职业学院

【2000～2006】SC070. 抚顺职业技术学院

【2000～2006】SC071. 北华大学

【2000～2006】SC072. 长春工程学院

【2000～2006】SC073. 长春理工大学

【2000～2006】SC074. 长春师范学院

【2000～2006】SC075. 长春税务学院

【2000～2006】SC076. 吉林商业高等专科学校

【2000～2006】SC077. 东北农业大学

【2000～2006】SC078. 东北林业大学

【2000～2006】SC079. 黑龙江八一农垦大学

【2000～2006】SC080. 湛江师范学院

【2000～2006】SC081. 南华工商学院

【2000～2006】SC082. 南昌大学

【2000～2006】SC083. 华东交通大学

【2000～2006】SC084. 江西师范大学

【2000～2006】SC085. 江西财经大学

【2000～2006】SC086. 东华理工学院

【2000～2006】SC087. 南昌航空工业学院

【2000～2006】SC088. 南昌工程学院

【2000～2006】SC089. 江西中医学院

【2000～2006】SC090. 江西渝州科技职业学院

【2000～2006】SC091. 景德镇高等专科学校

【2000～2006】SC092. 景德镇陶瓷学院

【2000～2006】SC093. 南方冶金学院

【2000～2006】SC094. 华东地质学院

【2000～2006】SC095. 赣南师范学院院

【2000～2006】SC096. 山东工商大学

【2000～2006】SC097. 曲阜师范大学

【2000～2006】SC098. 山东财政学院

【2000～2006】SC099. 山东经济学院

【2000～2006】SC100. 山东交通大学

【2000～2006】SC101. 青岛滨海职业学院

【2000～2006】SC102. 山东建筑工程学院

【2000～2006】SC103. 泰山医学院

【2000～2006】SC104. 山东经贸职业学院

【2000～2006】SC105. 威海职业学院

【2000～2006】SC106. 山东德州科技职业学院

【2000～2006】SC107. 青岛职业技术学院

【2000～2006】SC108. 郑州大学

【2000～2006】SC109. 佳木斯大学

【2000～2006】SC110. 黑龙江科技学院

【2000～2006】 SC111. 齐齐哈尔大学

【2000～2006】 SC112. 平顶山工学院

【2000～2006】 SC113. 焦作工学院

【2000～2006】 SC114. 河南城建高等专科学校

【2000～2006】 SC115. 安徽财经大学

【2000～2006】 SC116. 淮南工业学院

【2000～2006】 SC117. 中国科学技术大学

【2000～2006】 SC118. 中南民族大学

【2000～2006】 SC119. 黄石理工学院

【2000～2006】 SC120. 黄冈职业技术学院

【2000～2006】 SC121. 荆州职业技术学院

【2000～2006】 SC122. 湖北工业大学

【2000～2006】 SC123. 湖北民族学院

【2000～2006】 SC124. 湖北开放职业学院

【2000～2006】 SC125. 湖北工程职业技术学院

【2000～2006】 SC126. 湖南大学

【2000～2006】 SC127. 中南林学院

【2000～2006】 SC128. 湖南交通职业技术学院

【2000～2006】 SC129. 华南理工大学

【2000～2006】 SC130. 湖南工商贸易专修学院

【2000～2006】 SC131. 重庆工商大学

【2000～2006】 SC132. 西南政法大学

【2000～2006】 SC133. 重庆邮电学院

【2000～2006】 SC134. 重庆工学院

【2000～2006】 SC135. 重庆交通学院

【2000～2006】 SC136. 重庆商学院

【2000～2006】 SC137. 渝州大学

【2000～2006】SC167. 四川大学

【2000～2006】SC168. 四川工业学院

【2000～2006】SC169. 西华大学

【2000～2006】SC138. 平原大学

【2000～2006】SC139. 许昌学院

【2000～2006】SC140. 郑州轻工学院

【2000～2006】SC141. 成都信息工程学院

【2000～2006】SC142. 成都理工学院

【2000～2006】SC143. 泸州医学院

【2000～2006】SC144. 四川职业技术学院

【2000～2006】SC145. 西南科技大学

【2000～2006】SC146. 攀枝花大学

【2000～2006】SC147. 电子科技大学

【2000～2006】SC148. 贵州工业大学

【2000～2006】SC149. 贵州师范大学

【2000～2006】SC150. 广西大学

【2000～2006】SC151. 广西工学院

【2000～2006】SC152. 桂林航天工业高等专科学校

【2000～2006】SC153. 云南大学

【2000～2006】SC154. 云南财贸学院

【2000～2006】SC155. 楚雄师范学院

【2000～2006】SC156. 西安科技大学

【2000～2006】SC157. 西安外国语学院

【2000～2006】SC158. 西安统计学院

【2000～2006】SC159. 宝鸡文理学院

【2000～2006】SC160. 兰州大学

【2000～2006】SC161. 兰州交通大学

【2000～2006】SC162. 西北农林科技大学

【2000～2006】SC163. 西北民族大学

【2000～2006】SC164. 西北师范大学

【2000～2006】SC165. 甘肃联合大学

【2000～2006】SC166. 宁夏大学

【2000～2006】SC170. 青海财经职业学院

【2000～2006】SC171. 新疆大学

　　4.《中国和其他发展中国家管理科学案例库组建工程研究》
项目办公室通联方式

　　地　　址：北京市丰台区富丰路四号 B 座 1803

　　收件人：李老师

　　手机号：18010113525

　　邮　　箱：zhongguanyuan@ vip. 163. com

　　咨询电话：010 － 88850629　63724280